MARCO RUSS
mit ALEX RAACK

KÄMPFEN.
SIEGEN.
LEBEN.

Ein Leben für den Fußball
und gegen den Krebs

INHALT

Vorwort 7
Prolog 9
Kapitel 1 | Auf den Schwingen des Adlers 11
Kapitel 2 | Ein Funkel Hoffnung 21
Kapitel 3 | Ich war noch niemals in Berlin 31
Kapitel 4 | Abenteuer in Istanbul............ 39
Kapitel 5 | Kick and Russ 59
Kapitel 6 | Gehe in Friedhelm............... 71
Kapitel 7 | Caio ist kein Weihnachtsmann 81
Kapitel 8 | Abstieg des Randalemeisters 89
Kapitel 9 | Entschuldigen Sie bitte, ist das der Sondermüll aus Wolfsburg?....... 107
Kapitel 10 | Eintracht Frankfurt international!.. 127
Kapitel 11 | Vehnstaub in Europa 135
Kapitel 12 | Vollexperten und Verkehrssünder.. 143
Kapitel 13 | Auf jetzt! 151
Kapitel 14 | Sie haben Krebs 163
Kapitel 15 | Bruda, schlag den Ball lang! 199
Kapitel 16 | United Colors of Frankfurt........ 215
Kapitel 17 | Einmal Eintracht, immer Eintracht . 223
Epilog 237

VORWORT

Ein guter Trainer vergisst nie, dass er auch mal jung war und Mist gebaut hat. Als Greenhorn tritt man nicht nur einmal ins Fettnäpfchen und genau das habe ich als junges Talent bei Bayer Uerdingen auch getan. Glück für mich, dass ich mit dem leider schon verstorbenen Klaus Quinkert einen Trainer hatte, der mich für meine Fehler zwar bestrafte, mir aber jedes Mal die Chance gab, aus diesen Fehlern zu lernen und dadurch ein besserer Profi zu werden.

Viele Jahre später trainierte ich die Frankfurter Eintracht. Keine ganz leichte Aufgabe, weil der Klub gerade abgestiegen war und erst in allerletzter Sekunde die Lizenz für die Zweite Bundesliga bekommen hatte – sonst wäre dieser große Verein sogar in die Drittklassigkeit gerutscht. Gemeinsam mit Heribert Bruchhagen war es meine Aufgabe, die Eintracht wieder dahin zu führen, wo sie hingehörte: in die Erste Bundesliga. Allerdings standen uns dafür nur sehr bescheidene finanzielle Mittel zur Verfügung. Und wie das im Spitzenfußball nun mal so ist: Wenn kein Geld vorhanden ist, schlägt die Stunde der Eigengewächse. Für unsere Talente aus dem Nachwuchsbereich wie Patrick Ochs, Benni Köhler oder eben Marco Russ war die schwierige Situation der Eintracht das große Glück und eine Chance, sich zu beweisen. Marco war mir von Beginn an aufgefallen. Ein technisch versierter Verteidiger mit sehr gutem Stellungsspiel, der das Geschehen gut antizipieren konnte. Auch war er groß und kopfballstark, nur an seiner Robustheit musste er noch arbeiten, was bei einem so jungen Kerl ja ganz normal war. Gleichzeitig schätzte ich seine offene, kommunikative Art, die dazu beitrug, dass er sehr schnell von der Mannschaft und vom Trainerteam akzeptiert wurde. Vom ersten Tag an war mir klar, dass sein Weg in die Erste Liga führen würde.

Aber auch ins nächste Fettnäpfchen. Und das passierte, als er sich eines Tages mitten im Winter krank meldete und wir durch Zufall herausfanden, dass er stattdessen mit seiner Freundin shoppen gegangen war. Umgehend beorderte ich ihn zu mir, ließ mir die Situation erklären und als mir klar wurde, dass er einfach nur eine Dummheit begangen hatte, beließ ich es bei einer Ermahnung und schickte ihn für ein paar Monate zurück in die zweite Mannschaft. Ich würde wieder auf ihn zählen, wenn er mir dort beweisen könne, dass es ihm ernst mit der Eintracht sei. In den kommenden Wochen schaute ich regelmäßig bei der U23 vorbei und sah einen Marco Russ, der sich mit vollem Einsatz in die Zweikämpfe warf und sich auch sonst tadellos verhielt. Spätestens da war mir klar: aus dem Jungen wird mal ein richtig guter Bundesligaspieler.

Und genauso ist es gekommen. Nicht nur das: In Frankfurt ist Marco erst zu einem unverzichtbaren Stammspieler und später zu einer absoluten Führungskraft gereift, an dem sich die Kollegen orientieren konnten und mit dem sich die Fans – zurecht – identifizierten. Dass einer so lange ein und demselben Verein treu bleibt, ist in der heutigen Zeit natürlich nur noch sehr selten. Umso beeindruckender, dass Marco – mit Ausnahme der schwierigen Zeit in Wolfsburg – in all den Jahren nur für einen Klub gespielt hat und dort heute als Vereinslegende gefeiert wird.

Dass er auch außerhalb von Frankfurt großen Respekt unter Fans und Fußballern genießt, hat sicherlich auch damit zu tun, wie er mit dem großen Schicksalsschlag in seinem Leben umgegangen ist. Vielleicht ist das sein bester Zweikampf gewesen: die Art und Weise, wie er seine Krebsdiagnose angenommen und wie er die Krankheit schließlich erfolgreich bekämpft hat. Ich war tief betroffen, als ich von seiner Erkrankung hörte und konnte es nicht glauben, dass er seine Mannschaft noch am Tag der Diagnose in der Relegation aufs Feld führte. Ich habe ihm damals eine SMS geschickt und alles Gute gewünscht. Gottseidank ist das dann auch so gekommen. Ich finde es besonders beeindruckend, wie offen er mit seiner Krankheit umgegangen ist. Das passiert im Fußball viel zu selten. Und gerade deshalb ist Marco zu einem Vorbild geworden – nicht nur als Spieler auf dem Rasen, sondern als Mensch abseits des Rampenlichts.

Längst ist die Frankfurter Eintracht ohne Marco Russ nicht mehr vorstellbar. Die Verantwortlichen haben gut daran getan, ihn auch nach dem Karriereende in anderer Funktion weiter zu beschäftigen. Der Fußball und die Eintracht sind seine große Liebe und wenn einer Herzblut für den Verein vergießt, dann ist das ein Gewinn für alle Beteiligten.

Ich wünsche Marco für Zukunft, dass er gesund bleibt und mit diesem Buch nicht nur aus dem Innenleben eines Fußballprofis berichtet, sondern den Menschen auch Mut macht, auf sich aufzupassen und sich von den Niederlagen des Lebens nicht umwerfen zu lassen. Das nächste Spiel ist bekanntlich immer das Wichtigste.

Friedhelm Funkel

PROLOG

Der 28. Februar 2017. 285 Tage nach der Diagnose.

90. Minute im Viertelfinale des DFB-Pokals. Gegen Arminia Bielefeld führen wir mit 1:0. 39.000 Fans sind im Stadion und schreien meinen Namen. RUSS! RUSS! RUSS! Wie sehr habe ich diesen Augenblick herbeigesehnt.

285 Tage. Wahnsinn, wie die Zeit vergeht. Und wie sie manchmal tatsächlich alle Wunden wieder heil werden lässt.

Ich schaue mich um. Versuche zu verstehen, was hier gerade abgeht. RUSS! RUSS! RUSS! Die vielen tausend Stimmen fühlen sich an wie die feste Umarmung der Kurve. Sie sagt mir, dass ich noch am Leben bin.

Auf meiner Brust, direkt über meinem Herzen, spüre ich den Adler, der auf unser Trikot gestickt ist. Er war schon Zeuge so vieler Abenteuer und Dramen. Das Leder meiner Schuhe schmiegt sich eng an meine Füße. Die Stollen versinken in dem Quadratmeter Rasen, der heute meine Eingangspforte ist. Dorthin, wo ich hingehöre. Und wo ich so lange nicht sein durfte.

Mein Name hallt noch immer durch das Stadion. Früher, auf dem Bolzplatz, habe ich nach Toren immer die Augen geschlossen und flog im Geiste auf die Kurve zu. Ich stellte mir vor, wie um mich herum Menschen in Schwarz und Weiß und Rot vor Freude explodieren, wie sie ihre Fäuste ballen und sich mein Jubel mit dem ihren vermengt. In Gedanken bin ich gerade wieder dort. Ganz am Anfang, als es nur mich gab und den Ball.

Ich öffne die Augen, stehe am Spielfeldrand und warte auf meine Einwechslung. Auf mein Comeback, das eigentlich gar nicht mehr möglich schien. Der Ball will einfach nicht ins Aus. Wie lange stehe ich schon hier? 20 Sekunden? Fünf Minuten? Ich rieche den Rasen. Viele große Schlachten wurden hier schon geschlagen. Oft genug war ich mit dabei. Dieser Rasen hat den Schweiß des Triumphes und die Tränen der Enttäuschung aufgesaugt. Gewinnen und verlieren. Vielleicht ist das auch ein Grund, warum sich so viele Menschen in den Fußball verlieben. Weil nirgendwo schöner gewonnen und nirgendwo trauriger verloren wird. Weil sich nirgendwo das Leben so verdichtet wie auf dem Fußballplatz.

Sieg oder Niederlage. Was bedeutet das schon, wenn du am Leben bist? Wenn du am Leben sein darfst?

Mein Herz schlägt immer schneller. Ich spüre die Kraft und Energie. Für ein paar Minuten wird sie bestimmt reichen. Aber auch für die Verlängerung eines Pokal-Viertelfinales? Die vielen tausend Stimmen lassen die Zweifel verfliegen. Eigentlich war meine Einwechslung heute noch gar nicht geplant. Jemanden, der 285 Tage kein Spiel machen konnte, schickt man nicht beim Stand von 0:1 in der 90. Minute auf den Rasen. Doch der Trainer hat anders entschieden. Er glaubt an mich. Glaubt, dass ich genau der richtige Mann dafür bin, den letzten gefährlichen Ball aus dem Strafraum zu schlagen und den Sieg zu sichern. Was fühlt sich eigentlich besser an: die Willkommensschreie der Fans oder das Vertrauen meines Trainers? Ich bin nicht einfach noch am Leben. Ich bin wieder da!

Unzählige Gedanken jagen mir durch den Kopf. Bratwurst und Pokale beim VfB Großauheim. Fußball 2000 im heimischen Wohnzimmer. Das erste Spiel für Eintracht Frankfurt. Abstiege, Aufstiege. Klassenerhalt und Europapokal. Berlin, Berlin, wir fahren nach Berlin! 12 000 Frankfurter in Bordeaux. 2:2 in Porto. Die Diagnose. Das Eigentor gegen Nürnberg. Mit Moses und Vida auf dem Rasen. Siege. Niederlagen. Leben. Mein Leben.

In diesem Moment wird das Spiel unterbrochen. Von der Anzeigetafel leuchtet mein Name. RUSS! RUSS! RUSS! Dieser eine Moment für die Ewigkeit. Auf jetzt!

Kapitel 1

AUF DEN SCHWINGEN DES ADLERS

Mein erstes Stadion hieß Marina. Statt auf Rasen spielten wir auf Asche, unsere Fans waren die Kinder auf den Rutschen, Schaukeln und Wippen am Seitenrand. Das Estadio Marina war ein kleiner Bolzplatz in der Großauheimer Marienstraße – daher der Name. Großauheim ist ein Stadtteil von Hanau, hier bin ich 1985 zur Welt gekommen. Wer in Hanau aufwächst und sich in den Fußball verliebt, der kommt an Eintracht Frankfurt nicht vorbei. Bei mir und meinen Kumpels war es genauso. Wenn wir uns nach der Schule auf dem Marina trafen, wurden wir zu den Helden aus dem Waldstadion. Anfang der 90er hatte die Eintracht eine große Mannschaft zusammen, die fantastischen Fußball spielte. Uli Stein, Uwe Bindewald, Uwe Bein, Andy Möller, Tony Yeboah, später Jay-Jay Okocha – für uns Jungs auf dem Bolzplatz waren sie ferne Idole. Wie von einem anderen Stern schien auch ihr Stil zu sein. „Fußball 2000" nannte man das damals, und im Waldstadion schmeckte es an den Spieltagen tatsächlich nach Aufbruchstimmung, Zukunft und einem neuen Jahrtausend.

Fußball spielte in meiner Familie nicht nur einfach eine wichtige Rolle, Fußball war unser Leben. Mein Vater arbeitete als Trainer beim VfB 06 Großauheim und war ständig auf dem Vereinsgelände, meine Mutter verbrachte ihre Wochenenden ebenfalls auf dem Sportplatz. Klar, dass mein jüngerer Bruder Nico und ich bald zum Klubinventar gehörten, wenn wir nicht gerade den Bolzplatz aufmischten oder in unserem Hof dem Ball nachjagten. Die Spiele der ersten und zweiten Mannschaft waren für uns Pflichtprogramm, und wenn die Alten anschließend um den Grill standen, spielten wir so lange weiter, bis die Sonne unterging. Alles drehte sich bei uns um Fußball. Ich kann mich nicht erinnern, dass wir mit meinen Eltern mal in einen Freizeitpark gefahren wären. Schade eigentlich, wenn ich daran denke, wie viel Spaß meine eigenen Kinder hatten, als wir vor ein paar Jahren Disneyland besuchten.

Meine Mutter war sehr streng und autoritär, manchmal geradezu kalt und gefühllos. Mein Vater war eher der Spaßvogel der Familie. Wenn wir Kinder mal Scheiße bauten, konnte er uns nie lange böse sein. Aber wirklich liebevoll bin ich nicht erzogen worden. Das wirkt bis heute nach. Es fällt mir sehr schwer, meine Gefühle zu zeigen. Oft wirke ich auf andere wie ein Eisklotz. Ich kann nicht weinen. Nur einmal habe ich richtig geheult: bei meinem ersten Liebeskummer. Aber selbst als später meine Kinder geboren wurden, blieben meine Augen trocken. Meinen Gefühlen freien Lauf zu lassen, habe ich nie gelernt. Vielleicht ändert sich das ja mal irgendwann. Ich würde es mir wünschen.

Mein Talent auf dem Rasen, der für unsere Familie die Welt bedeutete, war recht früh erkennbar. Sehr zur Freude meines Trainers – meines Vaters. Wir hatten einen richtig guten Jahrgang. Jedes Jahr durften wir Kreismeisterschaften und Kreispokalsiege bejubeln, mehr als 100 Tore pro Saison waren für uns keine Seltenheit. Selbst der Nachwuchs von Eintracht Frankfurt hatte gegen uns keine Chance. Wenn wir bei Turnieren aufeinandertrafen, hieß der Sieger meistens VfB 06. Worüber sich dann auch Eintracht-Legende Jan Furtok freute: Sein Sohn kickte bei uns in der Mannschaft.

Für meinen Bruder war das damals keine einfache Zeit. In der Fußballerfamilie Russ stand ich als talentierter Kicker im Mittelpunkt und Nico in meinem Schatten, darunter hat er sehr gelitten. Zumal recht früh die große SGE ihre Fühler nach mir ausstreckte. Schon in der F-Jugend nahm der Klub Kontakt zu meinen Eltern auf, doch zunächst blieb ich in Großauheim. Meine Eltern träumten weiter von einer Bundesligakarriere ihres Sohnes. Der Marco bei der Eintracht, das war das Ziel. Natürlich war das auch meine Wunschvorstellung, aber ehrlich gesagt beschäftigte ich mich als kleiner Junge nicht mit dem, was morgen oder in ein paar Jahren passierte. Ich wollte Fußball spielen, Tore schießen, Medaillen gewinnen und am Wochenende die tödlichen Pässe von Uwe Bein bewundern.

Zwei Jahre später war es dann so weit. Ich spielte inzwischen in der D-Jugend Bezirksauswahl und damit regelmäßig gegen den Nachwuchs der Eintracht. Nach einem Turnier kam einer der Frankfurter Betreuer auf mich zu und fragte, ob ich nicht mal Lust hätte, zum Probetraining vorbeizukommen. Als ich die Sache mit meinen Eltern besprach, kamen wir zu dem Ergebnis, es doch einfach mal zu versuchen. Bald darauf durfte ich beim „Adler-Tag" zeigen, was ich alles so in Großauheim gelernt hatte, und, siehe da, nach einer ganzen Reihe von Übungen wollten sie mich gleich dabehalten. Aus heutiger Sicht war dieser Wechsel der Startschuss für meine Karriere als Profifußballer, doch daran war damals noch nicht zu denken. Ich freute mich einfach darauf, das Trikot meines Lieblingsvereins zu tragen und als frisch gebackener D-Jugend-Neuzugang Teil der Adler-Familie zu sein. Ich hatte keine Probleme, neue Freunde zu finden. Ein paar von uns Jungs schafften es später nach ganz oben. Schlussmann Jan Zimmermann wurde zu einem meiner engsten Kumpels, heute ist er Torwarttrainer bei der Eintracht. Auch mit Alexander Huber verstand ich mich gut, allerdings spielte er einen Jahrgang über mir. Ein Jahr älter war auch Patrick Ochs, mit dem ich später viele Schlachten schlagen sollte. Sein Vater Reiner wurde mein erster Trainer, ein richtig guter Typ, bei dem ich in zwei Jahren eine Menge lernen durfte.

Rein sportlich war der Sprung vom VfB 06 zur großen Eintracht extrem. Plötzlich spielte ich nicht mehr gegen die Jungs aus Kesselstadt oder Steinheim, sondern gegen den hoch gehandelten Nachwuchs aus Stuttgart oder München. Auf Turnieren traten wir gegen die Crème de la Crème der europäischen Fußball-Elite an. Gleich in meinem ersten Einsatz hieß der Gegner Girondins Bordeaux. An meiner Spielweise änderte sich aber wenig. Ich blieb der Arbeiter im Mittelfeld, der unauffällige Typ, der den Laden zusammenhielt. In den Vordergrund spielte ich mich nie. In die Hessenauswahl wurde ich erst in der B-Jugend berufen. Da standen andere viel krasser im Fokus. Das Über-Talent schlechthin war Baldo Di Gregorio, der regelmäßig zum begabtesten Kicker ausgezeichnet wurde. Seine Vita zeigt aber, dass Talent nicht unbedingt gleichbedeutend ist mit einer großen Karriere im Seniorenbereich: Zu einem Erstligaspiel hat es für Baldo später auch aufgrund von Verletzungen leider nie gereicht. Dabei galt er damals als der nächste Charly Körbel. Einer, der es später aber sogar zum neuen „Bomber der Nation" bringen sollte, war Mario Gomez. Gemeinsam mit Tobias Weis, Christian Gentner und Marvin Compper bildete er beim VfB Stuttgart die erfolgreichste Achse unseres Jahrgangs. Wenn Mario in Fahrt kam, schoss er alles kurz und klein.

Für mich war es gar nicht so nachteilig, nicht so sehr im Rampenlicht zu stehen. Im Fahrwasser der Frankfurter Schule verbesserte ich stetig mein Spiel, wurde von Jahr zu Jahr robuster und sammelte Erfahrungen. Von einer professionellen Jugendarbeit, wie sie heute bei der Eintracht und anderen Profiklubs zu sehen ist, waren wir damals zwar noch weit entfernt, aber natürlich bewegte ich mich jetzt auf einem ganz anderen Niveau als in Großauheim. Der Leistungsdruck war von Anfang an spürbar. Nach jeder Saison gab es Einzelgespräche mit den Spielern, in denen entschieden wurde, wer im Verein bleiben durfte oder die Eintracht verlassen musste.

Den entscheidenden Moment in meiner noch jungen Karriere erlebte ich nach meiner ersten Saison in der B-Jugend. In dieser Spielzeit rutschte ich das erste Mal auf die Position als

Innenverteidiger. Irgendwann zu Beginn der Spielzeit stellte mich der Trainer in die Viererkette, und offenbar erledigte ich meinen neuen Job so gut, dass ich die komplette Saison über hinten drinblieb. Weil ich außerdem zum Kapitän gewählt worden war, machte ich mir große Hoffnungen, auch im nächsten Jahr Spieler von Eintracht Frankfurt zu sein. Entsprechend groß war der Schock, als ich beim obligatorischen Abschlussgespräch unseren Nachwuchskoordinatoren Holger Müller und Armin Kraaz gegenübersaß und zu hören bekam: „Sorry, Marco, aber du musst dir einen neuen Verein suchen. Wir planen für die neue Saison schon mit anderen Spielern, das wird wahnsinnig schwer, einen Platz für dich im Kader zu finden. Wir glauben nicht, dass es für dich reicht." Wie in Trance wankte ich aus dem Büro. Die Nachricht musste ich erst mal verdauen. War's das jetzt? Aus der Traum von einer Karriere bei der Eintracht? An die Bundesliga verschwendete ich damals keinen Gedanken. Alles, was ich wollte, war, ein Adler zu bleiben. Was sollte denn jetzt aus mir werden? Wobei, die Frage ließ sich relativ einfach beantworten: Wer damals bei der Eintracht aussortiert wurde, ging zu den Offenbacher Kickers. Doch als eingefleischter Frankfurt-Fan hegte ich selbstverständlich eine gesunde Abneigung gegen den Rivalen aus der Nachbarstadt. Was also tun?

Völlig durcheinander schlich ich nach dem Termin bei Müller und Kraaz zurück auf den Trainingsplatz. Hatte ich nicht erst vor wenigen Wochen noch im proppenvollen Waldstadion als Balljunge aushelfen dürfen, um schon mal etwas Bundesligaluft zu schnuppern? Hatte ich nicht in all den Jahren bewiesen, dass ich mit meiner Spielweise für jede Mannschaft ein Gewinn sein konnte? Am Platz angekommen, nahm mich unser Trainer Ralf Falkenmayer zur Seite. Ralf war eine Frankfurter Legende, ein begnadeter Kicker, der sogar vier Länderspiele auf dem Buckel hatte. „Und", fragte Ralf, „nächstes Jahr B1-Jugend?" „Ne", antwortete ich kurz angebunden, „die wollen mich nicht übernehmen." Da wurde Ralf richtig sauer und marschierte umgehend in das Büro, aus dem ich eben von meinem Platz an der Sonne vertrieben worden war. Ich habe nie erfahren, was genau er seinen beiden Kollegen gesagt hat, aber es dürften deutliche Worte gewesen sein, denn tatsächlich ließen sie sich von ihm umstimmen. „Okay", hieß es ein paar Tage später, „wir versuchen es mit dir." Dass er sich für mich eingesetzt hat, werde ich Ralf bis an mein Lebensende nicht vergessen. Ohne ihn wäre ich wohl nie Profifußballer von Eintracht Frankfurt geworden. Keine Ahnung, wo ich stattdessen gelandet wäre. Möglicherweise in Offenbach ...

Doch so blieb ich und begann irgendwann davon zu träumen, eines Tages vor 40 000 Zuschauern im Waldstadion aufzulaufen, auch wenn es bis dahin noch ein sehr langer Weg war.

Die Aufstellung in der Innenverteidigung erwies sich auf lange Sicht als Glücksfall für mich. Hier konnte ich meine Stärken ideal ausspielen: Übersicht, Antizipation, Zweikampfverhalten. Die Härte und Abgezocktheit, mit der ich in späteren Jahren in Verbindung gebracht wurde, musste ich natürlich erst noch erwerben. Heute sind die Jungs aus dem Nachwuchsbereich zwar körperlich, technisch und taktisch viel weiter, als wir es damals je waren, doch auch sie müssen sich Woche für Woche an das Tempo und die Intensität im Profibereich gewöhnen. Das ist ein Prozess. Man muss es wirklich wollen. Meine Motivation war, für den Verein meines Herzens spielen zu können. Die Liebe zur Eintracht wuchs sogar von Jahr zu Jahr. Unvergessen, wie die SGE 1999 den Abstieg in die Zweite Liga mit jenem historischen 5:1-Sieg am letzten Spieltag gegen den 1. FC Kaiserslautern verhindert hatte. Mein Vater musste Mitte der zweiten Halbzeit vor lauter Aufregung vor die Tür und spazieren gehen. Die letzten Tore dieses denkwürdigen Spiels verpasste er, schonte aber das angegriffene schwarz-weiße Herz. Nur zwei Jahre später stiegen wir dann doch ab. Und als sich die Mannschaft 2003 mit einem irren 6:3-Erfolg gegen Reutlingen in allerletzter Sekunde die Rückkehr in die Erstklassigkeit sicherte, war ich live mit dabei. Wir A-Jugend-Spieler bekamen Karten vom Verein, regelmäßig fand ich mich auf der Baustelle Waldstadion ein. Allerdings in gebührenden Abstand zu den Frankfurter Ultras. Der direkte Kontakt zu unseren heißblütigsten Fans war mir als Jugendspieler nicht so ganz geheuer. Im Laufe der Jahre sollte sich das ändern.

Ich gehörte also weiterhin zum Verein, an meiner Position änderte sich wenig. Heraus stachen andere, ich blieb eher unter dem Radar. Meine Trainer wussten aber offensichtlich, was sie an mir hatten. Schritt für Schritt wurde ich als A-Jugendlicher an die erste Mannschaft herangeführt. Irgendwann lud mich Willi Reimann, Trainer der ersten Mannschaft, zu einem Freundschaftsspiel ein. Kurz darauf stand ich mit meinen Helden gemeinsam auf dem Rasen. Einer von ihnen war Andreas Möller, der seine Karriere an alter Wirkungsstätte ausklingen ließ. Andy war eine Legende. Welt- und Europameister, Champions-League-Sieger, UEFA-Cup-Sieger, Deutscher Meister – der Mann hatte fast alles gewonnen, was es im Weltfußball zu gewinnen gibt. Mit ihm zusammen auf dem Platz zu stehen, war das Größte, auch wenn mein Auftritt zitternd vor Ehrfurcht war. Später, als ich selbst zu den Alten gehörte, habe ich junge Kerle wie Marc Stendera oder Sonny Kittel vor Trainingseinheiten oder Testspieler immer zur Seite genommen, um ihnen Mut zu machen: „Spiel einfach so, wie du immer spielst." Leichter gesagt als getan, aber vielleicht hat es ihnen ja geholfen.

Wobei die heutige Spielergeneration deutlich mehr Selbstvertrauen hat. Dafür sorgt eine viel umfassendere Ausbildung, als wir sie genossen haben. Ich verhielt mich als junger Spieler wie ein Lehrling, der zum Meister aufschaut und ja keine eigene Meinung hat. Zweimal in der Woche durfte ich mittrainieren, ab und an kam ich bei Freundschaftsspielen zum Einsatz. Einmal sogar auf der Doppelsechs gemeinsam mit Eintracht-Legende Alex Schur, mein bis dato größtes sportliches Highlight. Willi Reimann erlebte ich als sehr strengen und autoritären Übungsleiter.

Sein Wort war Gesetz – und ich war der Letzte, der sich darüber beschwerte. Bei meinen Einsätzen für die Profis merkte ich, wie weit ich noch entfernt war von so ausgekochten Routiniers wie Uwe Bindewald oder Oka Nikolov. Oka war damals bereits seit fast einem Jahrzehnt bei der Eintracht, meine komplette Jugend hatte ich ihn bewundert. Es kam mir fast unwirklich vor, mit so einer Ikone plötzlich gemeinsam in der Kabine zu sitzen. Typen wie er oder Bindewald wurden von den Fans verehrt, weil sie so lange einem Verein die Treue hielten. Diese besondere Verbindung zu einem Klub und seiner Kultur war auch mein Ideal, sie trieb mich sogar mehr an als die – zugegeben unwahrscheinliche – Aussicht auf Titel und Triumphe. Während ich mich nach und nach in Position für den ersehnten Profivertrag brachte, kämpfte die SGE verzweifelt um den Klassenerhalt und musste am Ende erneut den Gang in die Zweite Liga antreten.

Aus heutiger Sicht war diese sportliche Katastrophe vielleicht sogar ein Glücksfall für mich. Absteiger haben in der Regel keine prall gefüllte Vereinskassen, die Eintracht war Anfang des neuen Jahrtausends ohnehin chronisch klamm. Statt auf teure Transfers musste die Klubführung auf junge Talente aus den eigenen Reihen setzen. Am 1. Dezember 2003, also just zu dem Zeitpunkt, wo der Verein ums Überleben in der Ersten Liga kämpfte, wurde Heribert Bruchhagen als neuer Vorstandsvorsitzender vorgestellt. „Herri" hatte es als aktiver Fußballer in die Zweite Bundesliga geschafft und anschließend Karriere als Manager gemacht. Bevor er nach Frankfurt kam, war er zwei Jahre lang Geschäftsführer der DFL gewesen. Der Mann kannte sich also aus. Nur folgerichtig, dass eine seiner ersten Amtshandlungen darin bestand, unseren A-Jugend-Trainer Klaus Schäfer aufzusuchen, um ihn zu fragen, wer von seinen Jungs wohl das Potential hätte, in der neuen Saison zu den Profis zu wechseln. Schäfer nannte Bruchhagen drei Namen: Jan Zimmermann, Christopher Reinhard – und Marco Russ. Nach dem Treffen mit dem neuen Vereinsboss kam Schäfer zu mir: „Sieht ganz gut aus für dich. Die können sich das durchaus vorstellen mit dem Profivertrag. Also mach weiter so und gib richtig Gas!"

Das musste er mir natürlich nicht zweimal sagen. In jedem Training und in jedem Spiel haute ich mich voll rein. Regelmäßig war Bruchhagen bei unseren Auftritten am Riederwald Zaungast, ich wusste genau, dass in seiner Hand meine Zukunft als Fußballer lag. Und eines Tages erhielt ich schließlich die erlösende Nachricht, dass ich zur neuen Saison zu den Profis aufrücken sollte. Die Verantwortlichen sahen mein Talent und meinen Willen, mich ständig verbessern zu wollen, und diese Kombination gab am Ende den Ausschlag. Im Frühjahr 2004 bestellte mich Bruchhagen auf die Geschäftsstelle, die wegen verschiedener Umbaumaßnahmen in einem provisorischen Pavillon untergebracht war. Gemeinsam mit meinem Vater saß ich ihm und Vizepräsident Klaus Lötzbeier gegenüber und bekam den ersten Lizenzspielervertrag meines Lebens vorgelegt. Als Jugendspieler hatte ich bis dahin lediglich die Fahrtkosten erstattet bekommen, so etwas wie ein Grundgehalt gab es nicht, Prämien nur für die Nationalspieler. Umso beeindruckter war ich, als ich die Summe auf dem Vertrag entdeckte: 2500 Euro pro Monat – brutto. Für mich war das damals ein Riesenbetrag. Doch noch viel entscheidender als die Zahl war das Wappen, das auf dem Schriftstück prangte. Als ich den Stift nahm, um mich als Spieler Eintracht Frankfurt mit Haut und Haaren zu verschreiben, hatte ich nur den Adler im Blick. Mehr Motivation ging für mich gar nicht. Ohne auch nur einen Satz aus dem Vertrag zu verhandeln, setzte ich meine Unterschrift auf das Papier. Von diesem Augenblick an gehörte ich selbst zu den Adlern vom Main. Blieb nur die Frage: Wie hoch würden mich meine Schwingen wohl tragen können?

Kapitel 2
EIN FUNKEL HOFFNUNG

Marco Russ in der Bundesliga – wenn mir das jemand ein paar Jahre zuvor prophezeit hätte, ich hätte ihn wohl ausgelacht. Auch wenn es sich nur um die Zweite Liga handelte, für mich war der Start in die Saison 2004/05 der berühmte Sprung ins kalte Wasser. In meinem Fall vom Fünf-Meter-Turm ins Eiswasser, denn schon bald sollte ich feststellen, wie sehr die Uhren anders ticken bei den Profis. Wenige Tage vor dem Start in die neue Spielzeit war ich 19 Jahre alt geworden. Ein richtiger Grünschnabel, der sich vom ersten Gehalt einen Golf III kaufte und die Dinge des Lebens auf die leichte Schulter nahm. Eine Einstellung, die mit dem Dasein als Lizenzfußballer nicht wirklich kompatibel ist. Vor allem dann nicht, wenn man gerade frisch aus der Jugend zu den Senioren gedraftet wurde und sich die ersten Einsatzminuten erst mal hart erarbeiten muss. Schon in den ersten Tagen in der Vorbereitung merkte ich, wie sehr ich meine neue Aufgabe unterschätzt hatte. Hier musste man wirklich jede Übung hochkonzentriert und gewissenhaft angehen. Und nicht wie ich, der ich nach einem Spinning-Kurs im Fitnessstudio die durchgeschwitzten Sportklamotten einfach liegenließ, statt sie dem Zeugwart zu überreichen. Eine Kleinigkeit, aber auch Kleinigkeiten sind auf diesem Niveau entscheidend. Und das musste ich erst mal lernen. Mein Glück, dass ich auf strenge, aber fürsorgliche Lehrer traf, die mir das ein oder andere Mal pädagogisch wertvolle Tritte in den Hintern gaben. Zeugwart-Legende Franco Lionti machte mir geduldig, aber lautstark deutlich, was man als Profifußballer auch zu beachten hatte. Zum Beispiel seinen Turnbeutel ordnungsgemäß abzugeben.

Begierig sog ich alle neuen Eindrücke in mich auf, meine laxe Lebenseinstellung bedeutete nicht, dass ich nicht gewillt war, unbedingt dazuzulernen. Und genau darum ging es in dieser ersten Saison: als junger Neuling immer besser zu verstehen, wie das Fußballgeschäft funktionierte. Es dauerte nicht lange, und ich war morgens der Erste und abends der Letzte beim Training. Und meinen Beutel habe ich immer persönlich abgeliefert, Ehrenwort.

Ich profitierte dabei von einer gesunden Selbsteinschätzung. Natürlich brannte ich auf meine ersten Einsätze, gleichzeitig war mir klar, dass noch viel Arbeit vor mir lag, um in der Mannschaft voll akzeptiert zu werden. Die Hierarchie im Team war ziemlich klar und wurde nicht hinterfragt. Anders als heute, wo eine Hackordnung nicht mehr ohne Weiteres zu erkennen ist. Wir Jüngeren hatten uns ganz hinten anzustellen und gefälligst zu tun, was uns die älteren Spieler sagten. Wenn das Training vorbei war, war es selbstverständlich, dass wir die Tore wegtrugen und die Bälle einsammelten. Mir machte das nichts aus, ich fand es nur natürlich, dass ich mir als junger Kerl erst mal meine Sporen verdienen musste.

Unsere damalige Mannschaft hatte die unterschiedlichsten Charaktere in ihren Reihen. Da war wie gesagt Alex Schur, der bereits seit 1995 für die Eintracht spielte und sich gerade endgültig bei den Fans unsterblich gemacht hatte, weil er auch nach dem Abstieg in Frankfurt geblieben war. Alex war ein total lockerer Typ, der gerne Scherze machte. Gemeinsam mit Oka Nikolov sorgte er dafür, dass ich mich sehr schnell als vollwertiger Teil der Mannschaft fühlte. Einer meiner Konkurrenten in der Defensive war unser Kapitän Jens Keller, dessen Karriere bereits im Herbst angekommen war und der mich als Rivalen um seinen Stammplatz betrachtete. Im Vergleich zu Alex Schur war er sehr verbissen und verschlossen. Vorne im Zentrum hatten wir Arie van Lent, ein unheimlich abgezockter Typ, mit allen Wassern gewaschen. Arie hatte Erfahrung ohne Ende und von dieser Erfahrung konnte ich profitieren. Allerdings auf recht schmerzhafte Art und Weise, denn jedes Mal, wenn ich meine 70 Kilo in den Zweikampf gegen Arie warf, blockte er mich ganz locker ab, machte eine Körpertäuschung und war auf und davon. Die Duelle mit ihm im Training verbesserten mein Spiel von Mal zu Mal.

Wir waren eine gesund zusammengewürfelte Mannschaft aus Jung und Alt, unerfahren und routiniert. Verantwortlich für diese Mischung war Heribert Bruchhagen. Schon damals musste sich Herri einiges an Kritik gefallen lassen, den Fans war seine zurückhaltende, fast biedere Art oft ein Dorn im Auge. Sie wünschten sich spektakuläre Neuzugänge, doch Bruchhagen ging es erst einmal darum, die Eintracht wieder in ruhige Fahrwasser zu bringen. Wir waren als Fahrstuhlmannschaft verschrien und durch den Stadionumbau für die WM 2006 chronisch klamm, der Ruf der launischen Diva vom Main haftete uns immer noch an. Bruchhagen wollte das ändern und legte letztendlich das Fundament für den Erfolg in der Gegenwart. Er hat den wankenden Klub mit seiner besonnenen Art damals vor dem Absturz bewahrt. Viele wissen gar nicht, wie schlecht es um die Eintracht bestellt war. Wenn wir damals eine Pandemie gehabt hätten, wäre der Verein in wenigen Monaten am Ende gewesen.

Für mich als Jungprofi war es mit der Ruhe erst mal vorbei. Denn als solcher war ich auf einmal ein interessantes Thema für die Medien und für die Fans mit ihren Hoffnungen und Erwartungen. Auf einmal sollte ich Autogramme schreiben und Interviews geben. Etliche von diesen Anfragen lehnte ich ab, ich war schlichtweg zu scheu, um in der vordersten Linie zu bestehen. Einen Berater hatte ich damals noch nicht. Karlheinz Förster, der ehemalige Weltklasse-Verteidiger, wollte mich unter seine Fittiche nehmen, doch wozu brauche ich einen Berater, fragte ich mich, wenn ich meinen Vertrag eh schon unterschrieben hatte?

Bald darauf nahm ich dann doch die Dienste eines Experten in Anspruch, aber viel zu tun hatte der Mann zunächst nicht.

Einen der wichtigsten Wegbereiter meiner noch jungen Laufbahn habe ich noch gar nicht vorgestellt. Was irgendwie auch passend ist, denn Friedhelm Funkel ist einer, der gerne im Hintergrund arbeitet. Zur neuen Saison war er Trainer in Frankfurt geworden, eine Entscheidung, die sich als sehr klug und umsichtig erweisen sollte. Anders als Willi Reimann suchte Funkel von Anfang an den Kontakt zu uns Spielern. Den gebürtigen Neusser habe ich als lockeren, umgänglichen Typen kennengelernt, als jemanden, der sich seit Jahrzehnten in der Fußballszene bewegt und diese Routine jeden Tag ausstrahlt. Dabei konnte er ordentlich auf den Putz hauen, wenn er es für nötig hielt. Offenbar hatte der neue Coach ein gewisses Faible für mich. Vielleicht erkannte er sich ja selbst ein bisschen in mir wieder. Ich glaube, er ahnte, dass ich einmal ein sehr wertvoller Spieler für die Eintracht werden konnte. Ohne solch einen Vertrauensvorschuss schafft es kein Nachwuchsspieler, sich in der Bundesliga durchzusetzen. Schon bald sollte ich das Vertrauen von Friedhelm Funkel allerdings auf eine harte Probe stellen …

Fünf Tage nach meinem 19. Geburtstag begann meine erste Profisaison mit einem Auswärtsspiel gegen Alemannia Aachen. Aachen hatte damals eine spannende Truppe mit Erik Meijer, dem jungen Simon Rolfes, Sérgio Pinto und Urgestein Willi Landgraf. Mir war klar, dass ich an diesem Tag nicht zum Einsatz kommen, ja nicht mal im Kader stehen würde. Aber Funkel wollte mir die Möglichkeit geben, schon etwas Zweitligaluft zu schnuppern. „Marco", sagte er in der Woche vor dem Spiel zu mir, „ich nehme dich als 19. Mann mit, du setzt dich auf die Bank und schaust dir das Ganze einfach mal an." Gesagt, getan. Und so half ich beim Ein- und Auspacken des Mannschaftsbusses, machte mich mit den anderen warm und sah vor 20 000 Zuschauern am Tivoli, wie uns Reiner Plaßhenrich kurz vor Schluss das 1:1 einschenkte. In den kommenden Wochen war ich immer wieder als

19. Mann Teil der Zweitliga-Reisegruppe, meine Einsätze hatte ich in der zweiten Mannschaft, die in der Oberliga Hessen spielte. Für mich war das okay, ich stellte keine großen Ansprüche, sondern war froh, dabei sein zu dürfen und zu lernen.

Am neunten Spieltag mussten wir auswärts beim Spitzenreiter Fürth antreten. Erstmals hatte mich Funkel für seinen Kader nominiert. Zumindest theoretisch bestand jetzt die Möglichkeit, mein Profidebüt zu feiern. Christian Lenze brachte uns in Führung, bevor Sascha Rösler und Roberto Hilbert für Fürth trafen und unsere Gegner nach einer Stunde wieder in Front brachten. Währenddessen machte ich mich gemeinsam mit den anderen Kollegen von der Bank an der Seitenlinie warm, lockerte die Muskeln und sog die Atmosphäre auf. Zehn Minuten waren noch zu spielen, als mich Funkels Co-Trainer Armin Reutershahn zu sich rief. „Oha", dachte ich, „jetzt geht es los." Letzte Instruktionen und dann schickte mich Funkel ins Feuer. Für den ausgewechselten Du-ri Cha sollte ich noch einmal Dampf nach vorne machen, um vielleicht doch noch einen Punkt mitzunehmen. Natürlich war ich mega angespannt, doch der erste Sprint über den Rasen wirkte wie eine Befreiung aus der Schockstarre. Adrenalin überschwemmte meinen Körper, ich war bereit, in diesen letzten Minuten alles reinzuwerfen, was ich anzubieten hatte. Kurz vor dem Abpfiff bekamen wir noch eine Ecke zugesprochen. Wie so oft im Training erprobt, rannte ich zum kurzen Pfosten, verlängerte mit dem Kopf – und drehte jubelnd ab, als einer meiner Mitspieler den Ball über die Linie drückte. Ausgleich in letzter Minute, Vorlage Marco Russ. Wie geil war das denn, bitte? Doch das schöne Gefühl hatte nicht lange Bestand. Entsetzt blickte ich zur Seitenlinie, wo der Assistent die Fahne gehoben hatte. Abseits, kein Tor. Endstand: 2:1 für die SpVgg Greuther Fürth. Bitter. Es dauerte aber nicht allzu lange, bis ich die Niederlage verdaut hatte. In den ersten zehn Zweitligaminuten meiner Karriere hatte ich mich ganz ordentlich verkauft. Prüfung bestanden. So konnte es weitergehen.

Nur sieben Tage später bekam ich die nächste Gelegenheit. Diesmal hatte Funkel einen richtigen Härtetest für mich vorbereitet. Gegen Unterhaching brauchten wir ganz dringend mal wieder einen Sieg, in den letzten sechs Partien hatten wir lediglich vier Punkte geholt und standen auf einem enttäuschenden 13. Platz. Für einen Absteiger aus der Bundesliga natürlich viel zu wenig. Entsprechend angespannt war die Stimmung vor dem Spiel. Ganz besonders bei mir, denn Funkel wollte mich diesmal von Beginn an bringen. In der Dreierkette neben Jens Keller und Markus Husterer sollte ich das gefährliche Offensivspiel der Süddeutschen ausbremsen. Doch diesmal setzte ich die Prüfung in den Sand. Setzen, sechs. Mein Gegenspieler an diesem Tag war Francisco Copado, ein quirliger Techniker, der mir ganz klar meine Grenzen aufzeigte und deutlich machte, was mir noch alles fehlte. Seien wir ehrlich: Copado nahm mich brutal auseinander. Schon nach 16 Minuten verursachte ich einen Elfmeter, den er lässig an Markus Pröll vorbei ins Tor schob. Und in der 53. Minute sah ich wieder nicht gut aus, als er den Deckel auf das Spiel machte. 0:2 verloren, aber auch eine ganze Lkw-Ladung an Erfahrung gewonnen. Was mich damals natürlich nicht über das miese Gefühl angesichts des miesen Auftritts hinwegtrösten konnte. Zu meinem Glück hieß unser Trainer Friedhelm Funkel. Obwohl er selbst aufgrund der schlechten Leistungen seiner Mannschaft gehörig unter Druck geraten war, nahm er mich und alle anderen jungen Spieler nach der Partie in Schutz. Er gab uns in der Niederlage das gute Gefühl, dass solche Spiele notwendig seien, um als junger Fußballer besser zu werden. Sein Verhalten half mir, dass ich trotz des Ausgangs stolz sein konnte auf mein Debüt über 90 Minuten. Wie hätte ich ahnen können, dass ich exakt sechs Monate warten musste, ehe ich wieder ein Zweitligaspiel absolvieren durfte?

Schuld an der langen Pause war ich selbst, und das kam so: Im Dezember 2004 war es so eisig kalt, dass der Rasen auf unserem Trainingsplatz gefroren war. Weil er über keine Rasenheizung verfügte, wurde das Training kurzerhand nach Bad Homburg verlegt. Ich wohnte damals in Hanau, eine staufreie Autofahrt von einer Stunde entfernt. Als ich morgens in meinen Golf III stieg, hatte es angefangen zu schneien. Das könnte schwierig werden, dachte ich mir, und meine Befürchtungen bestätigten sich, als ich die B 43a erreichte. Nichts ging mehr, Stau schon auf der Bundesstraße. In meinem kalten Auto hockend rechnete ich durch: In eineinhalb Stunden war Trainingsbeginn, niemals würde ich es bei diesen Verkehrsverhältnissen pünktlich nach Bad Homburg schaffen. Scheiße, und nun? Vielleicht hatte der Frost ja auch mein Gehirn befallen, jedenfalls entschloss ich mich, zurück nach Hause zu fahren, meinen Co-Trainer anzurufen und ihm mitzuteilen, dass ich krank im Bett läge und deshalb heute das Training sausen lassen müsste. Was für eine selten dumme Idee. Kein Plan, warum ich ihm nicht einfach die Wahrheit sagte. „Okay", hörte ich es am anderen Ende der Leitung, „ruh dich aus und ruf morgen den Doc an, wenn es nicht besser wird. Gute Besserung."

Doch ich hatte in Sachen dumme Ideen noch ein Ass im Ärmel. Statt tatsächlich zu Hause zu bleiben, schnappte ich mir meine Freundin und fuhr mit ihr in die Stadt zum Bummeln. Und während ich als offiziell krank gemeldeter Eintracht-Profi durch Hanau flanierte, klingelte zu Hause das Telefon. Mein Vater nahm ab. „Hallo, hier ist Rainer Falkenhain", hörte mein Vater die Stimme unseres Teammanagers, „ich wollte mal fragen, wie es dem Marco geht." Meinen alten Herrn hatte ich natürlich nicht eingeweiht und so antwortete er wahrheitsgetreu: „Ach, dem geht's gut, der ist gerade mit seiner Freundin in der Stadt unterwegs." Das war natürlich nicht das, was die Verantwortlichen hören wollten. Sie drückten den roten Notfall-Knopf. Ein Jungschnösel, der sich mit einer Lüge vom Training abmeldet, weil er lieber shoppen geht, um nicht bei Minusgraden seine Kilometer abreißen zu müssen – das ging gar nicht! Völlig ahnungslos zog ich beim Verlassen eines weiteren Modeladens das Handy aus meiner Tasche, um meine Nachrichten zu checken. Drei Abrufe in Abwesenheit, eine Nachricht auf der Mailbox: „Junge", knurrte die Stimme von Friedhelm Funkel, „sieh zu, dass du in der nächsten halben Stunde in meinem Büro aufkreuzt, sonst brauchst du nämlich überhaupt nicht mehr wiederzukommen."

Panisch erklärte ich meiner Freundin kurz die Situation, hetzte zum Auto und raste in Rekordzeit nach Frankfurt. Dort sprintete ich in das Büro des Trainers. „Du Vollidiot", schrie ich mich innerlich selbst an, „was ist, wenn der dich rausschmeißt? Dann landest du zur Strafe doch noch in Offenbach!" Zu meiner allergrößten Verwunderung folgte Funkel meiner Erklärung und akzeptierte meine Entschuldigung: „Du bist jung, du bist naiv, so was kann passieren. Solange du aus der Geschichte lernst, ist die Angelegenheit für mich vom Tisch. Wichtig ist jetzt noch, dass du dich bei der Mannschaft entschuldigst. Ich kann dich allerdings auch nicht ungestraft davonziehen lassen. Das Ding ist nur: Geld kann ich dir nicht abknöpfen, denn du hast keins. Folgendes: Du gehst die nächsten Wochen zurück zu den Amateuren, bietest dich da an und dann sehen wir weiter. Und jetzt verschwinde."

Mir fiel eine Lkw-Ladung Steine vom Herzen. Funkel hatte mich nicht hochkant rausgeschmissen, er hatte mich auch nicht zur Schnecke gemacht, nein, er hatte mir lediglich klipp und klar seine Meinung gegeigt und mir meine gerechte Strafe aufgebrummt. Damit konnte ich sehr gut leben. Was sein Verhalten für meine weitere Karriere bedeutete, konnte ich damals allerdings noch nicht ahnen. Heute weiß ich, dass mich ein anderer Trainer sehr wahrscheinlich vor die Tür gesetzt hätte. Im Profifußball darf man sich solche Aussetzer nicht erlauben, schon gar nicht als Novize. Es ist ein hartes und bisweilen raues Geschäft. Mein Glück, dass ich im Dezember 2004 von einem der Großen in der Szene trainiert wurde. Keine Ahnung, was ohne Friedhelm Funkel aus mir geworden wäre. Einige Wochen bestellte er mich erneut zu sich und sagte: „Ich hoffe, so was passiert dir nie wieder." Und damit war die Sache für ihn erledigt und vom Tisch.

In der Tabelle hatten wir uns zwischenzeitlich immer weiter nach oben gekämpft, die Hinrunde beendeten wir auf Platz 5 und damit in Sichtweite der Aufstiegsränge. Was auch die Fans mit uns versöhnte, denn anders als heute war die Stimmung in der Kurve ziemlich aufgeheizt. Machten wir ein paar schlechte Spiele, bekamen wir das umgehend zu spüren. Einmal schlichen sich ein paar Anhänger in die Wintersporthalle hinter dem Stadion, wo wir uns zum damaligen Zeitpunkt umzogen, und hängten Banner mit all unseren Niederlagen auf. Eine Drohung, die ein ganz schön mulmiges Gefühl hinterließ. Dass unsere Leute in der Rückrunde wieder mehr zu feiern hatten, lag auch an einem alten Bekannten, der uns seit der Winterpause verstärkte: Jermaine Jones, ein echter Frankfurter Bub, der sich bei Bayer Leverkusen nicht richtig hatte durchsetzen können und auf Leihbasis zurück in die Heimat gekommen war. Auch er konnte sich beim Trainerteam Funkel/Reutershahn bedanken, denn die beiden schulten den offensiven Jones zum defensiven Mittelfeldmann um, eine Position, die ihn später sogar zum Nationalspieler machen sollte. Jonesy war einer, der durch seine Art polarisierte. Er war kein ganz einfacher Typ, aber weder auf noch abseits des Platzes ist er mir je negativ aufgefallen. Im Gegenteil, ich fand es großartig, dass er sich nicht verbiegen ließ. Er war einer, der sagte, was er dachte, einer dieser „echten Typen", die immer so vermisst werden. Die Kehrseite der Medaille: Ähnlich wie später Kevin-Prince Boateng bekam er den Stempel des „Bad Boy" aufgedrückt, und diesen Stempel wurde er nicht wieder los, ganz egal, was er machte. Ich finde es schade, dass wir in Deutschland so schnell dabei sind, die Menschen in Schubladen zu packen. Natürlich ist es nicht die Aufgabe eines Profifußballers, die Klappe aufzureißen, andererseits sind mir Lautsprecher wie Boateng und Jones deutlich lieber als jene, die immer nur brav mit dem Strom schwimmen. Sowohl

Jonesy als auch Boateng sind überragende Fußballer, die außerdem ihr Ding durchgezogen haben. Mit beiden bin ich sehr gut klargekommen.

Vor allem auch dank Jonesy kämpften wir uns in der zweiten Saisonhälfte immer weiter nach vorne und hatten am letzten Spieltag Wacker Burghausen zu einem echten Endspiel zu Gast. Vor der Partie standen wir mit einem Punkt Vorsprung vor 1860 München auf Platz 3, und weil es damals noch keine Relegation gab, hätte das zum Aufstieg gereicht. Die Münchener empfingen zeitgleich LR Ahlen, sie mussten gewinnen, um uns noch vom Platz an der Sonne zu verdrängen. Sonntag, 22. Mai 2005, 15 Uhr, wieder einer dieser Tage, die sich im kollektiven Eintracht-Gedächtnis eingebrannt haben. 42 772 Zuschauer waren da, natürlich ausverkauft, und schon nach 17 Minuten ließen wir sie jubeln. Benny Köhler traf zum 1:0, alle hofften, dass der Drops damit gelutscht war. Doch es dauerte noch bis zur 66. Minute, ehe uns Alex Meier mit einem Freistoß endgültig erlöste. In München stand es derweilen 3:2 für Ahlen, jetzt konnte eigentlich nichts mehr schiefgehen. Bereits zehn Minuten vor dem Abpfiff verteilte Franco Lionti die Aufstiegsshirts und wir machten uns langsam warm für die Party des Jahres. Für die Kirsche auf der Torte sorgte dann Markus Beierle mit seinem 3:0. Außer Rand und Band stürmten wir auf den Rasen und begruben den armen Markus unter uns. Was für ein grandioses Ende meiner ersten Saison. Weißbierduschen im Waldstadion, Balkonparty am Römer und anschließend alle Mann weiter Richtung Galerie Beachclub. Von der Nacht habe ich nicht mehr viel auf der Festplatte, ich weiß nur noch: Sie war lang und ziemlich feuchtfröhlich. Ich hatte zwar nur 111 Zweitliga-Minuten auf dem Konto, aber egal, ich fühlte mich als Aufsteiger, und dieses Gefühl war viel zu schön, um nicht voll ausgekostet zu werden. Endlich war die Eintracht wieder da, wo sie hingehörte – und ich, wo ich mich hingeträumt hatte: in der Ersten Fußballbundesliga.

Kapitel 3

ICH WAR NOCH NIEMALS IN BERLIN

Der Sommer 2005 fiel in Frankfurt ins Wasser. Jedenfalls für ein paar Minuten. Die allerdings gingen um die Welt, denn als es während des Endspiels im Confed Cup zwischen Brasilien und Argentinien heftig zu regnen begann, machte das Dach unseres neuen Stadions nicht mehr mit – eine ungeahnte Wasserflut ergoss sich aus einem Riss auf den Rasen. Der Begeisterung für unsere neue Spielstätte konnte das allerdings keinen Abbruch tun. 188 Millionen Euro hatte das Schmuckstück gekostet, 50 000 Zuschauer passten jetzt rein, 2000 Business-Plätze und 74 Logen sorgten für zusätzliche Einnahmen. Frisches Geld, das vor der neuen Spielzeit für Aufbruchstimmung sorgte. „Die Yankees vom Main" titelte die *Frankfurter Rundschau* wenige Wochen vor dem Saisonstart und behauptete: „Kein Aufstieg war für Frankfurt so wichtig wie der jüngste." Womit die FR vermutlich sehr richtig lag. Denn nicht nur, dass wir dadurch finanziell wieder auf relativ sicheren Beinen standen, das sportliche Führungsduo Bruchhagen/Funkel brachte nach Jahren der Unbeständigkeit wieder Ruhe in den Verein, sodass wir Spieler uns voll und ganz auf das Projekt Klassenerhalt konzentrieren konnten.

Lange Zeit allerdings ein Projekt, an dem ich nicht beteiligt war. Jedenfalls nicht direkt. Meine ersten Minuten in der Ersten Bundesliga sollte ich erst am 26. Spieltag gegen Duisburg absolvieren. Die Monate vor meinem Debüt gehörte ich zwar offiziell zur Mannschaft, Spielpraxis durfte ich jedoch nur in der zweiten Mannschaft sammeln. Vielleicht denkt ja der ein oder andere, dass ich in all der Zeit ungeduldig mit meinen Hufen scharrte und nach jedem bundesligafreien Wochenende frustriert ins Bett ging. Aber so war es nicht. Ich glaube, einer meiner Hauptcharakterzüge war schon immer eine gesunde Selbsteinschätzung. Und die sagte mir im Sommer 2005, dass ich noch weit davon entfernt war, Ansprüche auf einen Stammplatz in der Bundesliga stellen zu können. Erstens war ich in Sachen erster Liga gänzlich unerfahren. Zweitens war ich körperlich noch gar nicht in der Lage, gegen die Topstürmer aus München, Dortmund oder Bremen zu bestehen. Und drittens fehlte es mir auch noch an taktischer Finesse. Gerade als Innenverteidiger braucht es ein sicheres Fundament, um in der Bundesliga mitzuhalten. In den Trainingsduellen gegen Arie van Lent hatte ich erlebt, was ein routinierter Mann wie er mit einem Rookie wie mir veranstaltete. Ich stellte mich klaglos hinten an und versuchte, mir den nötigen Schliff in der Oberliga zu holen.

Ein Lehrling ist nichts ohne anständige Meister. Meine waren Friedhelm Funkel, der mir immer das Gefühl vermittelte, Teil der Mannschaft zu sein, und meine Kollegen in der Defensive. An Erfahrung mangelte es den Herren nicht. Da war der Brasilianer Chris, der mit seinen 26 Jahren wahnsinnig abgezockt agierte und auch körperlich eine ganz andere Härte und Robustheit besaß. Und außerdem die drei Neuzugänge Marko Rehmer, Benjamin Huggel und Christoph Spycher. Marko hatte 35 Länderspiele auf dem Buckel, war 2002 Vizeweltmeister geworden und hatte in der Bundesliga schon alles gesehen. Von wem, wenn nicht von einem Mann seines Kalibers konnte ich lernen, wie man auf Topniveau verteidigt? Die Schweizer Huggel und Spycher waren ebenfalls langjährige Nationalspieler und neben ihren sportlichen Fähigkeiten auch auf menschlicher Ebene ein absoluter Gewinn für unsere Mannschaft. Es dauerte nicht lange, da war vor allem Spycher zu einem absoluten Führungsspieler aufgestiegen.

Mit solchen Fußballern trainierte ich nun fast jeden Tag und sog begierig auf, was sie mir zeigten. Wie stellte sich Chris in den Zweikampf, wenn ein Gegenspieler von rechts nach innen zog? Welchen Schritt machte Huggel wann, um seinem Gegenüber den Laufweg zu verkürzen? Wie positionierte Spycher seinen Körper, damit sich sein Kontrahent nicht wegdrehen konnte? Sie brachten mir das kleine Einmaleins der Verteidiger bei, Rüstzeug für den wöchentlichen Zweikampf mit den Topstürmern der Bundesliga. Ich war bereit, alles zu geben, um meine Chance zu bekommen. Es klingt so abgedroschen, aber für Reservisten gibt es nur einen Weg, um dieses Ziel zu erreichen: sich jeden Tag voll reinhängen. Genau das tat ich – irgendwann würde ich zum Zuge kommen. Warum sonst hatte Friedhelm Funkel trotz der Aktion im Winter an mir festgehalten, wenn nicht aus dem Grund, dass er von meinen Fähigkeiten überzeugt war? Um ihm zu beweisen, dass sein Vertrauen gerechtfertigt war, schmiss ich mich im Training in jeden Zweikampf, drehte ohne zu murren jede Extrarunde und stand am Wochenende ohne zu klagen in der Oberliga auf dem Platz.

Was mich außerdem antrieb, war die innere Überzeugung, dass ich gut genug war, um mich auf diesem Topniveau durchzusetzen. Ich glaubte an mich, trotz der Zweifel nicht weniger sogenannter Experten. Aber ich kannte mich ja gut aus damit, eher unterschätzt zu werden. In der Jugend war ich lange von den Auswahltrainern ignoriert worden und hatte mich am Ende doch durchgesetzt. Nun war ich wieder auf der Hinterbank gelandet und arbeitete daran, bald auf der Bühne Bundesliga zu stehen. Diesem Ziel ordnete ich vieles, aber nicht alles unter. Wenn ich Lust hatte, nach Feierabend ein Bier mit meinen Freunden zu trinken, dann tat ich das. Und wenn ich am Abend nach dem Spiel zu einer Party eingeladen wurde, dann ging ich hin, wenn mir danach war. Was mich allerdings von meinem Umfeld unterschied: So richtig steil ging ich dann doch nicht. Wenn die anderen die Nacht zum Tag machten, lag ich schon im Bett. Und war damit auch total einverstanden.

Das Geheimnis des Erfolges in dieser Saison war der beeindruckende Zusammenhalt, der vom ersten Spieltag an spürbar war. Selbst Funkel, der ja nun auch schon viel gesehen hatte, schwärmte gegenüber den Medien: „Ein solch einmaliges Teamspirit habe ich meiner Karriere noch nicht erlebt." Für so einen Spirit brauchst du besondere Charaktere, die den Laden von innen zusammenhalten, und diese Charaktere hatten wir. Regelmäßig trafen wir uns auch außerhalb des Trainingsplatzes, meistens bei unserem Stammitaliener, wo wir Champions League guckten. Nach gewonnenen Spielen kam es nicht selten vor, dass sich ein Teil der Mannschaft ins Nachtleben stürzte, und natürlich war ich als junger Spieler gerne dabei. Eine Freiheit, die heutige Spieler heute nicht mehr genießen können. In dieser Hinsicht würde ich nicht mit ihnen tauschen wollen.

Wir hatten ein Ritual, um die Neuzugänge zu begrüßen. Alle Rookies mussten zusammenlegen und die ganze Truppe einmal zum Essen einladen. Das schmerzte zwar den Geldbeutel, war für den Teamgeist aber von besonderer Bedeutung. Die gute Stimmung im Team tröstete mich darüber hinweg, dass ich auf mein Debüt im Oberhaus warten musste.

Einsatzminuten sammelte ich in der Winterpause. Seit der Jugend liebte ich Hallenfußball. Ob selbst auf dem Platz oder als Zuschauer. Die Hallenmasters in den 90er-Jahren fand ich überragend, großes Kino, wenn sich Mario Basler als Torwart den Ball schnappte und die Bälle von der Mittellinie in den Kasten knüppelte oder Jay-Jay Okocha für die Eintracht zauberte. Regelmäßig war auch Hanau Gastgeber hochkarätig besetzter Turniere. Wenn die Eintracht zum Indoor-Derby auf Offenbach traf, erreichte die Stimmung in der vollgepackten August-Schärttner-Halle ihren Siedepunkt. Als ich später selbst mit dem Adler auf der Brust gegen die Kickers antreten durfte, hinter mir die eine, vor mir die andere Fanszene, war das einfach eine geile Erfahrung. Als Spieler hattest du das Gefühl, dass die Fans gleich die Halle zum Einsturz bringen, so heißblütig ging es her. Und für mich als Reservisten bot die Hallensaison eine gute Gelegenheit, mich meinem Trainer im Wettkampfmodus zu präsentieren.

Die Hinrunde der Saison 2005/06 beendeten wir auf einem sehr respektablen neunten Platz. Prompt träumten unsere Fans vom UEFA-Cup, doch leider vergeigten wir den Rückrundenstart und holten in acht Spielen nur fünf Punkte. Umso erleichterter waren wir, dass wir am 26. Spieltag im Kellerduell gegen Duisburg bereits nach 13 Minuten mit 3:0 führten. Eine knappe Viertelstunde vor dem Abpfiff verletzte sich Chris und musste ausgewechselt werden. Beim Stand von 4:2 für uns entschied Funkel, dass es nun an der Zeit sei, mich ins nun nicht mehr ganz so kalte Wasser zu schmeißen. Es der perfekte Zeitpunkt für mich. Das Spiel war durch, die Chance, jetzt noch etwas falsch zu machen, eher gering. Mega aufgeregt stand ich an der Seitenlinie, ehe mich Schiedsrichter Markus Merk auf den Rasen ließ. Aufgedreht wie ich war, sprintete ich zweimal den Platz rauf und runter – und war schon nach wenigen Minuten total erledigt. Auch das musste ich erst noch lernen: mir die Kraft auf diesem Niveau richtig einzuteilen. Aber alles ging gut und Francisco Copado – mein Angstgegner aus der Zweiten Liga, der inzwischen für uns spielte – erhöhte sogar noch auf 5:2. Erschöpft, aber glücklich genoss ich den ersten Bundesliga-Abpfiff meines Lebens.

Die Verletzung von Chris stellte sich als schwerwiegender heraus als zunächst gedacht. Funkel entschied sich, die Lücke in der Hintermannschaft mit mir zu füllen. Ich fasste das als verdienten Lohn meiner guten Leistungen in der Oberliga auf. Schon im nächsten Spiel sollte ich es mit einem Hauptdarsteller im deutschen Spitzenfußball zu tun bekommen. Lukas Podolski kannte ich bereits aus der Jugend, da hatte er oft alle überragt und mit seinem genialen linken Fuß die krassesten Dinge veranstaltet. Auch in der Halle war er eine Waffe. Kaum über der Mittellinie, zog er auch schon ab. Was bei seinem Huf mehr als verständlich war. Ich wusste also ungefähr, was da im Spiel gegen Köln auf mich zukommen würde.

Ich nahm mir vor, so einfach und schnörkellos wie möglich zu spielen. Keine Überdinge, keine gewagten Sturmläufe, keine riskanten Steilpässe. Erst mal gut ins Spiel kommen, ein paar gelungene Aktionen für die Sicherheit und schauen, was passiert. Aber schon nach zwei Minuten stand es 0:1. Mit so einem frühen Rückstand musste ich jetzt irgendwie klarkommen. Ich versuchte, ruhig zu bleiben. 48 000 Zuschauer sorgten für eine Gänsehautatmosphäre, die ich in dieser Form nur in wenigen Stadien erlebt habe. Allein die Hymne vor dem Spiel der Rheinländer fand ich spektakulär. Im Spiel konzentrierte ich mich natürlich lieber auf Podolski & Co., und das gelang mir überraschenderweise recht gut. Am Ende holten wir einen Punkt gegen den Tabellenletzten, ich war mit meiner Leistung zufrieden und fühlte mich angekommen in der Bundesliga. Und sofort spürte ich jenen speziellen Erwartungsdruck, der mich von da an zeit meiner Karriere begleiten sollte. Denn wer einmal in der Startelf steht, der will seine Position auch unbedingt verteidigen, und dazu muss man Leistung bringen, jede Woche neu. Ich empfand diesen Druck nicht unbedingt als Belastung, er gehörte zum Job dazu und war Teil meines selbstgewählten Lebens. Aber er war eben ständig vorhanden.

Was dazukam, war das Gefühl, jede Woche gegen den Abstieg zu spielen. Denn nach dem 5:2 gegen Duisburg gewannen wir nur noch ein einziges Ligaspiel: 2:0 gegen den VfB Stuttgart. Dass Duisburg, Köln und Kaiserslautern noch weniger Punkte als wir holten, war pures Glück. Am Ende reichte es für den 15. Tabellenplatz. Die letzten Wochen der Spielzeit erlebte ich wie im Traum. Stars wie Roy Makaay, Jan Koller, Johan Micoud oder Miroslav Klose steuerte ich zu Hause auf der Playstation, jetzt musste ich gegen sie unser Tor verteidigen.

Mein persönliches Highlight und erster Höhepunkt meiner Karriere war im DFB-Pokal. Von der ersten Runde bis ins Viertelfinale hatte ich die Spiele von der Bank aus angeschaut, doch im Halbfinale gegen Bielefeld stand ich von Beginn an auf dem Platz. Vor dem Spiel gab es einen denkwürdigen Auftritt unseres Trainers. Der hatte 1985 als Spieler in Berlin triumphiert und wollte uns an diesem Triumphgefühl teilhaben lassen, damit einen zusätzlichen Motivationsschub verpassen. Schließlich würde man im Endspiel aller Voraussicht nach auf den FC Bayern treffen. Die Finalteilnahme hätte uns für den UEFA-Cup qualifiziert. Während der letzten Mannschaftssitzung packte Funkel also eine Replika des DFB-Pokals aus und ließ den Pokal durch die Reihen gehen. „Hier ist er", sagte er, „den können wir holen, wenn wir heute gewinnen." Ehrlich gesagt verstand ich diese Aktion zunächst gar nicht, schließlich waren wir noch ein Spiel vom Finale entfernt. Aber als ich das 5,7 Kilogramm schwere Teil in der Hand hatte und die eingravierten Namen las, entfaltete der Pokal auch bei mir die gewünschte Wirkung. Ich dachte an 1988, das Jahr, in dem die Eintracht zuletzt den DFB-Pokal gewonnen hatte. Drei Jahre war ich damals alt gewesen. Seit 18 Jahren wartete Frankfurt auf den nächsten Titel. Und wir waren nur noch zwei Siege davon entfernt. Bielefeld konnte kommen. Es wurde ein enges Match, doch letztlich reichte ein frühes Tor von Amanatidis, damit wir nach Berlin fahren konnten. Und am 29. April 2006 war es dann so weit. Wir, die wir zu diesem Zeitpunkt gegen den Abstieg kämpften, gegen den großen FC Bayern, der sich gerade anschickte, mal wieder Deutscher Meister zu werden. Damals waren wir von den Bayern noch weiter entfernt als heute und wirklich krasser Außenseiter. Bayern verfügte über eine unglaubliche Truppe mit Granaten wie Mehmet Scholl, Zé Roberto, Bastian Schweinsteiger und Bixente Lizarazu – auf der Bank! Bayern hatte Kahn, hatte Lucio, hatte Ballack, hatte Makaay, wir hatten Nikolov, Russ, Lexa und Amanatidis. Als Ausgleich schrien 90 Prozent des

Olympiastadions für uns. Die Performance der Fans beflügelte uns, von einem Qualitätsunterschied konnte während des Spieles keine Rede sein. Bitter, dass Patrick Ochs und ich in der 59. Minute am Ball vorbeiflogen und stattdessen Claudio Pizarro das 1:0 erzielen konnte. Doch nur fünf Minuten später sprintete Benny Köhler allein auf Oliver Kahn zu und wurde von Willy Sagnol im Strafraum gefoult. Ich sah die Szene aus der eigenen Hälfte und dachte sofort: „Rot für Sagnol und Elfmeter für uns." Doch Schiedsrichter Herbert Fandel sah das offenbar anders und ließ einfach weiterspielen. Kurz vor dem Abpfiff hatte Amanatidis den Ausgleich auf dem Fuß, doch Olli Kahn packte einen dieser irren Reflexe aus, die ihn zum besten Torhüter der Welt machten, und verhinderte den Treffer. Wir hatten die große Chance, dem FC Bayern eine historische Niederlage beizubringen und uns zum Pokalsieger zu machen, gehabt, aber vertan. Im ersten Moment ein lähmendes, beschissenes Gefühl. Aber später am Abend, als ich das Erlebte nach ein, zwei Bierchen verarbeitet hatte, konnte ich den Abend doch sehr genießen. Ich war gerade mal 20, hatte im Pokalfinale in Berlin gestanden, erfolgreich gegen den Weltklassemann Roy Makaay verteidigt und der Bundeskanzlerin die Hand geschüttelt. Nicht schlecht für ein erstes Jahr in der Bundesliga.

Das wurde mir wenige Wochen später, als die Saison endgültig beendet war, wir nicht nur die Klasse gehalten hatten, sondern uns auch für den Europapokal qualifiziert waren, richtig bewusst. Bundesligadebüt, Stammspieler, Einzug ins Pokalendspiel – wer hätte das noch in der Winterpause für möglich gehalten? Ich jedenfalls nicht.

Kapitel 4

ABENTEUER IN ISTANBUL

Es ging erst mal in dem Irrsinnstempo weiter. Nur drei Tage nach unserem letzten Saisonspiel stand ich im Trikot mit dem Bundesadler zum ersten – und leider auch letzten – Mal bei einem Länderspiel auf dem Platz. Die U20 wurde damals von Uli Stielike trainiert und ich gehörte für den ehemaligen Weltklassespieler tatsächlich zum erweiterten Kreis der Nationalmannschaft. Jetzt, so kurz nach der Saison, hatten sich viele gestandene U20-Kicker lieber in den Sommerurlaub verabschiedet, weshalb Stielike den Kader aus diesem erweiterten Kreis zusammenstellen musste, um überhaupt genug Spieler nominieren zu können. Während also viele andere Profis sich nicht gerade darum rissen, dieses Länderspiel bestreiten zu dürfen, musste mich der Coach nicht zweimal fragen. Ich werde wohl geahnt haben, dass es für mich nicht so viele Chancen geben würde, das Nationalmannschaftstrikot zu tragen.

Meine Länderspielpremiere, ein Testspiel gegen den Nachwuchs Österreichs, fand vor 3000 Zuschauern im Stadion Müllerwiese von Budissa Bautzen statt. Eben noch hatte ich vor knapp 75 000 Zuschauern im Olympiastadion gespielt, jetzt kickte ich in Bautzen. Und trotzdem genoss ich jede Sekunde, war stolz darauf, zu dieser – wenn auch ausgedünnten – Elite zu gehören und hatte eine Gänsehaut, als die Nationalhymne gespielt wurde. Wer weiß, vielleicht hätte meine Karriere als Nationalspieler ja doch ein wenig länger gedauert, wenn wir gegen Österreich nicht mit 2:3 verloren hätten. So aber war das Kapitel Nationalelf schon nach 90 Minuten für mich zu Ende. Zwar wurde ich einige Monate später vom U21-Trainer Dieter Eilts zu einem Sichtungslehrgang im Vorfeld des Spiels gegen Holland eingeladen, aber letztlich schaffte ich es nicht in seinen Kader – es gab keine weiter Einladung mehr. In den Jahren danach wurde immer mal wieder leise der Gedanke geäußert, ob ich nicht vielleicht doch ein Kandidat für die A-Nationalmannschaft sei, aber zum einen gab es eben einige Kollegen, die einfach besser waren als ich, und zum anderen spielte ich dafür im falschen Verein. Die Eintracht schien einfach ein bisschen außerhalb des Blickfelds des Nationaltrainers zu sein. Zu beobachten war das etwa im Fall von Patrick Ochs oder Bastian Oczipka, die zu ihren besten Zeiten eine Einladung unbedingt verdient gehabt hätten, aber dann doch zu Hause vor dem Fernseher saßen, wenn die Nationalhymne angestimmt wurde. Keine Ahnung, woran das lag oder ob ich mir das nur einbilde, aber gefühlt wurden Kicker aus anderen Klubs eher eingeladen als Frankfurter Jungs.

Apropos Nationalmannschaft. Der Sommer 2006 stand natürlich ganz im Zeichen der Weltmeisterschaft im eigenen Lande. Ich hatte zwar keine Tickets, um ein Spiel im Stadion zu sehen, schaute aber eh lieber mit Freunden im Garten. Das emotionalste Match war für mich das Viertelfinale gegen Argentinien. Nach dem Sieg im Elfmeterschießen setzten auch wir uns in den Wagen und reihten uns ein in den riesigen hupenden Autokorso, mit dem in Frankfurt der Halbfinaleinzug gefeiert wurde. Als Fußballer fand ich das „Sommermärchen" gleich in mehrfacher Hinsicht hochinteressant. Denn durch Jürgen Klinsmann mit seinen innovativen Trainingsmethoden und seinem Vertrauen in junge Spieler wurde letztlich auch in der Bundesliga ein längst überfälliger Umbruch eingeläutet. Ernährung, Prävention, Trainingslehre – all das waren Aspekte des Profisports, die teils überhaupt erst mal berücksichtigt werden mussten oder zu denen es teils schon länger neuere Erkenntnisse gab, die bisher nicht herangezogen wurden. Klinsmanns Neuerungen fanden nach und nach ihren Weg in die Klubs von Hamburg bis München. Bald darauf sollte ich in einem Trainingslager das erste Mal in meinem Leben Yogaübungen machen. Am Anfang war das schon merkwürdig, denn was die Vorbereitung angeht, sind wir Fußballer ziemlich konservativ veranlagt. Bloß nichts ändern, was man immer schon so und nicht anders gemacht hat! Weil Fußballer aber auch Gewohnheitstiere sind, gehörten die Yogaeinheiten vor dem Frühstück schon bald zur Alltagsroutine.

Als junger Abwehrspieler fokussierte ich mich bei den TV-Übertragungen der deutschen WM-Spiele natürlich in erster Linie auf die DFB-Viererkette. Gerade Per Mertesacker wurde in diesem Sommer zum Role Model für Innenverteidiger. Ich kannte ihn ja schon aus der Bundesliga, aber nach der WM kannte ihn die ganze Welt. Oder zumindest jeder deutsche Fußballfan. Gemeinsam mit Bastian Schweinsteiger und Lukas Podolski machte Mertesacker unmissverständlich klar, was schon bald deutlich zu erkennen war: Es gab neue Sheriffs in der Stadt – und sie gehörten wie ich zu den Jahrgängen 1984/85. Sie waren die Zukunft, sie sollten bald in der Bundesliga den Ton angeben. Und für Deutschland exakt acht Jahre nach diesem großartigen Sommer den vierten Weltmeisterschaftstitel holen.

Für die neue Spielzeit bekamen wir Verstärkung vom Rivalen aus Mainz. Dort hatte sich Michael Thurk als ausgebuffter Torjäger ins Rampenlicht gespielt. An ihm zeigte sich allerdings beispielhaft, wie schwer es manche Spieler bei der Eintracht haben, wenn sie als vermeintlich vorbelastet an den Main kommen. Im Falle von Thurk wurde diese Vorbelastung natürlich in seinem früheren Arbeitgeber gesehen. Bereits zu Zweitligazeiten hatte sich der Stürmer zu einem der beliebtesten Mainzer hochgearbeitet, und dass der Publikumsliebling vom Bruchweg nun ausgerechnet mit dem Adler auf der Brust auflaufen sollte, brachte viele unserer Fans auf die Palme. Im Nachhinein muss man wohl nüchtern feststellen, dass sein Engagement allein deshalb zum Scheitern verurteilt war. Michael hätte schon 20 Saisontore schießen müssen, um die Frankfurter von sich zu überzeugen, stattdessen waren es am Ende sechs in 33 Spielen, darunter ein Hattrick im ersten UEFA-Cup-Spiel gegen Brøndby IF. Mit tat er leid, es muss extrem schwer sein, wenn die eigenen Fans solche Vorbehalte gegen dich haben. Nur eineinhalb Jahre später wechselte er dann zum FC Augsburg und schoss da alles kurz und klein. Ich verstand mich sehr gut mit ihm, er war ein toller Kicker und ein sehr lustiger Typ, ein in jeder Hinsicht echter Gewinn für die Mannschaft. Schade, dass es ihm so schwer gemacht wurde. Und er war beileibe nicht der Einzige, der mit diesem Problem zu kämpfen hatte. Wenn unser Stadion heute glückselig an den „Fußballgott" Alex Meier denkt, dann vergessen wahrscheinlich viele, wie holprig sein Start bei der Eintracht war. Es lag wohl an seiner zuweilen lethargischen Körpersprache, dann kamen noch ein paar unglückliche Aktionen hinzu, und prompt war Alex als lauffauler Chancentod verschrien. Es hat ihn viel Mühe gekostet, den Frankfurter Anhang von sich zu überzeugen, und am Ende zählte er sogar zu den beliebtesten Frankfurtern der vergangenen drei Jahrzehnte. So sehr einen das Publikum pushen kann, so sehr kann es einen auch negativ beeinflussen. Als Spieler spürst du, wenn sich der Wind dreht, wenn nach jedem Fehlpass ein Raunen durchs Stadion geht und die Leute scheinbar nur darauf warten, dass du den nächsten Bock schießt. Dieser Druck ist enorm und viele zerbrechen daran. Ich kann von Glück sagen, dass die Erwartungshaltung bei mir nie so hoch war und ich relativ entspannt meinen Weg gehen durfte. Andere hatten da nicht so viel Glück.

Einer dieser Unglücklichen war Albert Streit. Albert war ein überragender Kicker, der es fünf Jahre vor mir aus der eigenen Jugend in die erste Mannschaft der Eintracht geschafft hatte. Nach Jahren in Wolfsburg und Köln kehrte er zu Beginn der Saison ablösefrei zu uns zurück und natürlich war er noch immer ein begnadeter Kicker. Leider prangte auf seiner Stirn ein fetter unsichtbarer Stempel, der ihn als vermeintlichen Problemfußballer auswies. Spätestens nach der verrückten Kopfstoßaktion mit Norbert Meier ein paar Monate zuvor war Alberts Ruf ziemlich ramponiert. In den Medien wurde er regelmäßig als „Bad Boy" und schwieriger Charakter beschrieben, Zuschreibungen, die ich bereits nach den ersten Trainingseinheiten überhaupt nicht nachvollziehen konnte – im Gegenteil. So wie es Jahre später auch mit Kevin-Prince Boateng lief, war es auch mit Albert, den ich als sehr ruhigen und umgänglichen Typen kennenlernte. Sehr schade, dass seine Karriere später so ein merkwürdiges Ende nahm.

Als die Spielzeit 2006/07 begann, hatte ich mich als Stammspieler etabliert. Jetzt stand ich vor der nächsten Herausforderung meiner Karriere. Denn wer einen Stammplatz hat, der will ihn auch unbedingt behalten. Dass man dafür auch einiges wegstecken können muss, sollte ich spätestens am dritten Spieltag im Derby gegen Mainz erfahren. Beim Stand von 1:1 lag ich kurz vor Schluss am Boden, als mir mein Gegenspieler Ranisav Jovanovic an den Haaren zog, woraufhin ich natürlich wütend hochfuhr. Nach einem kurzen Wortgefecht war die Sache dann auch schon wieder vergessen. Jedenfalls für mich. In der Nachberichterstattung bekam Jovanovic noch ordentlich sein Fett weg. Ich war bei solchen oder ähnlichen Aktionen nie nachtragend. Fußball ist ein Kampfspiel und in 90 Minuten kann es häufig auch mal weh tun. Anders als vielleicht die Verteidigergenerationen vor mir hatte ich kein Interesse daran, meine Gegenspieler mit überharten Aktionen einzuschüchtern. Außerdem standen Mitte der Nullerjahre schon überall Kameras um den Platz. Wenn mich mein innerer Uli Borowka dazu verleitet hätte, einen gegnerischen Stürmer über die Bande zu treten, wäre ich höchstwahrscheinlich hart dafür bestraft worden. Gleichzeitig war das Spiel inzwischen so schnell geworden, dass gar keine Zeit blieb für etwaige Rachaktionen oder etwas in der Art. Der nächste Zweikampf stand schon bevor und erforderte volle Konzentration. Natürlich kochte auch ich manchmal über, aber dann legte ich all meine Energie in eine gute altbewährte Grätsche mit Ball, für die man höchstens eine Gelbe Karte kassierte.

Gegen anständigen Trash-Talk hatte ich dagegen nichts einzuwenden. Für mich gehörte es dazu, den Gegenspieler auch verbal aus dem Konzept zu bringen, mit ein wenig Fantasie boten sich das viele Möglichkeiten. Die schlimmsten Duelle in dieser Hinsicht hatte ich mit dem Albaner Fatmir Vata von Arminia Bielefeld. Vata misst nur 1,70 Meter, hat aber eine riesengroße Klappe. Er konnte sehr gut austeilen, aber zu seiner Ehrenrettung muss ich bestätigen: auch sehr gut einstecken. Wenn wir aufeinandertrafen, flogen die Fetzen. Was wir uns dabei alles an den Kopf warfen, will ich hier nicht wiedergeben, es war auf jeden Fall nicht jugendfrei. Wenn die Fernsehteams schon damals so hochsensible Mikrofone am Seitenrand aufgebaut hätten, wären wir beide vermutlich für viele Wochen gesperrt worden. Was ich am Fußball allerdings so liebe: Wenn der Schiri die Partie abpfiff, war selbst der heftigste Beef vergeben und vergessen. Und da spielte es für mich auch keine Rolle, wer gerade mein Gegenspieler war. Selbst wenn Mats Hummels und ich – und wir verstanden uns ansonsten immer richtig gut – während der 90 Minuten Beleidigungen an den Kopf warfen, blieb davon nach dem Schlusspfiff nichts mehr hängen.

Am vierten Spieltag gegen Leverkusen gelang uns der erste Sieg der Saison. Mit meinen 21 Jahren hatte ich einen so abgeklärten Auftritt hingelegt, dass die Medien anschließend schrieben, ich hätte die „Souveränität eines alten Hasen" an den Tag gelegt. Noch schöner war allerdings das Lob von Friedhelm Funkel. „Er hat einen Riesenschritt gemacht", erklärte er den Journalisten, „ich vertraue ihm hundertprozentig." Es war noch gar nicht so lange her, da hatte ich sein Vertrauen auf eine schwere

Probe gestellt. Umso wichtiger, dass ich es ihm jetzt so zurückzahlen konnte. Gleichzeitig war ich nun schon lange genug dabei, um genau zu wissen, welche Halbwertszeit solche Lobeshymnen hatten. Typisch Fußball: An dem einen Spieltag bist du der überragende Mann, am nächsten schon der größte Loser. Wer sich nur an den Zeitungsartikeln und TV-Berichten orientiert, verliert bald den Überblick. Viel entscheidender sind der Zuspruch des Trainers und eine gesunde Selbsteinschätzung. Stimmt diese Mischung, kommt das Selbstvertrauen von allein. Und das ist der Treibstoff, der Fußballer zu Höchstleistungen animiert. Ich war zwar kein alles überragendes Talent und es gab genügend Defizite in meinem Spiel, aber ich war von Beginn an in der Lage, meine Arbeit realistisch einzuschätzen. So etwas spürt man schon nach wenigen Minuten auf dem Platz – wenn die Pässe ankommen, die Zweikämpfe gewonnen werden, das Stellungsspiel stimmt. Nach diesem inneren Radar sollten sich Fußballer richten, es ist der einzige Maßstab der wirklich zählt. Was natürlich nicht heißen soll, dass ich für Komplimente nicht empfänglich gewesen wäre. Keine Frage: Es war schon immer etwas ganz Besonderes, wenn ich in den Mannschaftssitzungen lobend erwähnt wurde oder mir nach dem Spiel meine Kollegen um den Hals fielen, weil sie wussten, dass ich maßgeblich dazu beigetragen hatte, den Laden hinten dicht zu halten.

Und als wäre es darum gegangen, unter Beweis zu stellen, dass ich wirklich über eine gute Selbsteinschätzung verfügte, musste ich mich nach der nächsten Partie gegen den VfB Stuttgart kritisch mit meiner eigenen Leistung auseinandersetzen. Mario Gomez hatte mich in der 73. Minute in einem Kopfballduell besiegt und das Tor für die Stuttgarter erzielt. Zum Glück gelang Alex Meier kurz vor Schluss noch der Ausgleich. „Gomez war mein Mann", gestand ich den Journalisten, „ich stand tief, und plötzlich kam er aus vollem Lauf. Das war mein Fehler, ganz klar." Ich habe einige Kollegen im Laufe der Jahre kennengelernt, die große Probleme hatten, eigene Fehler zuzugeben, was mir zum Glück immer recht leichtfiel. Zum Glück, weil ich davon überzeugt bin, dass es letztlich eine große Stärke ist, wenn man offen über seine Patzer sprechen kann. Gerade als Profifußballer, wo jeder Zuschauer im Stadion und noch mehr die Leute zu Hause vor den Fernsehern sehen, wenn der Russ zu spät gegen den Gomez ins Kopfballduell geht. Und diese Aufrichtigkeit, das Eingestehen von Fehlern, wird von den Leuten honoriert. Fußballfans können es nicht leiden, wenn sich Fußballer nicht gerade machen können. „Eier, wir brauchen Eier", hat Oliver Kahn mal gefordert, zu Recht. Natürlich ist es wichtig, dass man anschließend auch an seinen Fehlern arbeitet. Bringt ja nichts, wenn man Woche vor Woche Reue zeigt, aber offensichtlich nichts dazulernt. Dieser Lernprozess dauert die ganze Karriere über an. Gerade als Abwehrspieler. Es gibt immer etwas zu verbessern. Ich wette, selbst Sergio Ramos – für mich einer der besten Defensivspieler aller Zeiten – holt sich noch Tipps von seinen Trainern. Und wenn der das macht, sollte sich auch ein Marco Russ nicht schämen, an seinem Zweikampfverhalten zu arbeiten.

Der ständige Lernprozess fand für einen jungen Spieler wie mich auch außerhalb des Platzes statt. Je mehr Bundesligaspiele ich machte, je mehr ich in der Öffentlichkeit stand, umso bekannter wurde mein Gesicht. Es war gar nicht so lange her, da hatte ich völlig unerkannt durch Frankfurt oder Hanau laufen können, doch jetzt kam es immer häufiger vor, dass ich nach Autogrammen gefragt oder um ein Foto gebeten wurde. So, wie alles zwei Seiten hat, ist es auch mit der Prominenz. Natürlich hatte ich nichts dagegen, wenn mir wildfremde Menschen auf die Schultern klopften, im Restaurant immer ein Tisch für mich frei war und ich vor den Clubs nicht mehr in der Schlange stehen musste. Gleichzeitig türmten sich die vermeintlich unschlagbaren Angebote von Versicherungsvertretern, Vermögensverwaltern oder Immobilienhaien. Von dem bisschen Ruhm, das ich mir inzwischen erspielt hatte, wollten offenbar eine Menge

Leute etwas abhaben. Mein Glück war, dass ich noch immer mit den gleichen Jungs aus unserer Clique abhing, mit denen ich schon seit Teenagerzeiten befreundet war. Selbst wenn ich mich von meiner sportlichen Bekanntheit hätte blenden lassen wollen, meine Freunde hätten das nicht zugelassen. Klar, auch ihnen gefiel es, wenn wir in der Disco wie Ehrengäste behandelt wurden, aber erstens hingen wir sowieso lieber irgendwo privat ab und zweitens sorgten sie auf ihre Weise schon dafür, dass ich auf dem Boden blieb. Wenn ich heute darüber nachdenke, bin ich sehr dankbar dafür, dass ich so eine solide Basis hatte. Andere, deutlich naivere Kicker, denen diese Bindung fehlte, waren leichte Opfer für die vielen Blutsauger, die sich hinter der Bande versteckten. Zudem profitierte ich auch davon, schon in jungen Jahren eine feste Beziehung zu haben, denn die vielen schönen Frauen, die dich auf einmal wahnsinnig attraktiv finden, weil du gut gegen einen Ball treten kannst, sind auch nicht gerade förderlich, wenn man mit beiden Beinen auf dem Teppich bleiben will. Wer sich als Bundesligafußballer sexuell austoben möchte, hat dazu unglaublich viele Möglichkeiten. Und bis zu einem gewissen Grad finde ich das auch völlig okay. Es darf halt nur keiner darunter leiden.

Mit der Zeit gewöhnte ich mich daran, auf der Straße erkannt oder angesprochen zu werden. Ich akzeptierte das als Ausdruck von Sympathie oder Respekt, gleichzeitig sehnte ich mich danach – wie vermutlich jede halbwegs prominente Person –, einfach unerkannt durch die Heimatstadt laufen oder ganz in Ruhe im Supermarkt einkaufen gehen zu können. Umso schöner waren jene Stunden, die ich wie früher bei meinen Jungs auf der Couch verbrachte, um Playstation zu zocken und Blödsinn zu labern. Und nur weil ich jetzt ganz gut Kohle verdiente und in der Bundesliga spielte, stand da trotzdem kein Champagner auf dem Tisch. Bier schmeckte uns allen eh viel besser.

In der Liga hatten wir uns nach der Hälfte der Saison in der Tabellenmitte eingenistet. Eine passable Ausgangsposition. Ich selbst machte meine Sache als weiterhin ganz anständig. Gegen Werder Bremen schoss ich im Dezember gar mein erstes Bundesligator. Schade nur, dass sich nach der 2:6-Niederlage niemand mehr daran erinnerte. Immer mal wieder unterliefen mir allerdings auch Leichtsinnsfehler, wobei ich das Glück hatte, dass mir der Trainer und die Teamkameraden diese Pannen auch mal zugestanden. Es gibt keinen Fußballer auf der Welt, der von Anfang an auf Topniveau spielt – Ausnahmeerscheinungen wie Ronaldo, Messi oder Neymar mal ausgenommen. Formschwankungen gehören für einen jungen Sportler dazu und sind Teil des Entwicklungsprozesses. Das Entscheidende dabei ist immer die Frage: Wie wird mit diesen Fehlern umgegangen? In meinem Fall hatte ich mit Friedhelm Funkel einen Trainer, der mich nach schwachen Spielen vor der Öffentlichkeit in Schutz nahm und mir hinter verschlossenen Türen oder beim nächsten Training ganz in Ruhe erklärte, was ich noch verbessern musste. Es gibt in der Bundesliga leider viele Trainer, die einen jungen Fußballer nach zwei, drei schlechteren Auftritten aus der Mannschaft nehmen, wodurch das Selbstvertrauen dieser Kicker häufig einen enormen Knick bekommt. Funkel war da glücklicherweise anders. Zusätzlich war unsere Mannschaft so intakt, dass individuelle Fehler vom Kollektiv verziehen wurden. Es ist auf diesem Niveau nicht selten, dass gerade ältere Spieler jüngere Kollegen an den Pranger stellen, um sich selbst in ein besseres Licht zu rücken. Diese Erfahrung blieb mir erspart. Im Gegenteil: Nach von mir verschuldeten Gegentoren oder schwächeren Spielen nahmen mich die Routiniers beiseite und gaben mir Tipps, wie ich mich auf und abseits des Rasens verhalten sollte. Viele dieser Ratschläge habe ich später selbst an die jungen Spieler der nächsten Generation weitergegeben. Zum Beispiel diesen Klassiker: Nach schlechten Spielen keine Zeitung lesen – und noch weniger nach guten Spielen. Im Windschatten dieser alten Hasen wurde ich ganz behutsam an den Bundesligaalltag herangeführt und profitierte dabei auch davon, bei einem Verein wie Eintracht Frankfurt heranzuwachsen. Bei einem Klub mit deutlich ambitionierteren Zielen – beispielsweise Bayer Leverkusen – hätte ich es vermutlich viel schwieriger gehabt, mich in Ruhe zu entwickeln. Das war und ist der Vorteil von einem Klub, der sich wie die Eintracht als Ausbildungsverein versteht: Hier werden Fehler akzeptiert, hier ist der Druck, sofort funktionieren zu müssen, nicht so hoch.

Das absolute Highlight meiner ersten vollwertigen Erstliga-Hinrunde fand knapp zwei Wochen vor Heiligabend statt. Dank unserer Pokalfinalteilnahme hatten wir uns für den UEFA-Cup qualifiziert und es mit einem Sieg und einem Unentschieden in den Entscheidungsspielen gegen Brøndby IF bis in die Gruppenphase geschafft. An diesem letzten Spieltag reisten wir nach Istanbul, um dort gegen Fenerbahçe die letzte Chance auf die Teilnahme an der Zwischenrunde zu wahren. Im Auswärtsspiel gegen die Spanier von Celta Vigo hatte ich 25 Minuten lang zum ersten Mal Europapokal-Luft geschnuppert, gegen die Türken ließ mich Funkel von Beginn an ran. Wahnsinn, dachte ich, als wir auf dem Flughafen in Istanbul landeten. Gegen solche Teams hast du früher nur auf der Playstation gespielt! Von der fußballverrückten Stadt hatte ich schon viel gehört, doch die ersten Eindrücke vor Ort übertrafen noch einmal die Erwartungen. Unser Hotel lag etwas erhöht auf einem Hügel, von dort hatten wir einen fantastischen Blick über die riesige City, die Nahtstelle zwischen Europa und Asien. Wie im UEFA-Cup üblich, durften wir das Abschlusstraining im Stadion absolvieren und schon allein dieser Umstand sorgte für eine besondere Anspannung, die ich in dieser Form noch nicht erlebt hatte.

Und die Spannung wurde nur noch größer, als wir wenige Stunden vor dem Anpfiff mit dem Bus vom Hotel Richtung Şükrü-Saracoğlu-Stadion fuhren, der Heimspielstätte von Fener. Schon auf der Brücke, die den europäischen und asiatischen

Kontinent miteinander verbindet, empfingen uns die heißblütigen Fans unseres Gastgebers. Durch ein Spalier von bengalischen Feuern fuhren wir unserem Arbeitsplatz entgegen, und ich, der trotz der paar Einsatzminuten im Grunde immer noch UEFA-Cup-Novize war, empfand das als ein grandioses Spektakel. Mit einer Polizeieskorte kamen wir am Stadion an, wo schon 50 000 Zuschauer auf uns warteten, darunter auch einige tausend aus Frankfurt. Fener hatte damals eine richtige Startruppe, mit dem Ghanaer Stephen Appiah, dem Brasilianer Alex und dem Serben Mateja Kezman in der Offensive. Und dann noch diese fantastische Stimmung in diesem wunderbaren Stadion. Ich war richtig elektrisiert, als wir zum Warmmachen aufs Feld liefen und mir von den Gesängen die Ohren klingelten. Ich liebte Auswärtsspiele und sog die besondere Atmosphäre förmlich auf. Die fremdartigen Gesänge, Choreos, die vereinstypische Fankultur – genau um so etwas zu erleben, hatte ich immer Fußballprofi werden wollen. Ich hätte mir niemals vorstellen können, dass solche Spiele auch mal ohne Fans stattfinden würden, was ich zum Ende meiner Karriere noch selbst erlebt habe, als aufgrund der Coronapandemie nur noch Geisterspiele ausgetragen wurden. Ein Pflichtspiel ohne Fans ist mit einem Match vor vollem Haus nicht zu vergleichen. Keine Ahnung, wie sich die Spieler während der Pandemie dennoch motivieren konnten, ich weiß nicht, ob mir das vor so einer trostlosen Kulisse gelungen wäre. Denn ist es nicht genau das, was den Fußball so besonders macht? Wenn zigtausend Menschen schreien, klatschen und pfeifen? Wenn du auf dem Platz deine eigene Stimme nicht verstehst, weil die Zuschauer ihre Hymnen singen? Wenn die Arena bei Torschüssen regelrecht explodiert oder du mit Tempogegenstößen für kollektives Luftanhalten sorgst? Ich für meinen Teil habe davon gelebt, in vollen Stadien zu spielen, in denen mich die Energie der Leute über den Rasen trug und dafür sorgte, dass ich mich auch noch in der 89. Minute in jeden Zweikampf warf.

Im Dezember 2006 war Corona noch ganz weit entfernt – und der Einzug in die Zwischenrunde zum Greifen nah. Ein Sieg gegen Fenerbahçe und wir hätten die Gruppenphase als krasser Außenseiter überstanden. Leichter gesagt als getan, doch schon nach acht Minuten brachte uns Takahara in Führung und die frenetischen türkischen Fans zum Schweigen. Auch das ist ein unbeschreibliches Gefühl: wenn du mit deiner Mannschaft dafür sorgst, dass so ein Hexenkessel auf einmal ganz leise ist und nur im Auswärtsblock gefeiert wird. Und es kam noch besser: Kurz nach dem Anpfiff zur zweiten Halbzeit erzielte Takahara das 2:0 und die darauf einsetzende Stille war fast schon gespenstisch. Zu diesem Zeitpunkt waren zwar noch 40 Minuten zu spielen, aber ich war fest davon überzeugt, dass wir das Spiel gewinnen würden. Unser Gegner pfiff bereits auf dem letzten Loch. Keine Ahnung, was die am Vorabend getan hatten, aber in diesem Moment waren sie stehend k. o. Umso bitterer, dass ich knapp zehn Minuten nach unserem zweiten Tor unter einer Ecke durchsegelte und Tuncay den Anschlusstreffer erzielen konnte. Als der Ball im Netz landete, schien die Hölle über uns zusammenzubrechen. So eine Lautstärke hatte ich bis dahin beim Fußball noch nicht erlebt. Die letzte halbe Stunde würde richtig weh tun, das war uns allen klar. Und tatsächlich kam in der 82. Minute, was kommen musste: Nach einem Konter traf Semih Şentürk per Seitfallzieher zum Ausgleich. Zehn Minuten später war das Spiel vorbei und unser Traum von Europa hatte sich in Luft aufgelöst. Eine heftige Erfahrung, die mich noch einen Tag länger als üblich beschäftigen sollte. Dabei hilft das Pensum als Fußballer, solche Misserfolge abzuhaken, denn die nächste Aufgabe wartet ja schon, und so bleibt einfach nicht viel Zeit, um solchen Spielen hinterherzutrauern.

Vielleicht war es im Nachhinein sogar besser, dass wir uns gezwungenermaßen der Doppelbelastung aus UEFA-Cup und Bundesliga entledigt hatten. So blieben mehr Zeit und Energie, um sich auf das Wesentliche zu konzentrieren. Das war wie in jedem Bundesligajahr der Klassenerhalt. Zwar hatten wir die Hinrunde auf einem passablen zehnten Platz abgeschlossen, doch nach nur drei Punkten aus den ersten sechs Spielen der Rückrunde fanden wir uns auf einmal auf Rang 17 wieder. Bei anderen Vereinen hätte dieser freie Fall sehr wahrscheinlich zu Panik, Hysterie und Trainerrauswurf geführt, doch in Frankfurt war man in dieser Hinsicht schon ziemlich abgehärtet. Als Mannschaft im Abstiegskampf zu bestehen, ist eine ganz spezielle Herausforderung. Es gibt Teams mit nominell überragenden Kadern, die kein Bein mehr auf den Boden bekommen, wenn sie sich auf einmal im Abstiegsstrudel befinden. Aber das war bei der Eintracht im Frühjahr 2006 nicht der Fall. Von A wie Amanatidis bis V wie Vasoski hatten wir Spieler, die bereit waren, auf dem Platz um ihr Leben zu kämpfen. Überdies konnten wir uns auf eine Vereinsführung verlassen, die selbst in dieser sportlich schwierigen Situation nicht in Hektik und Aktionismus verfiel und weiter eng mit einem Trainer zusammenarbeitete, der in Sachen Abstiegskampf über reichlich Erfahrung verfügte. Es lag an dieser besonderen Kombination, dass ich trotz der brenzligen Lage das Gefühl von Sicherheit und Vertrauen hatte, das ich für mein Spiel benötigte. Mehr noch, ich schien für den rauen Alltag am Ende der Tabelle geradezu gemacht zu sein. Zwar verfügte ich über eine saubere Technik, doch mein Spiel lebte von der Robustheit, der Einsatzfreude und vor allem von gewonnenen Zweikämpfen. Exakt die Eigenschaften, die es braucht, wenn man mit dem Rücken zur Wand steht. Wie zur Bestätigung veränderte sich unser Trainingsalltag, je tiefer wir in den Tabellenkeller rutschten. In vielen kleinen und intensiven Spielformen wurden die direkten Duelle forciert, alle paar Sekunden schepperte es irgendwo auf dem Platz. Was sich jedoch nicht so einfach antrainieren lässt, im sportlichen Überlebenskampf aber enorm wichtig ist, ist diese besondere Abgezocktheit, die Fußballer erst im Laufe der Jahre an den Tag legen. Mehr als einmal wies mich der Trainer in dieser Saison auf diese fehlenden Qualitäten hin. Um sich auf diesem Niveau zu behaupten – gerade im Abstiegskampf – muss man in der Lage sein, unter allen Umständen Punkte zu sammeln. Doch während unsere Routiniers beim Stand von 1:0 kurz vor dem Abpfiff die Bälle auf die Tribüne bolzten oder nach harmlosen Zweikämpfen deutlich länger als nötig liegen blieben, versuchte ich Greenhorn solche Situationen mit Stil und Eleganz zu lösen. Was dagegenspricht: Mit Stil und Eleganz wurde noch kein Abstieg verhindert.

Gerade in den Duellen mit deutlich erfahreneren Profis wurde mir bewusst, wie viel ich noch zu lernen hatte, um auf diesem Niveau konstant gute Leistungen zu bringen. Einer der abgezocktesten Kicker war der Hamburger David Jarolím. Wenn sein Verein führte und er in der 87. Minute einen leichten Bodycheck kassierte, blieb er so lange liegen, dass man schon Angst bekam, er würde nie wieder aufstehen. Nur um sich dann nach seiner Wunderheilung ohne Rücksicht auf Verluste in den nächsten Zweikampf zu werfen. Zum Vorbild für eine ganze Verteidigergeneration war in dieser Zeit der Spanier Sergio Ramos von Real Madrid geworden. Der war schnell, technisch stark, enorm robust und konnte im richtigen Moment zum erbarmungslosen Drecksack mutieren. Oft bewegte er sich im regeltechnischen Grenzbereich, ohne jedoch – meistens jedenfalls – wirklich unfair zu spielen. Ich persönlich orientierte mich damals eher an Per Mertesacker, der abseits des Rasens immer sehr ruhig und bedächtig rüberkam, seine Arbeit auf dem Platz aber mit absoluter Souveränität erledigte.

Doch Mertesacker und Ramos standen nicht zur Verfügung, um uns im Frühjahr 2007 in der Bundesliga zu halten. Den Job mussten wir schon selbst übernehmen. Nach dem 1:3 gegen die auf dem vorletzten Platz rangierenden Hamburger am 23. Spieltag war die Kacke richtig am Dampfen. In solchen Situationen, wo das letzte Erfolgserlebnis schon viel zu lange her ist, wo die Medien den „freien Fall der Adler" betrauern und die Fans immer unruhiger werden, braucht es einen echten Befreiungsschlag, um sich wieder Luft für den Schlussspurt zu verschaffen. Wer hätte vor der Saison gedacht, dass wir diesen Wendepunkt ausgerechnet auf dem Bieberer Berg schaffen würden? Das Mainderby hat eine lange Geschichte. Schon 1935 traten beide Teams so übel aufeinander ein, dass sich ein Offenbacher das Bein brach und aufgebrachte Kickers-Fans daraufhin die Frankfurter an der Abfahrt hinderten. Und dass die Eintracht 1959 mit dem kurz zuvor aus Offenbach losgeeisten Trainer Paul Oßwald Meister wurde – nach einem dramatischen Finale gegen die Kickers –, dürfte die Abneigung gegeneinander auch nicht gerade verringert haben. Mit dieser Rivalität wuchs auch ich auf. Bei uns war man entweder Eintracht- oder Kickers-Fan. Und wer sich für eine Mannschaft entschied, hasste damit automatisch den anderen Klub von ganzem Herzen. Diese Erfahrungen gehören zu meinen frühesten Kindheitserinnerungen! Später, als sich abzeichnete, dass ich mal selbst ein ganz passabler Fußballer werden würde, hieß es von allen Seiten: „Du darfst ja wirklich alles machen – nur geh niemals nach Offenbach!" Umso kurioser, dass dieser Wechsel kurzzeitig ja sogar mal im Raum stand. Auch hierfür gebührt mein Dank Friedhelm Funkel. Wer weiß, ob meine Leute mir diese Sünde verziehen hätten. Ich selbst verstand die Beziehung zu den Nachbarn im Süden als gesunde und aus langer Tradition gepflegte Rivalität. Von Hass konnte bei mir aber keine Rede sein. Gleichzeitig wusste ich natürlich, wie viel so ein Sieg gegen Offenbach unserem Anhang bedeutete. Sportlich bewegten sich beide Klubs schon lange nicht mehr auf Augenhöhe. Direkte Duelle in Pflichtspielen kamen nur dann zustande, wenn sich die Losfee im DFB-Pokal dafür entschied. Das letzte Aufeinandertreffen beider Teams hatte ich noch vor dem Fernseher miterlebt. In der ersten Pokalrunde im Jahr 2003 fiel die Entscheidung erst im Elfmeterschießen, dass die Eintracht gewann. Jetzt, im Februar 2007, hatte unser Weg nach Erfolgen gegen die Sportfreunde Siegen, Rot-Weiss Essen und den 1. FC Köln bis ins Viertelfinale geführt, wohin es überraschenderweise auch die Offenbacher geschafft hatten. Nur drei Tage nach der krachenden Niederlage gegen Hamburg fuhren wir also ein paar Kilometer weiter Richtung Süden, um vor 24 000 Zuschauern am Bieberer Berg aufzulaufen. Allerdings nicht auf der ursprünglich geplanten Route, sondern auf einer kurzfristig von der Polizei geänderten Strecke – um mögliche Konfrontationen mit den Kickers-Fans zu vermeiden. Ein erster Vorgeschmack auf das, was uns im Stadion erwarten sollte.

Über die Bedeutung dieses Spiel war wir uns alle völlig im Klaren. In der Bundesliga standen wir auf einem Abstiegsplatz. Falls wir jetzt auch noch im DFB-Pokal gegen den regionalen Erzrivalen rausfliegen würden, wäre das der Super-GAU. Keine Ahnung, ob unsere Fans uns so ein Debakel verzeihen würden. Wir wollten es erst gar nicht darauf ankommen lassen, das rauszufinden. Entsprechend angespannt war die allgemeine Stimmung in den Tagen und Stunden vor dem Anpfiff. „Ihr dürft die nicht auf die leichte Schulter nehmen!", mahnte Funkel schon fast mantrahaft. Seine größte Sorge: dass wir uns mit Blick auf den Klassenunterschied nicht mit voller Energie und Leidenschaft in die Partie werfen würden. Doch diese Befürchtung war unberechtigt. Bei solchen Konstellationen musste man als Profi von Eintracht Frankfurt schon völlig übergeschnappt sein, um den Ernst der Lage nicht zu begreifen. Viertelfinale, Mainderby, in der Liga mit dem Rücken an die Wand – wir alle waren bis in die Haarspitzen motiviert. Für das Flutlichtspiel am Dienstagabend vertraute Funkel in der Innenverteidigung auf mich und einen Mann, der es vermutlich auch durchs Spartaner-Casting für den Film „300" geschafft hätte. Der Grieche Sotiris Kyrgiakos war sechs Jahre älter, drei Zentimeter größer und zum damaligen Zeitpunkt hundertmal erfahrener als ich. Ein Berg von einem Mann, der vor der Saison von den Glasgow Rangers zu uns gewechselt war und den EM-Sieg 2004 nur deshalb verpasste, weil er sich kurz vor dem Turnier verletzt hatte. Im

Vergleich zu Sotiris war ich ein kleiner Bub. Er war ein richtiger Schrank, ein Verteidiger wie aus dem Bilderbuch, ein Fels in der Brandung – und im Übrigen ein richtig feiner Kerl. Mit so einer Kante an meiner Seite wollte ich hier und heute nichts anbrennen lassen.

Und genauso kam es. Schon nach elf Minuten brachte uns Michael Fink in Führung, und Takahara besiegelte mit seinen zwei Toren in der zweiten Halbzeit nicht nur den Sieg, der uns ins Pokal-Halbfinale brachte, sondern dieser Erfolg brachte uns wieder in die Spur und befreite uns aus der Krise. In den folgenden vier Ligaspielen sammelten wir acht Punkte. Und es hätten sogar noch zwei mehr werden müssen, doch gegen Nürnberg hatten wir es nicht geschafft, nach einer klaren 2:0-Führung die drei Punkte mitzunehmen. Dafür erreichten wir Historisches. Am 26. Spieltag schlugen wir die Bayern mit 1:0 – der erste Frankfurter Sieg gegen die Münchener seit sieben langen Jahren. Und was für ein Sieg! Unvergessen, wie Christoph Preuß in der 78. Minute die Flanke von Patrick Ochs zum schönsten Tor seiner Karriere verwertete. Der Fallrückzieher gegen die Bayern darf bis heute in keiner Best-of-Sammlung fehlen. Für mich hatte dieser wichtige Sieg jedoch einen leicht bitteren Beigeschmack. Vor der Partie entschied sich Funkel für eine taktische Änderung in der Defensive und nahm mich aus der Startelf. Stattdessen sollten nun Vasoski und Chris gemeinsam mit Kyrgiakos gegen Podolski, Makaay und Schweinsteiger verteidigen. Selbstverständlich hätte ich in diesem Match gerne auf dem Platz gestanden. Aber ein Trainer ist eben auch dafür da, im Sinne der Mannschaft unpopuläre Entscheidungen zu treffen und in diesem Fall hieß das für mich: Ersatzbank statt Startelf. Und der Erfolg gab Funkel recht, mit drei Punkten gegen die Bayern hätte vorher vermutlich keiner gerechnet. Ich kam nach 65 Minuten für Chris ins Spiel und hatte so immerhin beste Sicht, als Preuß mit seinem Fallrückzieher Kahn keine Chance ließ. Für diese vermutlich einmalige Wundertat musste sich unser Held des Tages natürlich noch lange ein paar Sprüche gefallen lassen. Und das nächste Mannschaftsessen ging selbstverständlich auf seine Rechnung. Man muss die Feste eben feiern, wie sie fallen.

Wer die großen Bayern schlägt, dürfte doch eigentlich nichts mit dem Abstieg zu tun haben, oder? In unserem Fall galt das zumindest nicht, denn zwischenzeitlich sah es wirklich so aus, als würden wir den Klassenerhalt am Ende doch noch verspielen. Nach einer richtig bitteren 1:3-Pleite gegen Energie Cottbus am 28. Spieltag hatten wir nur noch einen Punkt Vorsprung auf Platz 16, und auch drei Spieltage später hatte sich an dieser Ausgangslage nichts geändert. In der Zwischenzeit hatten wir uns mit einer schmerzhaften 0:4-Niederlage gegen den 1. FC Nürnberg im Halbfinale aus dem Pokalwettbewerb verabschiedet und blickten nun direkt in den Abgrund, und das bedeutete: Zweite Liga. Jetzt war noch mal ein echter Kraftakt erforderlich, um sich doch noch gegen den drohenden Abstieg zu stemmen. Drei Spieltage vor Saisonende empfingen wir Alemannia Aachen im Waldstadion, die zu diesem Zeitpunkt auf Platz 16 und damit nach der damaligen Regelung auf einem direkten Abstiegsplatz standen. Alles andere als ein Sieg hätten wir, hätten die Fans, hätte ganz Frankfurt nicht akzeptiert. Kurz vor dem Anstoß hatte ich keine Zweifel daran, dass wir heute als Sieger vom Platz gehen würden. Die Stimmung in der Kabine war so aufgeladen, so voller Energie, dass sich all der aufgestaute Frust der vergangenen Wochen und schließlich auf dem Platz entlud. Arme Alemannia. Die Aachener hatten nicht den Hauch einer Chance. Dass es am Ende nur 4:0 für uns stand, grenzte an ein Wunder. Rekordverdächtige 31-mal schossen wir aufs Tor, sechsmal prallte der Ball gegen Pfosten oder Latte. Das Spiel hätte ohne Weiteres auch 8:0 oder 9:0 ausgehen können. Entsprechend gelöst war die Atmosphäre nach dem Abpfiff. Und noch viel wichtiger: Auf dieser Welle der Euphorie surften wir auch nach Bremen, wo wir am 33. Spieltag mit dem sensationellen 2:1-Sieg den Klassenerhalt vorzeitig sicherten. Zwar war ich in diesen beiden entscheidenden Spielen insgesamt nur 17 Minuten im Einsatz gewesen, aber das interessierte mich in diesem Moment herzlich wenig. Die Eintracht hatte es mal wieder geschafft: Wir waren ein weiteres Jahr in der Bundesliga dabei.

Passend zu dieser Spielzeit voller Aufs und Abs mussten wir uns dann noch von einem Kollegen verabschieden, der eigentlich die besten Voraussetzungen gehabt hatte, eine echte Eintracht-Legende werden zu können. Doch Jermaine Jones hatte sich entschieden, zu Schalke 04 zu wechseln, und als diese Information an die Öffentlichkeit gelangte, entfachten unsere Fans einen Sturm der Entrüstung. Und Jonesy machte alles nur noch schlimmer, als er sich in einem Fanforum zu rechtfertigen versuchte, wonach die ganze Situation vollends eskalierte. Seitdem ist unser Anhang nicht gut auf ihn zu sprechen, um es mal vorsichtig zu formulieren. Ich fand das sehr schade, einen Kicker wie ihn hätte ich sehr gerne weiterhin in meiner Mannschaft gehabt. So aber wurden die Karten wieder einmal neu gemischt. Neue Saison, neues Glück. Schade nur, dass uns dieses Glück am Ende nicht ganz hold sein sollte.

Kapitel 5

KICK AND RUSS

Das Ziel vor der neuen Saison 2007/08 war klar formuliert: Klassenerhalt. Mal wieder. Doch in dieser offiziellen Verkündung steckte auch eine Menge Kommunikationsstrategie. Denn intern nahmen wir uns natürlich etwas ganz anderes vor, als am Ende einer langen Spielzeit auf Rang 15 oder 14 zu landen. Welcher Fußballer träumt nicht davon, mit seiner Mannschaft allen Kritikern das Maul zu stopfen und die eigenen Fans nach 34 Spieltagen mit einer Riesenüberraschung zu beglücken? Nur: Wie groß wären die Enttäuschung und bei vielen sicher auch die Wut gewesen, wenn wir großspurig vom UEFA-Cup fabuliert hätten, um dann doch wieder bis zum Schluss um den Verbleib in der Liga zu kämpfen? Deshalb gaben auch wir Spieler in der Öffentlichkeit brav zu Protokoll, dass der Klassenerhalt das erklärte Ziel sei, und sprachen erst hinter verschlossenen Kabinentüren davon, ob wir uns in dieser Saison nicht vielleicht doch ein höheres Ziel stecken sollten.

Als Fußballer kannst du erst nach den ersten vier, fünf Spielen der Saison einschätzen, wie gut die Mannschaft in diesem Jahr wirklich ist. Wie üblich mussten wir alte Kollegen verabschieden und durften neue begrüßen, dadurch änderte sich natürlich auch die Chemie im Team. Und erst im Bundesligaalltag lässt sich feststellen, wie gut diese tatsächlich ist. Wobei ich mir ziemlich früh sicher war, dass diese Eintracht Außergewöhnliches leisten konnte. Der Kader wirkte innerlich gefestigt, mit Friedhelm Funkel und Heribert Bruchhagen verfügten wir über eine sportliche Führung, die den Verein in- und auswendig kannte und Stabilität garantierte. Das Fundament war solide, jetzt mussten nur noch die Neuzugänge schnellstmöglich integriert werden. Später, als ich alt genug war, um innerhalb der Mannschaft eine Führungsrolle einzunehmen, sah ich eine meiner Aufgaben auch darin, diese Integration proaktiv voranzutreiben. Doch damals, mit gerade mal 21 Jahren, verhielt ich mich diesbezüglich eher neutral oder besser gesagt zurückhaltend. Wichtig war mir allerdings schon damals, mir ein eigenes Bild von den Neuen zu machen. Spieler X galt in der Presse als Lebemann und trainingsfaul? Mir egal, ich ignorierte solche Informationen und war einfach gespannt darauf, einen neuen Mitspieler kennenzulernen. Wichtig war ja nicht, was in der Presse stand, sondern: Wie macht er sich im Mannschaftsgefüge? Wie verhält er im Training? Welche Besonderheiten muss ich bei seiner Spielweise beachten? Solche Dinge beschäftigten mich dabei. Gleichzeitig gestand ich jedem Neuzugang genügend Zeit zu, sich bei uns zu akklimatisieren. Kein Fußballer der Welt findet sich bei einem neuen Klub innerhalb von zwei, drei Wochen zurecht. Wenn man einen starken Mitspieler haben möchte, der einem in den entscheidenden Momenten weiterhilft, dann muss man mit ihm erst mal Geduld haben. Ein gutes aktuelles Beispiel ist der Brasilianer Tuta. Der wurde nach seiner Verpflichtung 2019 gleich wieder ausgeliehen und nicht wenige hatten ihn schon abgeschrieben, als er im Januar 2021 wieder nach Frankfurt kam. Und jetzt? Wurde er nach dem Karriereende von David Abraham ins kalte Wasser geworfen und macht seine Sache in der Defensive hervorragend.

Einer der Neuen, die mich im Sommer 2007 besonders beschäftigten, war Aarón Galindo. Nicht nur, weil er auf meiner Position spielte – er hatte als mehrfacher mexikanischer Nationalspieler natürlich gleich ein anderes Standing als ich. Mit diesen Eigentümlichkeiten in Bezug auf die öffentliche Wertschätzung meiner Konkurrenten war ich allerdings schon vertraut. Es ist schon so, dass man es als Eigengewächs immer etwas schwerer hat im Vergleich mit kostspieligen Neuzugängen; eine Situation, die mir unter etwas anderen Vorzeichen aus der Jugend wohl bekannt war. Daher war die Motivation jetzt umso größer, mich auch in diesem Vergleich durchzusetzen. Dabei ging es mir nicht darum, Galindo das Leben schwerzumachen. Ich habe mich mit meinen Kollegen in der Defensive, die ja auch meine Rivalen waren, eigentlich immer gut verstanden. Der Konkurrenzkampf gehört zu unserem Job dazu wie Hemd und Krawatte bei den Bankangestellten. Die besten elf Spieler stehen am Wochenende auf dem Rasen, das ist die Challenge, der sich jeder Profi stellt und die im Idealfall dafür sorgt, dass jeder versucht, sein Bestes zu geben. So gesehen war Galindo für mich die nächste Herausforderung, der Konkurrenzkampf mit ihm die nächste Sprosse auf meiner Karriereleiter.

Herausforderung gemeistert: Am ersten Spieltag der neuen Saison stand ich gegen Hertha von Beginn an auf dem Platz. Und während der *kicker* uns mal wieder als Abstiegskandidat einschätzte und die Berliner als möglicher Champions-League-Teilnehmer gehandelt wurden, gingen wir nach 90 Minuten als verdienter Sieger vom Platz. Vier Spieltage später hatte ich mich nicht nur in die Torschützenliste eingetragen (Distanzschuss beim 2:2 gegen Bielefeld), sondern durfte mich nach einem 2:1-Sieg gegen den HSV auch noch über den besten Saisonstart seit 14 Jahren freuen. Wer hätte das für möglich gehalten, dass Pröll, Russ, Meier und Thurk mal in einem Atemzug mit Stein, Binz, Bein und Jay-Jay Okocha genannt werden würden? Doch jetzt, nach gerade mal fünf Spieltagen, standen wir auf dem dritten Tabellenplatz, nur einen Punkt hinter den Bayern. Und in der *Frankfurter Rundschau* konnte ich über mich lesen: „Der junge Marco Russ, gerade 22 Jahre alt geworden, rechtfertigt Woche für Woche Funkels Vertrauen und revanchiert sich für seine Stammeinsätze mit respektablen Leistungen in der Innenverteidigung." Wie schon erwähnt, beachtete ich die Berichte über unsere und meine Leistungen in der Regel nicht, um nicht die

Konzentration auf das Wesentliche zu verlieren, doch auch als Profisportler darf man sich ab und an im Glanz des Erfolges sonnen. Platz 3, zehn Punkte nach fünf Spielen, Lobeshymnen in der Zeitung – nach dem HSV-Spiel gönnte ich mir den Luxus, legte die Beine hoch und genoss unseren Erfolg. Auch mit Blick darauf, dass wir vermutlich nicht sehr lange so weit oben in der Tabelle stehen würden. Der Ruhm als Fußballprofi, ganz besonders als einer von Eintracht Frankfurt in den Nullerjahren, ist oft nur von kurzer Dauer – es sei denn, man steht in München, Dortmund oder Leverkusen unter Vertrag. Und die Erfahrung hatte ich in meinen jungen Jahren ja bereits oft genug gemacht: Das nächste schlechte Spiel und die nächste schlechte Kritik warten schon. Den Erfolg und das Lob genießen? Ja. Sich etwas darauf einbilden? Nein.

Wie zur Bestätigung gewannen wir nach diesem beeindruckenden Saisonstart bis zur Winterpause nur noch zwei Partien und wurden zweimal – 1:5 gegen Nürnberg und 1:4 gegen Stuttgart – haushoch besiegt. Ich habe jede Niederlage gehasst. Und ganz besonders solche, die nicht nötig gewesen wären. Deshalb waren deutliche Niederlagen wie gegen den VfB und Nürnberg fast einfacher zu ertragen, wenn jeder im Stadion gesehen hatte, wie unterlegen und wie viel schlechter man war. Das Prozedere nach Pleiten ist immer dasselbe: miese Laune in der Kabine, unangenehme Reporterfragen, die man ertragen muss, eine bedrückte, stille Atmosphäre auf der Rückreise. Ich setzte mir in der Regel im Bus oder Flugzeug meine Kopfhörer auf, schloss die Augen und versuchte, nicht mehr an das Spiel zu denken. Ich würde es ja eh ein oder zwei Tage später in Form einer Videoanalyse haarklein auseinandergedröselt präsentiert bekommen.

Wobei sich die negativen Erlebnisse in dieser Saison glücklicherweise in Grenzen hielten. Häufiger als sonst standen unsere guten Leistungen im Vordergrund und dabei mehr als einmal die stabile Defensive. In der Innenverteidigung schien Funkel mit Kyrgiakos und mir sein ideales Pärchen gefunden zu haben. Wir harmonierten tatsächlich ziemlich gut, wobei die Rollen klar verteilt waren. Als Jungspund orientierte ich mich an den Ansagen meines erfahrenen Nebenmannes, und gemeinsam sorgten wir dafür, dass der Laden hinten dicht blieb. So gut es eben ging. 23 Gegentore nach 17 Spielen waren eine ganz ordentliche Hinrundenbilanz. Mit Kyrgiakos verband mich – anders als später zum Beispiel mit David Abraham – kein freundschaftliches, dafür aber trotzdem ein sehr vertrauensvolles Verhältnis. Wir schätzten einander und ich nutzte jedes Spiel, um von ihm zu lernen. Abseits des Rasens war dieser Koloss übrigens ein sehr lustiger und unterhaltsamer Zeitgenosse. Auf dem Platz war er zwar gelegentlich auch für den ein oder anderen Aussetzer gut, gleichzeitig wollte niemand gerne gegen ihn in den Zweikampf gehen. Was auch daran lag, dass er – wie ich – mit einer Einstellung ins Spiel ging, die jede Mannschaft dringend benötigt. Nichts gegen so wunderbare Fußballer wie Julian Brandt, aber wenn du elf solcher Spielertypen auf dem Platz hast, gewinnst du nicht eine Partie. Die Mischung macht es. Du brauchst die Schönspieler, die Techniker, genauso wie die Zweikämpfer und Mentalitätsmonster. Ich hatte diese kämpferische Einstellung, war aber trotz allem in der Lage, Niederlagen schnell abzuschütteln und diese negativen Emotionen nicht an mich heranzulassen. Auch das ist eine Fähigkeit, ohne die man in der Bundesliga nicht bestehen kann.

Und offenbar gefiel auch den Verantwortlichen der Eintracht, wie ich meinen Job erledigte. Im Januar 2008 unterschrieb ich einen neuen Vertrag, der mich ohne Ausstiegsklausel für vier weitere Jahre an die SGE band. In meinem immer noch jungen Jahren war ich froh darüber, dass ich mich um solche vertraglichen Details nicht zu kümmern brauchte, sondern die Verantwortung an meinen Berater delegieren konnte. Er verhandelte mit der Klubführung und legte mir schließlich die Ergebnisse vor. „Das Angebot ist top", sagte er mir, „wenn du Lust hast, dann machen wir das." Anfragen von anderen Vereinen gab es eh nicht und außerdem wollte ich ja weiter den Adler auf der Brust tragen, also setzte ich meine Unterschrift unter das Dokument. Dem neuen Vertrag entsprechend bekam ich deutlich mehr Gehalt und höhere Prämien, die ich – typisch Fußballer mit reichlich Geld – gleich für teure Statussymbole ausgab. Für 8000 Euro leistete ich mir eine potthässliche Uhr von „Jacob & Co.", eine damals extrem angesagte Marke, die vor allem auch bei etlichen US-Rappern hoch im Kurs stand. Ein paar Jungs in der Mannschaft hatten bereits so ein Teil, und ich muss zugeben, dass ich sie darum beneidet hatte, aber nun konnte ich mir jetzt auch so eine Ausgabe leisten. Ganz ehrlich: Heute würde ich mir diese Uhr ganz sicher nicht mehr kaufen. Aber wenn man jung ist und dazu noch das nötige Geld hat, leistet man sich eben auch solche im Nachhinein absolut fragwürdigen Dinge.

Natürlich gehörte ich mit meinem erheblich aufgestockten Gehalt nun zu den Großverdienern im Freundes- und Bekanntenkreis. Wobei anzumerken ist, dass die Einnahmen eines Fußballprofis nicht ohne Weiteres mit anderen Jobs verglichen werden können. In einem „normalen" Beruf erhöht sich das Einkommen in der Regel im Laufe der Jahre und wird über mehrere Jahrzehnte hinweg erzielt. Als Fußballer hast du zehn, maximal 15 Jahre, um gutes Geld zu verdienen und damit einen Puffer für die Zeit nach dem Karriereende anzulegen. Wenn ich während meiner gesamten Profilaufbahn richtig sparsam gelebt hätte, hätte ich jetzt vielleicht ausgesorgt. Aber wie bei so vielen anderen erhöhte sich mit den Einnahmen auch mein Lebensstandard, und auf ein tolles Zuhause für meine Familie, gutes Essen, schöne Urlaube und 8000-Euro-Uhren wollte ich nicht verzichten. Deshalb könnte ich es mir auch gar nicht erlauben, heute nicht zu arbeiten. Ich habe mir zwar ein ganz gutes Polster geschaffen, muss aber weiterhin zusehen, dass ich meinen Lebensunterhalt verdiene. Kollegen in der Gehaltsklasse von

Thomas Müller & Co. werden das nicht nötig haben, aber bei mir sieht es etwas anders aus. Und letztlich bin ich mit meiner dennoch ja sehr privilegierten Situation vollkommen zufrieden.

In der Winterpause 2007/08 tat sich einiges bei uns. Mit Albert Streit, Naohiro Takahara und Michael Thurk verabschiedeten sich drei renommierte Kicker, während mit dem Brasilianer Caio und dem Tschechen Martin Fenin zwei Neuzugänge zu uns kamen, die zumindest mir erst mal nichts sagten. Martin war erst 20 Jahre alt, stellte aber gleich in den ersten Trainingseinheiten unter Beweis, was für ein außergewöhnlicher Fußballer er war. Für sein Alter wirkte er ungemein abgebrüht, im Strafraum bewegte er sich ausgebufft und intelligent wie ein alter Hase. Was ihm allerdings fehlte, war die körperliche Robustheit, was mit gerade mal 20 nicht weiter verwunderlich war. In seinem ersten Bundesligaspiel schoss Martin drei Tore gegen die Herthaner und sorgte für einen Hype, wie wir ihn schon lange nicht mehr erlebt hatten. Als er auch noch im darauffolgenden Spiel gegen Bielefeld das vorentscheidende 2:0 erzielte, waren sich alle Beobachter einig, dass sich die Eintracht einen absoluten Rohdiamanten gesichert hatte. Doch seine nächsten beiden Treffer gelangen Martin erst wieder am letzten Spieltag. Die nach seinem spektakulären Debüt in ihn gesetzten hohen Erwartungen konnte er in Frankfurt nie erfüllen. Aus heutiger Sicht hätte ich ihm gewünscht, dass er seine ersten Schritte in der Bundesliga bei einem Verein in einer deutlich kleineren und harmloseren Stadt als Frankfurt gemacht hätte. „Mainhattan" hat ihn aufgefressen. Bald zeigte sich, dass er ein Faible fürs Nachtleben hatte und in dieser Hinsicht hat Frankfurt jede Menge zu bieten. Es dauerte nicht lange, da drehte sich bei ihm in erster Linie alles um Partys und Frauen, der Fußball kam an zweiter Stelle und rangierte damit unter ferner liefen. Wenn die Dinge erst mal so gelagert sind, ist das Scheitern im Grunde zwangsläufig.

Der andere Neue, Caio, entpuppte sich als richtig feiner Kerl mit einem rechten Fuß, für den er eigentlich einen Waffenschein benötigt hätte. Als Mensch lernte ich ihn spätestens im darauffolgenden Sommertrainingslager kennen, als wir uns ein Zimmer teilten und er mich mit seiner angenehmen Art sofort für sich einnahm. Als Fußballer zeigte er schon in den ersten Übungseinheiten, wie viel Potential in ihm steckte. Absolut überragend war sein Schuss. In all den Jahren habe ich keinen anderen Fußballer kennengelernt, der so einen Huf hatte. Es kam nicht selten vor, dass Caio nach dem Training einen Ballsack auf Höhe der Mittellinie ausleerte und von dort einen Ball nach dem anderen mit Vollspann unter die Latte drosch. Ein irres Schauspiel, jedes Mal. Deshalb wunderte es mich auch nicht, als er knapp zwei Jahre später genauso eine Fackel gegen Bayer Leverkusen auspackte. Wobei: In dem Moment, als er aus 40 Metern zum Schuss ausholte, war auch ich erst völlig perplex. Was zum Henker hatte er vor? Die Frage war beantwortet, als der Ball kurz darauf von der Unterlatte auf den Rasen, von dort wieder an die Unterlatte und dann ins Tor knallte. Leider hat sich dieser wunderbare Fußballer in der Bundesliga nie wirklich durchsetzen können. Als er zu uns kam, wusste er nicht mal, was ein Laktattest ist. Das fand ich nicht weiter schlimm. Unverständlich war nur, dass er aus solchen Erfahrungen nichts lernte und es schlichtweg nicht schaffte, seinen inneren Schweinehund zu überwinden und seinen Körper auf Bundesliganiveau zu bringen. Ich bin mir ganz sicher: Wenn ihm das gelungen wäre, würden wir uns heute an ihn als einen der ganz großen Frankfurter Kicker erinnern. Was in ihm steckte, bewies er später bei Grasshoppers Zürich. In der weniger intensiven Schweizer Super League blühte er förmlich auf, schoss in vier Jahren mehr als 50 Tore, gab über 20 Vorlagen und verabschiedete sich am Ende als Publikumsliebling. In Frankfurt sollte ihm diese Anerkennung zwar verwehrt bleiben, aber an guten Tagen war er für unsere Mannschaft mit seinen Fähigkeiten natürlich trotzdem ein echter Gewinn. Seine besondere Schusstechnik motivierte mich außerdem, an meinen eigenen Qualitäten zu feilen.

Besonders beeindruckt war ich von den scharfen, halbhohen Seitenwechseln, wie sie das Liverpool-Urgestein Steven Gerrard perfektioniert hatte. Seine schnellen Bälle verlagerten das Aufbauspiel mit einer solchen Explosivität, dass den Gegnern keine Zeit blieb, adäquat darauf zu reagieren. Zwar sollte ich trotz großem Trainingsfleiß niemals an das Niveau eines Steven Gerrard herankommen, doch wenn ich zehn solcher Seitenwechsel ausprobierte, kamen immerhin neun von ihnen an.

Mit Caio und Fenin spielten wir uns in den ersten beiden Monaten der Rückrunde in einen regelrechten Rausch. Siege gegen Werder Bremen und Leverkusen, gegen Karlsruhe, Cottbus und Bielefeld – nach 26 Spieltagen standen wir auf Platz 7, nur drei Punkte vom Tabellendritten Schalke entfernt. Das Erreichen des Europapokalwettbewerbs, ein Ziel, das vor der Saison nur intern und hinter vorgehaltener Hand genannt wurde, schien auf einmal zum Greifen nah. Markus Weissenberger, unser österreichischer Spielmacher, brachte es Ende März in einem Interview auf den Punkt. Gefragt nach den Gründen für den Aufschwung, antwortete er: „Ein Grund ist sicherlich die Einstellung dieser Mannschaft. Die ist sensationell. Hier hilft jeder dem anderen, jeder bessert die Fehler des anderen aus. Jeder opfert sich für den anderen auf. Das ist keine Floskel, sondern gelebte Realität." Recht hatte er. Auch ich war in Höchstform. An manchen Tagen hatte ich das Gefühl, dass wirklich jede gegnerische Flanke in unseren Strafraum auf meinem Kopf landen würde, dass ich in der Lage war, jeden noch so raffinierten Angriff abzublocken. Ein geiles Gefühl, ich kam mir unbesiegbar vor. Und diesen Spirit, diese Mentalität, spürte ich auch beim Rest der Mannschaft. In unserer besten Phase damals traten wir auf, wie es die Eintracht der Gegenwart fast an jedem Spieltag tut. Extrem einsatzbereit, voller Tatendrang und ausgestattet mit einem beeindruckenden Selbstvertrauen. Für einen Abwehrspieler sind solche Phasen in der Saison vermutlich noch einmal wertvoller als für den feinen Techniker in der

Offensive. Dabei fällt mir immer wieder eine Szene ein, die sich Jahre später in der Europa League im Spiel gegen Lazio Rom ereignete. Nach einem weiten Ball musste ich in ein langes Laufduell gegen meinen eigentlich schnelleren Gegenspieler, und doch grätschte ich ihn in vollem Lauf so geschickt ab, dass ich den Ball sogar noch im Spiel hielt, während er über den Rasen rutschte. Für solche Glanzmomente der Drecksarbeit spielte ich Fußball. Mir waren sie sogar fast noch wichtiger als Tore oder Vorlagen. Vielleicht können nur Abwehrspieler wirklich nachvollziehen, was ich meine.

Doch es kam, wie es in Frankfurt schon häufig gekommen ist: Auf den Rausch der zwischenzeitlichen Erfolgsserie folgte bald der große Kater. Nach dem überragenden 2:0-Sieg gegen Leverkusen am 26. Spieltag verloren wir nacheinander gegen Nürnberg, Hannover und die Bayern. Im Spiel gegen die Münchener, die einen gewissen Luca Toni in ihren Reihen hatten, wurden mir Frischling mal wieder die Grenzen aufgezeigt. Toni schlich oft minutenlang über den Rasen und schien so wie gut wie gar nicht am Spiel beteiligt, doch dann tauchte er auf einmal hinter meinem Rücken auf und kam zu einem Abschluss. Zwei Treffer schenkte er uns ein und zeigte seinen berühmten Ohrschrauber. Er war ein italienischer Stürmer wie aus dem Lehrbuch. Sah aus wie ein Schauspieler und gestikulierte auch wie einer, war dabei allerdings nie unfair. Nach der Pleite gegen die Bayern waren wir auf einmal wieder fünf Punkte von einem Europapokalplatz entfernt, ein Rückstand, den wir bis zum Saisonende nicht aufholen sollten. Wie gewonnen, so zerronnen – alte Eintracht-Frankfurt-Weisheit.

Für mich persönlich lief es trotzdem ziemlich gut, mit jedem Spiel wurde ich robuster und auch im Hinblick auf mein Spielverständnis und meine sich mehr und mehr entwickelnde Spielintelligenz immer besser. Inzwischen war ich auch endgültig aus dem Windschatten der erfahrenen Spieler herausgetreten, in dem ich mich jahrelang bewegt hatte. Mehr als 60 Bundesligaspiele hatte ich bereits absolviert, den Status als Rookie legte ich nun ab wie ein zu oft getragenes Trikot. Am 20. April 2008 erschien mein erstes größeres Interview in der *FAZ*, traditionell das mediale Flaggschiff in Frankfurt. „Die Bundesliga macht einfach Spaß", gab ich dort zu Protokoll, „da kann man vor vielen Zuschauern Fußball spielen. Das ist doch richtig schön." Und tatsächlich stellten mir die Reporter jene Frage, auf die ich schon seit den Anfängen auf dem Marina gewartet hatte: „Träumen Sie von der Nationalmannschaft?" „Jeder Fußballer träumt davon, ich auch", antwortete ich und musste anschließend noch die Frage abwehren, wann sich Jogi Löw bei mir melden würde. Das zeigte deutlich, wie sehr sich mein Standing verändert hatte. Auf einmal wurde ich von den Medien ernsthaft im Zusammenhang mit der DFB-Auswahl genannt. Tatsächlich hoffte ich damals im Stillen darauf, mal einen Anruf vom Teamchef oder seinem Staff zu bekommen. Es musste ja nicht gleich ein Länderspiel sein. Ein Lehrgang hätte mir schon gereicht. Schon Löws Vorgänger Jürgen Klinsmann hatte ja einen Umbruch eingeleitet. Plötzlich konnten die Nationalspieler gar nicht jung genug sein. In Sachen Nationalelf haben sich meine Hoffnungen nicht erfüllt, die größte Auszeichnung, die es für einen Fußballer geben kann, blieb mir leider verwehrt.

Am Ende schafften wir es dann doch noch, einen versöhnlichen Saisonabschluss hinzubekommen. Um die lange Zeit realistische Chance auf die Teilnahme am UEFA-Cup hatten wir uns zwar im letzten Saisondrittel selbst gebracht, aber nach dem 4:2-Sieg gegen den MSV Duisburg beendeten wir auf Platz 9 eine Saison, in der wir nie etwas mit dem Abstiegskampf zu tun hatten. Eigentlich war allein das schon ein Erfolg, doch war nicht von der Hand zu weisen, dass wir uns ganz zum Schluss unter Wert verkauft hatten, was die Saisonbilanz am Ende doch etwas trübte. War mit diesem Verein, diesen Fans und dieser Stadt nicht noch viel mehr drin als nur das graue Bundesliga-Mittelfeld? Meine Entwicklung hin zu einem unverzichtbaren

Startelfspieler war erneut einen ordentlichen Schritt vorangekommen, unter meinem Mentor Friedhelm Funkel hatte ich wettbewerbsübergreifend 31 Pflichtspiele absolviert und zählte zu den Spielern mit den meisten Einsatzminuten. Die Zukunft schien mir zu Füßen zu liegen.

Kapitel 6
GEHE IN FRIEDHELM

Die neue Saison begann für mich nicht gerade berauschend. Erstrundenspiele im DFB-Pokal gegen Amateure sind für Bundesligisten generell kein Zuckerschlecken. Zu groß ist die Gefahr, sich auf der großen Bühne lächerlich zu machen, nichts anderes als ein überlegener Sieg wird erwartet. Die Saisonvorbereitung steckte uns vor dem ersten Pflichtspiel noch in den Knochen. Die erste Partie ist in der Regel eh ziemlich zäh, und dann wartet da noch eine Mannschaft, für die das DFB-Pokal-Match gegen einen Bundesligisten mit einiger Wahrscheinlichkeit das größte Spiel der Vereinsgeschichte ist. Für den haushohen Favoriten gibt es dabei weitaus mehr zu verlieren als zu gewinnen. Unser Gegner an jenem Sommerabend im August 2008 war der SC Pfullendorf. Ein Regionalligist, der die Chance witterte, die große Eintracht vorzeitig aus dem Wettbewerb zu schmeißen. Wie beruhigend war es da für uns, dass mein Abwehrkollege Chris schon nach zwei Minuten den Führungstreffer erzielte. Als unser Grieche Nikolaos Lyberopoulos in der 19. Minute das 2:0 schoss, war die Sache eigentlich schon gelaufen. Umso unnötiger, was mir dann kurz vor der Pause passierte: Weil der Ball unglücklich absprang, erwischte ich ihn mit der Hand. Und weil ich zuvor bereits die gelbe Karte gesehen hatte, schickte mich Schiedsrichter Peter Sippel mit Gelb-Rot vom Platz. Hohn und Spott der Gastgeberfans waren mir sicher. Der erste Feldverweis meines Lebens. Und natürlich war ich trotz des 3:0-Erfolges nachher der Depp vom Dienst. Die *FAZ* schrieb vom „desolaten Auftritt des wankelmütigen Verteidigers",

Umschreibungen, die kein Fußballer der Welt gerne über sich liest. Es ist Teil unseres Berufes, mit solchen öffentlichen Ohrfeigen klarzukommen. Im Laufe der Jahre hatte ich gelernt, damit umzugehen und einfache Maßnahmen zu ergreifen, um mich nicht unnötig kirre machen zu lassen. Meine Freundin Janina nahmen solche Artikel immer viel mehr mit. Sie empörte sich über die vermeintliche Ungerechtigkeit, und es brauchte eine Menge Überredungskunst, sie davon zu überzeugen, dass so etwas ganz einfach zu meinem Job dazugehörte.

Wie atemlos es in dieser Fußballerwelt zugehen kann, zeigte sich nur drei Tage nach dem zähen Sieg im DFB-Pokal. Da sprach kein Mensch mehr vom SC Pfullendorf, denn der größte Verein der Welt war zu Gast. Dank eines externen Spielevermittlers war es gelungen, Real Madrid zum Freundschaftsspiel ins Waldstadion zu holen. Mit den „Königlichen" verband uns eine lang zurückliegende Vorgeschichte: 48 Jahre zuvor, am 18. Mai 1960, hatten sich beide Vereine im Endspiel um den Europapokal der Landesmeister gegenübergestanden. Ein Match, das von vielen Experten bis heute als eines der besten europäischen Finalspiele aller Zeiten eingestuft wird. Zwar verlor die Eintracht damals klar mit 3:7, doch der beherzte Auftritt hatte die SGE international bekannt gemacht. Klar, dass dieses Aufeinandertreffen fast 50 Jahre später dafür genutzt wurde, um an diese Begegnung zu erinnern. Vor der Partie übernahmen unsere Frankfurter Legenden Dieter Lindner und Alfred Pfaff gemeinsam mit den Spaniern Gento, Santamaria und Pachín den symbolischen Anstoß. Reals Trainer war damals Bernd Schuster, der, anders als zunächst befürchtet, seine beste Elf aufs Feld schickte. Casillas, der von mir später so bewunderte Ramos, Pepe, Gabriel Heinze, Guti, van der Vaart, Robben, van Nistelrooy und natürlich die Real-Ikone Raúl. Auf ihn hatte ich es ganz besonders abgesehen. Nicht, um ihm die wertvollen Knochen zu polieren, sondern um mir rechtzeitig sein Trikot zu sichern. Ich hatte in meiner Sammlung bereits einige tolle Stücke, aber eines der legendären weißen

Jerseys von Real mit „Raúl" auf dem Rücken war natürlich noch mal etwas anderes. Zumal ich als Spieler von Eintracht Frankfurt nicht wirklich erwartete, in den kommenden Jahren noch häufiger auf Real und Raúl zu treffen.

Wenige Minuten nach dem Anpfiff machte ich Nägel mit Köpfen und fragte Raúl, ob er mit mir nach dem Schlusspfiff sein Trikot tauschen würde. Höflich wie er war, war er damit einverstanden, und als wir uns schließlich schiedlich-friedlich mit 1:0 getrennt hatten, nahm ich das kostbare Souvenir in Empfang. Heute liegt es luftdicht verpackt in einem speziellen Kleidersack gleich neben den anderen Schmuckstücken von Miro Klose, Franck Ribery, Bastian Schweinsteiger oder Mesut Özil. Der ganz „normale" Trikottausch nach einem Ligaspiel geht übrigens deutlich unromantischer über die Bühne. Die Spieler schmeißen die Leibchen ihrer Gegenspieler in den Wäschesack und der Zeugwart hängt die frisch gewaschenen Teile dann anschließend in den jeweiligen Spind.

So schön die Erfahrung gegen Madrid gewesen war, der Bundesligaalltag hatte für uns ganz andere Herausforderungen zu bieten. Mal wieder wurde als primäres Ziel der Klassenerhalt ausgegeben, ein Saisonziel, mit dem ich mich gut identifizieren konnte. Das hier war nun mal die Eintracht und nicht Real, unsere Neuzugänge hießen nicht Robinho oder Ronaldo, sondern Markus Steinhöfer und Ümit Korkmaz. Man musste nicht schon seit Jahren zum Verein gehören, um zu wissen, wie es um die finanziellen und sportlichen Möglichkeiten bei uns bestellt war. Wer sich nicht mit – zugegeben beinhartem – Abstiegskampf anfreunden konnte, war hier fehl am Platz. Wir brauchten Fußballer, die dieser Herausforderung gewachsen waren und sich vom ersten Spieltag an darauf einstellten, in den kommenden 34 Spieltagen ums Überleben zu kämpfen. Für mich persönlich war allein die Tatsache, dass ich Spieler von Eintracht Frankfurt war, Motivation genug, mich in jeder Partie wenn nötig aufzureiben. Noch immer fand ich es unglaublich, zu den

Auserwählten zu gehören, die für die SGE auflaufen durften. Ein fantastisches Privileg und ganz sicher Anreiz genug, für den Klassenerhalt mal wieder alles zu geben.

Gut eineinhalb Monate später stellte sich Heribert Bruchhagen mit ernster Miene vor eine Kamera und beschrieb die Gesamtsituation unserer Mannschaft als „prekär". Was war geschehen? Von den ersten sechs Spielen in der Bundesliga hatten wir drei verloren und dreimal Unentschieden gespielt. Und aus dem DFB-Pokal waren wir bereits in der zweiten Runde gegen den Zweitligisten Hansa Rostock ausgeschieden. Keine Frage: Ein geglückter Saisonstart sah anders aus. Gleichzeitig war mir bereits jenes dicke Fell gewachsen, das man als Spieler eines Teams aus der unteren Tabellenhälfte einfach haben musste, um sich nicht jede Kritik, jedes Wort, jede Geste zu Herzen zu nehmen. Ich wusste sehr wohl, dass unsere Situation ziemlich angespannt war, gleichzeitig kannte ich unseren Vorstandsvorsitzenden inzwischen gut genug, um so eine Aussage richtig einzuschätzen. Heribert war eine gesunde optimistische Grundhaltung zu eigen – selbst wenn wir gut spielten und einen Lauf hatten, hielt er den Ball in der Regel flach. Eine Eigenart, mit der er das vom Untergang bedrohte Flaggschiff SGE wieder in ruhige Fahrwasser gelenkt hatte. Deshalb stand es ihm auch mehr als jedem anderen zu, seine Meinung zu sagen. Sorgen machte ich mir deshalb nicht. Es wäre etwas anderes gewesen, wenn Friedhelm Funkel öffentlich von einer „prekären Situation" gesprochen hätte – dann wäre die Kacke wirklich am Dampfen gewesen. So aber ließ ich all die folgenden Berichte und Artikel an mir abperlen, es brachte nichts, sich dadurch unnötig die Konzentration stören zu lassen. Außerdem war die Saison noch lang genug. Nichts war verloren, nichts war gewonnen. Die alte Leier vom nächsten Spiel, das immer das schwerste ist: Sie ist für uns Profis so elementar wie die passenden Stollen. Während der Arbeit an diesem Buch las ich ein Interview von Martin Hinteregger im *kicker*. Hinti stand mit der Eintracht zum Zeitpunkt dieses Gesprächs richtig gut da, die Qualifikation für die Champions League schien möglich. Im Interview betonte er, dass der Blick auf die Tabelle mitten in der Saison eigentlich keine Rolle spiele. Ich wusste, was er damit meinte. Die Tabelle lügt nicht. Aber sie erzählt auch erst dann die Wahrheit, wenn die Saison vorbei ist.

An der sportlichen Misere änderte das alles damals aber erst mal nichts. Es sollte bis zum achten Spieltag dauern, ehe uns gegen den KSC der erste Saisonsieg gelang. Nach einer klaren 0:2-Pleite gegen Leverkusen reagierten unsere Fans mit hämischen Gesängen auf die Talfahrt: „Wir steigen ab – und keiner merkt's!" Die Schlinge um unseren Hals schien immer enger zu werden. In so einer Lage zeigt sich, wer mit der Belastung umgehen kann und wer nicht. Ich glaube, jeder Kicker, der ein paar Jahre im Profifußball mitmischen will, muss sich hin und wieder auch eine gewisse „Leck-mich-am-Arsch-Haltung" zulegen. Wer sich zu viele Gedanken macht, hat es sehr, sehr schwer. Ich konnte mich auch deshalb so lange auf diesem Niveau behaupten, weil ich die Situationen zwar immer realistisch einschätzen konnte, aber den Druck nicht zu groß werden ließ. Dabei war es auch von Vorteil, dass meine damalige Frau wenig mit Fußball anfangen konnte und schon allein deshalb wenig Lust verspürte, mit mir über meinen Job zu sprechen. Mag sich komisch anhören, aber ich fand das klasse, denn so konnte ich zu Hause wirklich abschalten und vermeintlich prekäre Tabellensituationen oder schlechte Noten im *kicker* auf der Arbeit lassen. Später, als die Kinder kamen, war das noch einmal etwas anderes. Es hat schon seine Gründe, warum Fußballer häufig so früh eine Familie gründen. Wer eine Familie hat, der hat zu Hause wichtigere Dinge zu erledigen, als sich über den Trainer oder andere Fußballdinge aufzuregen.

Wenn ich heute über die Spottgesänge von damals nachdenke, dann fällt mir erst mal auf, wie sehr sich unsere Fanszene und unsere typische Frankfurter Fankultur verändert hat. Früher gab es solche Reaktionen aus der Kurve regelmäßig.

Ich erinnere mich an Spiele, da wurde schon vor dem Anstoß höhnisch gejubelt, wenn wir beim Aufwärmen am Tor vorbeischossen. Da kannst du als Spieler noch so ein dickes Fell haben, solche Reaktionen deiner eigenen Leute treffen dich direkt ins Herz. Im Laufe der Jahre hat unsere Szene eine Entwicklung durchgemacht, die ich einfach nur großartig finde. Derlei Hohn und Spott beziehungsweise irgendwelche „Randalemeister"-Selbstbeweihräucherung wird man heute in Frankfurt nicht mehr erleben. Das hat natürlich auch mit dem Erfolg der vergangenen Jahre zu tun, aber auch mit dem tiefen Verbundenheitsgefühl der Fans zu ihrer Eintracht. Ohne die Unterstützung der eigenen Anhänger ist es für jede Mannschaft schwer, erfolgreich zu sein. Und die Pandemie-Spiele vor leeren Rängen haben hoffentlich auch dem letzten Beobachter gezeigt, wie elementar wichtig die Zuschauer für den Fußball sind. Bei uns in Frankfurt hat sich die Beziehung zwischen den Fans und der Mannschaft im Lauf der Jahre erheblich geändert – obwohl wir schon zu meiner Anfangszeit als Profi super Fans hatten. Dieses tolle Verhältnis zu wahren, ist für einen Spieler von Eintracht Frankfurt eigentlich ziemlich einfach. Fußballfans, gerade bei uns in Frankfurt, wollen sehen, dass sich die Mannschaft auf dem Rasen 90 Minuten lang die Seele aus dem Leib rennt und in zwei Halbzeiten lang alles gibt, was sie hat. Und wenn man sein Herz auf dem Platz lässt, kann einem auch nicht der Kopf abgerissen werden. Da spielt es keine Rolle, was für ein Resultat am Ende auf der Anzeigetafel steht. Ich hoffe, ich habe diesen Einsatz in jedem meiner Spiele gezeigt. Selbst wenn ich mal einen rabenschwarzen Tag erwischte.

Zumindest bezüglich des Unterhaltungswerts konnte man uns in der Hinrunde 2008/09 nichts vorwerfen. Die letzten Spiele vor der Winterpause waren ein wildes Auf und Ab, keine Spur von Beständigkeit: 0:4 gegen Dortmund, 4:0 gegen Hannover, 0:5 gegen Werder, 4:0 gegen Bochum, zum Abschluss eine 0:1-Niederlage gegen den HSV. Es gelang uns einfach nicht,

Konstanz in unser Spiel zu bekommen. Dafür gab es natürlich Gründe. Zum einen besaß die chronisch klamme Eintracht einfach nicht die finanziellen Möglichkeiten, um einen Kader zusammenzustellen, der so gut besetzt war, dass auf Verletzungen oder Formtiefs von Stammspielern mit adäquatem Ersatz reagiert werden konnte. Über solche erstklassigen Kader verfügten nur Teams wie Bayern, Dortmund, Leverkusen oder Wolfsburg. Und zum anderen fehlte es uns damals einfach an der nötigen Kreativität, um nicht nur erfolgreichen, sondern auch schönen Fußball zu spielen. Technisch überragende Kicker wie Daichi Kamada oder Amin Younes hatten wir einfach nicht. Solche Spieler machen aber den Unterschied aus und können eine ganze Mannschaft auf ein höheres Niveau heben. Als Pragmatiker versuchte Friedhelm Funkel den Fußball spielen zu lassen, der mit dem zur Verfügung stehenden Personal möglich war. 2008/09 war das zumeist Konterfußball auf der Basis einer stabilen Defensive. Wirklich ansehnlich war das nicht. Und oft genug ging selbst diese einfache Rechnung nicht auf.

Jeder Kicker möchte gerne, dass seine Mannschaft guten Fußball spielt. Klar: Am Ende des Tages zählte auch für mich das Ergebnis, doch ich hatte natürlich einfach Freude an einem attraktiven, mitreißenden Spiel und langweilte oder ärgerte mich bei einem unansehnlichen, uninspirierten Kick. Natürlich lagen auch Welten zwischen uns, wenn wir bei einem 2:2 gegen Köln nur lange Bälle nach vorne droschen, und dem FC Barcelona, dessen faszinierende Spielweise ich Tage später in der Champions League bewunderte. Die hohe Kunst ist es nämlich, schön und erfolgreich zu spielen. So wie es die Eintracht in der jüngsten Zeit oft getan hat. Ich liebe es, solchen Mannschaften beim Fußballspielen zuzuschauen. Damals war es Barça mit seinem Tiki-Taka oder heute zum Beispiel Manchester City, die auch von Pep Guardiola trainiert werden. Natürlich spielen diese Teams auch nur deshalb so gut, weil sie mit sehr viel Geld zusammengekauft worden sind. Diese Möglichkeiten hatten wir nicht und deshalb konnten wir auch nur den Fußball spielen, den wir spielten. Dass unsere Fans damit häufig nicht glücklich waren, konnte ich allerdings gut verstehen – ich hätte ihnen ja auch lieber besseren Fußball geboten. Doch die harsche Kritik aus der Kurve machte die Situation nicht besser. Wenn das Selbstvertrauen fehlt, geht man eben eher auf Nummer sicher und spielt einen Querpass, statt das Risiko zu suchen. Fußball lebt von Vertrauen in die eigenen Stärken. Dafür sind in erster Linie natürlich nicht die Fans verantwortlich, sondern die Spieler. Deshalb heißt es ja auch Selbst-Vertrauen. Als Abwehrspieler einer vom Abstieg bedrohten Mannschaft holte ich mir diese Stärke durch gewonnene Zweikämpfe, durch bedingungslosen Einsatz – und hoffte auf jene besonderen Momente, die eine ganze Saison entscheiden können. Ein sogenannter „dreckiger Sieg" ist manchmal Gold wert. Plötzlich fängt eine Mannschaft wieder an, in den entscheidenden Momenten das Richtige zu tun. Dafür braucht es Zeit und Geduld – und beides gibt es im Profifußball eigentlich nicht. Unser Glück war damals, dass wir mir Friedhelm Funkel einen sturmerprobten Trainer hatten, der uns Spielern vertraute, und mit Heribert Bruchhagen einen pragmatischen Vorstandsvorsitzenden, der wiederum Vertrauen in den Trainer hatte. Nur so schafften wir in dieser Saison, die Klasse zu halten.

Und auch, weil Altmeister Funkel noch ein paar Asse im Ärmel hatte. Wie vor jenem wichtigen ersten Saisonsieg gegen Karlsruhe, als bei uns endlich der Knoten platzte. Er zeigte uns Bilder von jungen Patienten aus einer Kinderkrebsklinik, die uns viel Glück und Erfolg wünschten. „Denkt mal darüber nach, was diese Kinder für ein Schicksal haben", sagte er uns, „und trotzdem sind die in Gedanken bei uns und glauben an euch." Diese Aktion hat uns tief bewegt. Und half, das allmählich aufkeimende Selbstmitleid zu bannen. Worüber wollten wir uns denn beklagen? Wir waren sehr gut bezahlte junge, gesunde Männer, die Woche vor Woche vor Zehntausenden Fußball spielen durften. Welchen Grund hätten wir haben können, uns nicht stark und selbstbewusst zu fühlen? Genau: gar keinen. Und siehe da, das Spiel gegen den KSC gewannen wir mit 2:1.

Doch so sehr sich Funkel auch bemühte, in dieser Saison war einfach der Wurm drin. In der Rückrunde gewannen wir nur drei Spiele, von den letzten sechs Partien gingen fünf verloren. Am Ende hatten wir nur fünf Punkte mehr auf dem Konto als der Tabellenletzte aus Bielefeld und nur drei mehr als Energie Cottbus, die auf dem 16. Platz landeten, dem wieder neu eingeführten Relegationsrang. Das war eine für alle Frankfurter frustrierende Saison und gleichzeitig für mich der nächste Schritt auf der Karriereleiter. Von 34 Spieltagen hatte ich an 33 die kompletten 90 Minuten gespielt; ich hatte mich mit meinen 23 Jahren endlich in der Stammelf festgespielt. Der Lehrling war zu einem gestandenen Bundesligaprofi gereift, der nicht nur soliden Fußball spielte, sondern sich auch öfter zu Wort meldete und dessen Stimme gehört wurde – von den Mitspielern, dem Trainer und den Medien. Die Hierarchie innerhalb einer Mannschaft ist so gut wie unsichtbar und ändert sich ständig. Wie sich dein Standing verändert, merkst du daran, dass dich der Trainer öfter nach deiner Meinung fragt, wie die anderen Jungs mit dir umgehen, und natürlich an dir selbst. Ich hatte in dieser Spielzeit nicht überragend gespielt, aber ich hatte Verantwortung übernommen und damit Erfahrung und Respekt gewonnen. Und das ist etwas sehr Entscheidendes innerhalb eines auf Dauer meist so fragilen Konstruktes wie einer Fußballmannschaft.

Umso trauriger war ich, als sich zum Ende der Spielzeit abzeichnete, dass mein großer Förderer den Verein verlassen würde. Friedhelm Funkel sprach mit uns nicht über die Gründe für seinen Abschied, aber ich vermute, dass er für sich festgestellt hatte, dass seine Zeit in Frankfurt vorbei war. Er hatte uns so weit entwickelt, wie er konnte, und wollte jetzt Platz für einen Nachfolger machen, der uns neue Impulse geben konnte. Friedhelm hatte mich zu dem Spieler gemacht, der ich jetzt war, vielleicht wäre ich ohne sein Vertrauen nicht mal Bundesligaspieler geworden. Ich bedauerte, dass er fortging, aber ich konnte ihn verstehen. Vielleicht war es wirklich besser, wenn jetzt ein anderer Coach versuchte, das Beste aus den Möglichkeiten bei der Eintracht zu machen. Ich würde ihn auf jeden Fall mit offenen Armen empfangen.

Dass diese Saison dann doch mit einer großen Party endete, hatte ausnahmsweise mal nichts mit den Geschehnissen auf dem Platz zu tun. Schon länger hatte ich mit dem Gedanken gespielt, meiner Janina einen Heiratsantrag zu machen. Inzwischen kannten wir uns schon eine halbe Ewigkeit, eine Teenagerliebe, die ihre Wurzeln in unserer Heimatstadt Großauheim hatte und mit den Jahren immer reifer und vertrauter geworden war. Den dazugehörigen Ring hatte ich schon länger in meinem Besitz, fehlte nur noch, den richtigen Antrag zu machen. Andere fahren dafür in den Urlaub, reservieren den Tisch im schicksten Restaurant oder spannen die halbe Fußballmannschaft mit ein, ich fragte meine Freundin eines Abends ganz schlicht auf der Couch, ob sie meine Frau werden wolle. Eine Bauchentscheidung und wie ich an der Reaktion von Janina entnehmen konnte, auch die richtige. Am 27. Mai 2009 machten wir schließlich im Standesamt Nägel mit Köpfen, kurz darauf gaben wir uns ganz klassisch vor dem Altar das Ja-Wort. Schon der Polterabend hatte es in sich gehabt, aber die Party im Hofgut von Hünersdorff in Wörth am Main setzte nochmal einen drauf. In einer der umgebauten Scheunen ließen wir es krachen, snackten ganz unprätentiös Currywurst mit Pommes kurz nach Mitternacht und versuchten im leicht angeschossenen Zustand die zuvor aufgebotenen Tricks eines Zauberkünstlers nachzuahmen, den wir uns für diesen besonderen Abend gebucht hatten. Als der Morgen graute und ich meine frisch gebackene Ehefrau in den Armen hielt, wusste ich, dass hier zusammengekommen war, was zusammengehörte. Mit Janina als Ehefrau an meiner Seite würde ich alle anstehenden Hürden locker überspringen können, daran hatte ich in diesem Moment keinen Zweifel.

Kapitel 7

CAIO IST KEIN WEIHNACHTSMANN

Michael Skibbe hatte mit seinen 44 Jahren schon eine Menge erlebt. In Gelsenkirchen geboren, hatte er es 1984 in die erste Elf von Schalke 04 geschafft, und war dann gezwungen, dort mit gerade mal 22 seine Karriere auch schon wieder beenden zu müssen. Dank zweier Kreuzbandrisse war aus dem jungen Talent ein Sportinvalide geworden. Skibbe wurde Jugendtrainer, erst auf Schalke, später ausgerechnet beim Erzrivalen Borussia Dortmund, und als 1998 Nevio Scala als Cheftrainer beim BVB entlassen wurde, übernahm Skibbe seinen Posten. Später hatte er als Assistent von Teamchef Rudi Völler die Nationalmannschaft trainiert und danach als Chefcoach für Bayer Leverkusen gearbeitet. Bevor er als neuer Trainer in Frankfurt gehandelt wurde, stand er bis zum Frühjahr noch bei Galatasaray unter Vertrag. Ein junger Coach mit einem zweifellos bewegten Leben.

Und jetzt sollte dieser Mann das Erbe von Friedhelm Funkel antreten. Eine schwierige Aufgabe, auch wenn Friedhelm am Ende seiner Amtszeit von einem Großteil der Fans ziemlich kritisch gesehen wurde. Aber wir Spieler wussten ja am besten, wie wichtig er für den Klub gewesen war. Was war von Skibbe zu erwarten, der sich gegen Kontrahenten wie Benno Möhlmann, Bruno Labbadia oder Uwe Rapolder durchgesetzt hatte? Wenn ein Trainer neu zu einer Mannschaft stößt, dann ist das immer auch ein Drahtseilakt. Natürlich hat jeder Coach seine eigene Vorstellung davon, wie guter und erfolgreicher Fußball gespielt werden soll. Und natürlich wird er dafür gewisse Veränderungen vornehmen. Das können elementare Dinge sein, wie die Taktik oder ein neues Mittelfeldzentrum, oder vermeintlich geringfügige Details wie die Position der Auswechselbank, die Wahl des Teamhotels oder die Ernennung eines neuen Kapitäns. Wenn eine Mannschaft im Grunde intakt ist, wird ein kluger Trainer nichts an den wesentlichen Dingen ändern, sondern seine Philosophie innerhalb des funktionierenden Gefüges umsetzen wollen. Scheinbar habe ich in all den Jahren als Profi nur kluge Coaches erlebt, denn einen wirklich massiven Umbruch habe ich nie mitmachen müssen.

Nicht zu unterschätzen ist auch, ob der neue Trainingsleiter ein gewisses Standing hat beziehungsweise eine eigene Spielidee entwickelt hat. Obwohl Skibbe noch vergleichsweise jung war, war das bei ihm der Fall. Was sein Standing anging, war es ja nicht nur so, dass er an der Seite von Rudi Völler die Nationalmannschaft 2002 zur Vizeweltmeisterschaft geführt hatte, er galt auch als Experte in Sachen Nachwuchsförderung. Und gleichzeitig stand Skibbe nach seinen bisherigen Stationen für attraktiven Offensivfußball moderner Prägung. Es gab also einige gute Gründe, warum sich die Klubführung letztlich für Skibbe entschied.

Und auch der erste Eindruck von uns Spielern bestätigte die Vereinsbosse in ihrer Wahl. Während wir unter Funkel in den ersten zwei Wochen der Vorbereitung sehr viel Kondition gebolzt hatten – und zwar meistens ohne Ball –, legte Skibbe mehr Wert auf spielerische Elemente, was mir ganz besonders gefiel. Ich hasste Laufeinheiten und war immer froh, beim Training einen Ball am Fuß zu haben. Auch zwischenmenschlich fanden wir schnell einen Draht zueinander, am Rande der Übungseinheiten nahm mich Skibbe ab und an zur Seite und erklärte mir, wie er sich das Spiel der Mannschaft vorstelle und welche Rolle mir dabei zufiele. Kurzer und freundlicher Trainingsplatz-Smalltalk, der bei jedem Trainer anders aussieht. Herausragend fand ich in dieser Hinsicht später Adi Hütter, dem es vor allem darum ging, den Menschen hinter dem Sportler kennenzulernen. Gleichzeitig war mir natürlich bewusst, dass mit Skibbe auch meine Karten neu gemischt wurden. Bei Friedhelm hatte ich einen dicken Stein im Brett gehabt, für Skibbe war ich zunächst mal nur ein Spieler von vielen. Aber mir gefiel die Aufgabe, die er mir in seinem System zudachte. Er wollte, dass unser Spielaufbau noch konsequenter schon bei uns Innenverteidigern begann, und weil ich schon immer ein Faible für schönen Fußball hatte, war ich natürlich gerne bereit, meinen Teil zur Verwirklichung dieser Spielidee beizutragen. Dass sich im Training bei der Eintracht nun einiges grundlegend geändert hatte, konnte man schon an den Spielformen erkennen. Oft ließ uns Skibbe auf kleinen Feldern antreten, um dort bei hohem Tempo und wenig Platz das Passspiel zu verbessern. Anfangs sah das nicht gerade vielversprechend aus und ich befürchtete schon, dass wir die falsche Mannschaft für seine ambitionierten Vorstellungen waren. Doch nach und nach wurden wir besser und der Ball lief schneller.

Später würde sich zeigen, dass Skibbe – ein wirklich sympathischer und sehr umgänglicher Mensch – vielleicht etwas zu nett war, um auf Dauer als Autorität wahrgenommen zu werden, doch in dieser Anfangsphase war ich mir ziemlich sicher, dass wir mit ihm Erfolg haben würden. Was ja auch der Fall war. Im DFB-Pokal schmissen wir mal wieder den Lokalrivalen aus Offenbach in der ersten Runde aus dem Wettbewerb und in der Liga standen wir nach fünf Spieltagen auf Platz 4. Was auch auf die Personalentscheidungen des Trainers zurückzuführen war. Pirmin Schwegler erwies sich als absoluter Glücksgriff und intelligenter Spielgestalter und mit Maik Franz bekam ich nicht nur einen richtig guten Defensivmann an die Seite gestellt, sondern auch noch das anerkannteste Raubein der Liga. Auf dem Platz konnte Maik in der Tat ein richtiger Drecksack sein. Er setzte alle erlaubten und sehr viele unerlaubte Mittel ein, um seine Gegenspieler fertigzumachen, womit er oft genug Erfolg hatte. Für mein Empfinden schoss er dabei zwar oft über das Ziel hinaus, aber letztlich sorgte er mit seiner Aggressivität dafür, dass auch mein Spiel besser wurde. Abseits des Rasens war Maik ein ziemlich lockerer Typ und reihte sich damit ein in die Reihe der Dr.-Jekyll-und-Mr.-Hyde-Typen, zu denen viele knallharte Abwehrspieler gehören. Für mich war Maik, der einige Jahre älter und deutlich erfahrener war, der perfekte Teamkollege, der dabei mithalf, mein Spiel auf das nächste Level zu hieven. Sicher, Fußball ist ein Mannschaftssport, aber er lebt von den Individualisten. Zum Beispiel sind Torhüter in der Regel einfach etwas krasser drauf als die Feldspieler, denn wer schmeißt sich schon, ohne mit der Wimper zu zucken, harten Lederbällen entgegen, die mit 100 Stundenkilometern aus vier Metern Entfernung abgefeuert werden? Kreativspieler dürfen auch mal die Diva raushängen lassen, gute Stürmer machen sich keine Gedanken, sondern hauen den Ball ins Tor. Und wir Abwehrspieler sind die, die ohne Rücksicht auf Verluste in die Zweikämpfe fliegen, weil sie sich für die Sicherheit der eigenen Mannschaft verantwortlich fühlen. Solche Eigenschaften kann man lernen, aber eigentlich wird man in seine Position reingeboren. Ausnahmen bestätigen die Regel. Siehe Jermaine Jones, der erst Stürmer war und später einer der besten Sechser der Liga.

Apropos Sechser: Dafür hatte Skibbe zunächst offenbar auch mich vorgesehen und ich hätte diese Rolle auch gerne übernommen, wenn er das so entschieden hätte. Ich mochte die Sechser-Position, weil sie mir mehr Möglichkeiten eröffnete, am Spielaufbau beteiligt zu sein, doch die besseren Leistungen zeigte ich im Laufe der Jahre in der Innenverteidigung. Eine Personalie, die für Aufsehen sorgte, war die Ernennung von Christoph Spycher zum neuen Kapitän. Nicht etwa, weil unser Schweizer Kollege dafür nicht geeignet gewesen wäre – er war es durchaus –, aber dafür musste unser bisheriger Spielführer

Ioannis Amanatidis sein Amt abgeben. Und das passte ihm ganz und gar nicht. Offenbar fühlte sich der stolze Grieche in seiner Ehre gekränkt, auf jeden Fall trat er sichtlich angefressen aus dem Mannschaftsrat zurück und eine Zeit lang herrschte deshalb ziemlich dicke Luft im Training. Ich verstand seinen Ärger, aber jeder Trainer entscheidet sich eben, genau denn Spieler zum Kapitän zu ernennen, von dem er überzeugt ist, dass er am ehesten sein verlängerter Arm auf dem Spielfeld sein kann.

Aber da wir ja einen sehr guten Start in die neue Saison hingelegt hatten, war die Geschichte mit Amanatidis auch schnell wieder vergessen. Für den Erfolg wurden allerdings wir Hintermänner verantwortlich gemacht. „Triumph der Defensive" titelte die *FAZ* nach dem 2:0 gegen den SC Freiburg am fünften Spieltag und schrieb einen Satz, der mir natürlich wie Butter runterging: „Im Zentrum sind Marco Russ und der nach langer Verletzung erstaunlich stabile Mazedonier Aleksandar Vasoski eine Wand." Vasoski war ähnlich wie Maik Franz auf dem Platz eine echte Kampfmaschine, extrem stark in der Luft und richtig eklig im Zweikampf. Dabei nach Schlusspfiff ein ungemein liebenswürdiger Kerl. Was mir besonders in dieser Saison gefiel, war, dass gerade wir Jungs in der Abwehr alle ein sehr gutes und respektvolles Verhältnis zueinander hatten. Selbst wenn der Trainer einen von uns mal nicht aufstellte, drückten wir dem Kollegen, der statt uns spielte, trotzdem immer die Daumen. Und so einen Zusammenhalt brauchst du auch, wenn du in der Bundesliga Gegentore verhindern sollst.

Den ersten Rückschlag der noch jungen Saison mussten wir am siebten Spieltag gegen den VfB Stuttgart einstecken. Nicht genug, dass wir mit 0:3 verhauen wurden, in der 33. Minute sah ich nach einer Notbremse gegen Sami Khedira die erste Rote Karte meiner Karriere. Ein beschissenes Gefühl, mit hängendem Kopf vom Platz in die Kabine zu schleichen und dann auch noch mitansehen zu müssen, wie die eigene Mannschaft untergeht. Vor dem Sportgericht hoffte ich auf Milde, schließlich hatte ich Khedira nicht böse umgenietet, sondern war einfach zu spät gekommen, und davon abgesehen war ich in dieser Hinsicht auch nicht vorbestraft. Das Urteil: zwei Spiele Sperre. Es ist schon sehr merkwürdig, wenn man mitten in der Saison pausieren muss, obwohl man nicht verletzt ist und eigentlich in der Startelf stehen würde. Die ganze Spannung, die sich während der Woche normalerweise aufbaut, geht verloren, weil man am Wochenende zum Zuschauen verdammt ist. Und auch im Training geht man nicht automatisch mit Volldampf in jeden Zweikampf, weil man genau weiß, dass es nicht notwendig ist, dieses innere Feuer zu entfachen. Ich war froh, dass ich nach zwei Spielen Zwangspause wieder dabei sein durfte. Der klassische Spieltagsrhythmus hatte mir gefehlt.

Ein besonderes Highlight, wenn auch ein sehr verzichtbares, erlebte ich im Spiel gegen Borussia Mönchengladbach. Zehn Minuten nach Wiederanpfiff versuchte ich eine scharfe Hereingabe von Levels zu klären – und trat den Ball direkt ins Gesicht von unserem Keeper Oka Nikolov, der dann ins eigene Netz trudelte. Ein Eigentor, das bei den größten Slapstickmomenten der vergangenen Jahrzehnte nicht fehlen darf. Natürlich sah das extrem bescheuert aus, aber für einen Abwehrspieler gehören solche Situationen einfach dazu. Viel schlimmer war die Tatsache, dass wir wegen dieses Treffers 1:2 verloren haben und nach dem guten Saisonstart mal wieder im grauen Mittelfeld gelandet waren. Verantwortlich für die Misere wurde unter anderem Caio gemacht, über den eine Zeitung schrieb: „Wer noch glaubt, der Brasilianer Caio schaffe den Durchbruch, der glaubt vermutlich noch an den Weihnachtsmann." Und tatsächlich tat sich Caio unglaublich schwer damit, seine besonderen Fähigkeiten auch an den Spieltagen zu zeigen. Ich fand das sehr schade, weil wir uns von seinem Talent ja täglich im Training überzeugen konnten und er außerdem ein ziemlich beliebter Mannschaftskamerad war. Doch es fehlte ihm einfach der letzte Biss und der unbedingte Willen, sich in der sehr körperlichen Bundesliga durchzubeißen. So einem besonderen Kicker dabei zuzusehen, wie er sein Potential nicht abruft, tut jedem Fußballer in der Seele weh.

Die Hinrunde beendeten wir trotzdem zufriedenstellend mit 24 Punkten – die beste Zwischenbilanz seit dem Wiederaufstieg 2005. Die letzten Spiele des Jahres hatten allerdings auch einen bitteren Beigeschmack hinterlassen. Im Derby gegen Mainz 05 hatte sich Maik Franz 90 Minuten lang ein ziemlich derbes Duell mit Aristide Bancé geliefert und musste sich hinterher den Vorwurf gefallen lassen, den Stürmer aus Burkina Faso rassistisch beleidigt zu haben. Ich möchte niemanden eine Lüge unterstellen und habe auch nie mit Maik über diesen Vorfall gesprochen, aber ich kann mir einfach nicht vorstellen, dass Maik bei aller Härte zu so einer Sauerei fähig gewesen wäre. Tatsache ist, dass Bancé an diesem Tag jeglicher Spaß am Fußball genommen wurde und er anschließend vor lauter Frust den Mittelfinger auspackte. Maik sagte nach dem Spiel in eine TV-Kamera: „Deswegen kommen die Leute doch ins Stadion. Das war ja kein Freundschaftsspiel, sondern ein emotionales Derby."

Die Geschichte der Rückrunde ist schnell erzählt. Mal wieder zeigte sich, was uns als Team all die Jahre schon daran gehindert hatte, das nächste Level zu erreichen und um die ersten sechs oder sieben Tabellenplätze mitzuspielen: mangelnde Konstanz. Anders als die Eintracht heute waren wir nicht in der Lage, auch mal über Wochen das Niveau zu halten, sondern brachen immer mal wieder ein und verloren dabei wichtige Punkte, weshalb auch aus der erhofften Teilnahme am Europapokal wieder mal nichts wurde. Nach drei Siegen gegen Bayern (!), Bochum und dem Tabellendritten Leverkusen knickten wir mit drei Niederlagen und zwei Unentschieden in den letzten fünf Saisonspielen wieder ein. Wir waren durchaus in der Lage, anständigen Fußball zu spielen – aber eben nicht dauerhaft. Die Gefahr, eine dumme Niederlage zu kassieren, bestand viel zu oft. Immerhin hatte es der viel gescholtene Caio geschafft,

Fußball-Deutschland mit seinem unfassbaren Huf bekannt zu machen. Beim knappen 3:2-Sieg gegen Leverkusen bekam er nach gut einer Stunde den Ball knapp hinter der Mittellinie an den Fuß, lief noch ein paar Meter – und holte dann zu jenem spektakulären Schuss aus, den ich bereits gewürdigt habe. Selbst Bayer-Trainer Jupp Heynckes war nach dem Spiel begeistert von diesem Kunstschuss.

Doch von solchen Highlights lieferten wir in dieser Spielzeit zu wenige. Immerhin hatten wir mit dem Thema Klassenerhalt im Laufe der 34 Spiele nichts zu tun gehabt, aber am Ende landeten wir doch wieder nur auf einem zweistelligen Tabellenplatz. „Die Leistung der Saison 2009/10 muss zur Regel werden", forderte Christoph Spycher, ehe er sich leider zu den Young Boys Bern verabschiedete (wo er übrigens seit ein paar Jahren erfolgreich als Sportchef arbeitet). Wenn das gelänge, so glaubte jedenfalls der *kicker*, sei auch „ein internationaler Platz erreichbar". Das war doch mal eine Perspektive. Wer hätte damals ahnen können, wie sehr wir uns nur ein Jahr später das graue Mittelfeld zurückwünschten?

Kapitel 8

ABSTIEG DES RANDALEMEISTERS

Am Ende fragt man sich immer, wie es so weit kommen konnte. Wie es möglich war, dass wir zur Winterpause nur drei Punkte hinter dem FC Bayern auf Platz 9 standen und nach 34 Spieltagen doch den schweren Gang in die Zweitklassigkeit antreten mussten. Lag es am Trainer? An der Vereinsführung? An den Spielern? An missglückten Transfers? An den Schiedsrichtern? Der große Fußball-Philosoph Otto Rehhagel hat das ganze Problem mal in sieben Worten auf den Punkt gebracht: „Die Wahrheit liegt immer auf dem Platz." Wie recht er hat. Was auch immer vor oder nach dem Spiel passiert, wenn innerhalb von 90 Minuten nicht der gewünschte Erfolg erzielt wird, dann hat man es am Ende auch einfach nicht verdient. Und das ist die bittere Erkenntnis der Saison 2010/11. Aber beginnen wir mit der Geschichte doch von vorn.

Am Anfang ging es eigentlich richtig gut los für uns. Ein Testspielsieg gegen den großen FC Chelsea, ein lockerer Aufgalopp im DFB-Pokal gegen Wilhelmshaven (4:0) und die Erkenntnis, offenbar mal wieder einen richtigen Knipser verpflichtet zu haben. Schon in der Vorsaison hatte sich Michael Skibbe sehr für die Verpflichtung des Stürmers starkgemacht, und jetzt endlich öffnete Heribert Bruchhagen zähneknirschend die Schatulle und überwies drei Millionen Euro an Bayer Leverkusen. Heute kann man über solche Summen nur schmunzeln, damals war Fanis Gekas unser mit Abstand teuerster Transfer. Nur ein Zehntel dieser Transfersumme kostete übrigens ein gewisser Sebastian Rode, der aus Offenbach zur SGE wechselte. Unser neuer Grieche Gekas wirkte auf mich wie ein ruhiger Eigenbrötler, der die Kommunikation mit seinen Kollegen auf ein Minimum beschränkte und auch auf dem Platz oft so gut wie unsichtbar war. Was aber nicht weiter schlimm war, denn Fanis bewies uns bald, weshalb er die Torjägerkanone drei Jahre zuvor gewonnen hatte. Vor dem Kasten erwies sich der Neuling als gnadenloser Killer. Er war einer dieser Stürmer, die scheinbar immer ganz genau wissen, wohin der Ball fliegt – und vor allem, wo das Tor steht. Er besaß diesen besonderen Instinkt, den man sich einfach nicht antrainieren kann. Entweder man hat ihn oder man hat ihn nicht. Wenn er nicht gerade aus einer Chance ein Tor machte, war er allerdings nicht wirklich am Spiel beteiligt. Solche Strafraumstürmer sind heute so gut wie ausgestorben. Was natürlich damit zu tun hat, dass sich das Spiel weiterentwickelt hat. Der Fußball der Gegenwart kann es sich nicht mehr erlauben, wenn ein Spieler sich aus der Arbeit gegen den Ball komplett raushält – außer er heißt Lionel Messi. Damals aber sollte sich die Verpflichtung von Fanis als wahrer Glücksgriff entpuppen. Jedenfalls in der ersten Hälfte der Saison.

Eher langfristige Auswirkungen hatte der Verlust von Christoph Spycher, der in seine Schweizer Heimat zurückgegangen war. Gerade als Führungsfigur war jemand wie Spycher nicht zu ersetzen. Wenn man solche Spieler verliert, dann ist es so, als ob man der Mannschaft ein Stück vom Herzen entfernt. Viel von dem, was innerhalb einer Profiauswahl passiert, bekommt die Öffentlichkeit ja gar nicht mit. Welche Atmosphäre herrscht in der Kabine? Wie kommunizieren die Spieler untereinander? Welchen Spirit leben die wichtigen Spieler vor? Wir sollten schon bald feststellen, dass der Weggang von Christoph eine viel größere Lücke hinterlassen hat, als wir das zunächst wahrhaben wollten.

Doch zunächst hatte es den Anschein, als ob wir uns tatsächlich zu einer Spitzenmannschaft der Liga entwickeln würden. Nach elf Spieltagen standen wir auf Platz 4 – drei Punkte vor den Bayern, die unter Trainer Louis van Gaal ganz schön ins Straucheln geraten waren. Unser neuer Torjäger Gekas hatte in diesen elf Spielen sage und schreibe elfmal getroffen. Und fast noch wichtiger: Wir präsentierten einen Fußball, der vor Selbstvertrauen und innerer Überzeugung nur so strotzte. „Fußball 2000" schrieb die *FAZ* und brachte uns in Verbindung mit jener sagenhaften Truppe, die Anfang der 90er eine ganze Generation von Fußball-Verliebten hervorgebracht hatte. Es schien auf einmal alles so einfach. Mit jedem Sieg griffen die Automatismen auf dem Platz noch besser, und selbst unnötige Gegentore konnten uns jetzt nicht mehr aus der Bahn werfen. Im Fußball ist das Selbstvertrauen, mit der eine Mannschaft aufs Feld geht, von geradezu zentraler Bedeutung. Wir hatten also einen Lauf, wobei so eine erfolgreiche Phase auch immer die Gefahr birgt, mögliche Konfliktherde einfach zu ignorieren und sich lieber über die gewonnenen drei Punkte und die positiven Zeitungsartikel zu freuen. Um es ganz klar sagen: Das war ein entscheidender Fehler in dieser am Ende so tragischen Saison. Denn schon früh hatten sich innerhalb der Mannschaft kleine Grüppchen gebildet, die den Zusammenhalt gefährdeten, der uns doch eigentlich immer ausgezeichnet hatte. Ohne einzelnen Spielern im Nachhinein den schwarzen Peter zuschieben zu wollen, aber einen Anteil daran hatte die zu Recht vielfach gelobte Griechen-Connection um Fanis Gekas, Amanatidis und Georgios Tzavelas. Die Jungs hockten ständig aufeinander, was an sich ja kein Problem sein muss. Und doch trugen solche Grüppchen dazu bei, dass wir im späteren Verlauf der Saison sehr häufig nicht mehr als Mannschaft, sondern als Zweckgemeinschaft auftraten. Und als solche kann man in der Bundesliga nicht bestehen. Es ärgert mich bis heute, dass wir damals nicht rechtzeitig erkannt haben, was unter der scheinbar so glatten Oberfläche der Erfolgsserie am Brodeln war. Der Erfolg blendete uns alle und führte dazu, dass wir sämtliche Warnsignale ignorierten. Ein Versagen, das auch ich mir ankreiden musste.

Meine Blindheit für die sich abzeichnenden Probleme hatte sicherlich auch damit zu tun, dass nicht nur die Mannschaft eine großartige Hinrunde spielte, sondern auch ich persönlich den bis dato besten Fußball meiner Karriere zeigte. In der Innenverteidigung war ich gesetzt, gemeinsam mit Maik Franz bildete ich ein beinhartes Defensivduo und dabei schaffte ich es auch immer mehr, mich am Spielaufbau zu beteiligen. Ganz so, wie es der Trainer von mir gefordert hatte. Was mir jedoch Sorgen bereitete und schließlich zu einem Problem wurde, war mein Knie. Mit dem Außenmeniskus hatte ich immer mal wieder Ärger gehabt, mich dann aber großzügig mit Schmerztabletten versorgt oder zur Not fitspritzen lassen. Zum Ende des Jahres 2010 war aber klar, dass es so nicht weitergehen konnte. Schweren Herzens stimmte ich einem OP-Termin zu. Vermutlich gehen die Profis heutzutage etwas sorgsamer mit ihrem Körper um, ich jedenfalls kann jedem nur Spieler raten, noch mehr in sich hineinzuhören und Schmerzen nicht zu ignorieren. Nach meiner fünften Gelben Karte, die ich am 16. Spieltag gegen Köln kassierte, hielt ich den Zeitpunkt für günstig und ließ mich operieren.

So ein großer Eingriff war bislang noch nie nötig gewesen. Wie mit unserem Mannschaftsarzt abgesprochen fuhr ich schließlich nach Augsburg zum Kniespezialisten Dr. Ulrich Boenisch. Was mich vor der OP zusätzlich nervös gemacht hatte, war dessen Aussage: „Worin genau das Problem besteht, kann ich dir erst zu 100 Prozent sagen, wenn ich im Knie drin bin." Zum Glück ging alles glatt, doch ich musste erst mal schlucken, als mir der Doc mitteilte, dass ich sicher fünf bis sieben Wochen nicht einsatzfähig sein würde. Die komplette Vorbereitung in der Winterpause würde ich verpassen. Wenn sich das nicht mal rächen würde. Was mir zunächst jedoch am meisten Sorgen bereitete, war die Ungewissheit, was jetzt auf mich zukommen würde. Bislang hatte ich lediglich mit vergleichsweise harmlosen Muskelverletzungen zu tun gehabt, aber ein Eingriff am Kniegelenk war da schon ein anderes Kaliber. Wie würde die Reha ablaufen? Würde das Aufbautraining tatsächlich so hart, wie die anderen erzählt hatten? Und wie fit würde ich wirklich sein, wenn ich dann wieder zur Mannschaft stoßen würde? Fragen, die mir ein paar ziemlich unruhige Nächte bescherten.

Die erste Woche nach der Operation verlief ziemlich monoton. Regelmäßig wurde mir per Lymphdrainage das Wundwasser abgesaugt, die einzigen Übungen bestanden aus vorsichtigen Einheiten auf dicken Polstern, um gleich zu Beginn an der Stabilität zu arbeiten. Das Problem bei einem Leistungssportler: Wenn die Muskeln gewohnt sind, jeden Tag belastet zu werden, bauen sie ziemlich schnell ab, wenn diese Belastung mal ausbleibt. Und natürlich geht auch ohne Training eine Menge Kondition flöten. Deshalb muss man gegenzusteuern, und das geht nur mit Übungen, die sich doch sehr von der täglichen Arbeit auf dem Fußballplatz unterscheiden. So eine Reha ist vor allem auch eine besondere Belastung für den Kopf. Ich habe plötzlich großen Respekt vor all jenen Kollegen empfunden, die monatelang allein in irgendwelchen Rehazentren an ihrem Comeback arbeiteten. Schon nach drei Wochen fiel mir die Decke auf den Kopf. Und doch musste ich mich irgendwie da durchbeißen. Eine Leistung, die – so glaube ich jedenfalls – mir auf lange Sicht sehr geholfen hat, als ich Jahre später ganz andere Schwierigkeiten zu bewältigen hatte.

Genau in diese Zeit fiel auch noch eine andere Geschichte, die mir auch eine ganze Menge Überwindung, Energie und Schmerzen abverlangte. Das Verhältnis zu meinen Eltern und meinem Bruder war nie ganz einfach gewesen. Doch jetzt nahm diese sonderbare Beziehung völlig groteske Züge an und es war höchste Zeit für mich, darauf zu reagieren. Die ganze Sache hatte ungefähr zu der Zeit angefangen, als ich mit Janina zusammenkam. Ich war damals noch ein Teenager und total verknallt in dieses Mädchen. Das komplette Programm à la Schmetterlinge in meinem Bauch – wenn da nicht meine Eltern mit dem Kescher gewartet hätten, um die herumflatternden Viecher wieder einzufangen. Für sie zählte nur, dass ich mich auf meine Karriere als zukünftiger Fußballprofi konzentrierte. Ein Mädchen, das mich davon nur ablenken würde, hatte nach ihrer Vorstellung keinen Platz. Dass sie so über mich verfügen wollten, passte mir natürlich gar nicht. Und so zog ich mit 16 von zu Hause aus, um bei Janina zu wohnen. Ich konnte einfach nicht verstehen, warum mir meine Eltern das Leben schwer machten und mir mein Glück nicht gönnten, das dieses Mädchen für mich bedeutete. Noch problematischer wurde unser Verhältnis, als ich anfing, mit dem Fußballspielen Geld zu verdienen. Von da an häuften sich die kleinen Seitenhiebe und Sprüche meiner Familie. Es war für mich offensichtlich, dass ihre Gedanken sich immer mehr ums Geld drehten, je mehr ich verdiente. Schon früher hatte ich meinen kleinen Bruder unter meine Fittiche genommen, hatte seinen Deckel im Club bezahlt oder ihm wie selbstverständlich meine Playstation oder meinen Fernseher überlassen, wenn ich mir ein neues Gerät kaufte. Scheinbar nahm mein Bruder an, dass es so ewig weitergehen würde, er also nur die Hand aufhalten musste, damit der reiche Fußballer-Bruder ihm was von seinem sagenhaften Reichtum abgab. Mir gefiel diese Haltung noch nie und mit den Jahren fand ich das immer unangenehmer.

Meine Eltern tickten ganz ähnlich. Einmal wollte mein Vater meiner Mutter zum Geburtstag eine Kreuzfahrt schenken. Eine prima Idee, fand ich – bis ich erfuhr, wer das bezahlen sollte: ich. „Papa", sagte ich, „das ist deine Frau und dein Geschenk. Wenn du mich gefragt hättest, ob ich vielleicht einen Teil dazu beisteuern könnte, okay. Aber wie kannst du einfach davon ausgehen, dass ich alles bezahle? Das mache ich nicht." Keine

Frage, ich verdiente vergleichsweise viel Geld. Und ich hatte auch kein Problem damit, davon etwas abzugeben. Aber diese Selbstverständlichkeit, mit der meine Familienmitglieder Almosen einforderten, machte mich richtig wütend. Auf meine Entrüstung wiederum reagierten meine Eltern extrem beleidigt. Hatten sie nicht all ihre Freizeit geopfert, damit ich später mal als Fußballprofi viel Geld verdiente? Und war es deshalb nicht vollkommen klar, dass ihnen ein Teil davon zustand? Ich sah das etwas anders, und als ihre Forderungen im Laufe der Jahre immer unverschämter wurden, entfernte ich mich nach und nach von ihnen. Zum endgültigen Bruch kam es dann kurz vor der Geburt meines Sohnes. Meine Familie hatte mich mal wieder nach Karten für das nächste Heimspiel gefragt, doch an diesem Wochenende hatte ich die Tickets schlichtweg vergessen oder verlegt, weil ich mit den Gedanken gerade woanders war – was kein Wunder ist, wenn die eigene Frau im achten Monat schwanger ist. Doch Verständnis für unsere Situation war von meiner Sippe nicht zu erwarten. Wütend schrien sie Janina an, wo denn nun die Karten seien und dass ich ja ohnehin so unzuverlässig sei und was nicht noch alles. Als ich, schon im Teamhotel, davon erfuhr, platzte mir endgültig der Kragen. Für mich stand fest: bis hierhin und nicht weiter. Wegen so einer bescheuerten Sache meine hochschwangere Frau zusammenzufalten und mich zu beleidigen, war der Tropfen, der das Fass zum Überlaufen brachte. Ich traf eine Entscheidung, die nicht etwa ein Kurzschlussreaktion im Moment der rasenden Wut war, sondern das Ergebnis reiflicher Überlegung: Ich brach den Kontakt zu meinen Eltern und meinem Bruder ab.

In der ersten Zeit war das manchmal schon sehr hart, und ich fragte mich oft, wann meine Leute aufgehört hatten, in mir ihr eigen Fleisch und Blut zu sehen, ihren Sohn und Bruder Marco, und stattdessen nur den Fußballprofi mit der dicken Karre und dem fetten Konto. Auf jeden Fall nahm ich mir vor, es bei meinen Kindern einmal anders zu machen. Wenn sie sich für

Fußball interessieren sollten, dann würde ich sie selbstverständlich gerne unterstützen. Aber niemals würde ich ihnen meinen Willen aufzwingen. Sie sollen entscheiden. Hauptsache, sie sind glücklich und können sich frei entfalten. Zu meinen Eltern und meinem Bruder habe ich bis heute keinen Kontakt mehr. Sie kennen nicht mal meine neue Telefonnummer und wissen auch nicht, wo ich wohne. Und ehrlich gesagt ist mir das auch lieber.

Aber zurück zur Saison 2010/11. Allmählich wurde mein Knie immer stabiler und der Fitnessrückstand auf meine Kollegen wurde immer geringer. Gleich Anfang des neuen Jahres flog ich mit der Mannschaft zum Trainingslager ins türkische Belek, wo ich mein Spezialprogramm absolvierte. Einer der zahlreichen Vorteile als Profifußballer ist, dass wohl sonst kaum jemand medizinisch besser behandelt wird als wir. Trotz aller Fortschritte zogen sich dunkle Wolken über unserer Mannschaft zusammen, die zu diesem Zeitpunkt aber noch keiner wahrnehmen wollte. Die Stimmung innerhalb des Teams war nicht mehr so gut, wie sie in den Jahren davor immer gewesen war. Gleichzeitig hatten viele von uns – inklusive mir – in der Hinrunde über ihren Möglichkeiten gespielt. Doch wenn man auf Platz 7 überwintert, die Europa League klar vor Augen, dann wird man wohl leicht blind für mögliche Probleme. Dass sich neben meiner Wenigkeit auch mein Nebenmann Maik Franz unter das Messer hatte legen müssen, machte die Sache nicht besser. Prompt starteten wir mit einer 0:3-Niederlage gegen Hannover 96 ins Jahr 2011 und verloren eine Woche später auch gegen den HSV. Nur zwei Ausrutscher? Oder doch der Beginn einer Negativserie, von der noch keiner ahnen konnte, wie sie enden würde?

Ich verdrängte die düsteren Gedanken. Und das hatte nicht nur mit meinem operierten Knie zu tun. Am 28. Januar 2011 kam unser Sohn Moses zur Welt und dieses wunderbare Ereignis überstrahlte natürlich alles. Meine Frau Janina hatte sich eigentlich für eine normale Geburt entschieden, doch nach den letzten Besuchen bei ihrer Frauenärztin wurden die Zweifel an dieser Entscheidung immer größer. Weil kurz der Verdacht auf eine Schwangerschaftsvergiftung aufkam, wollten wir kein Risiko eingehen und vereinbarten einen Termin, an dem das Baby per Kaiserschnitt geholt werden sollte. Und dann ging auf einmal alles wahnsinnig schnell. Um acht Uhr lag sie auf dem OP-Tisch, um 8:17 Uhr erblickte unser Sohn das Licht der Welt. Was für ein faszinierendes Erlebnis. Kaum in Worte zu fassen, mit was für einem Gefühl der stolze Papa anschließend durchs Krankenhaus lief. Seinen etwas ungewöhnlichen Namen verdankte Moses einem Erlebnis gut neun Monate zuvor. Damals wohnten Janina und ich in einem Haus in der Nähe von Aschaffenburg, im Südosten von Frankfurt. Die Bude war super – aber nicht gerade gut dafür geeignet, als kleine Familie ein Kind großzuziehen. Wir hatten einen Garten mit Pool, ein DJ-Pult in der Küche, einen Beamer im Wohnzimmer, kurzum: die perfekte Location, um mit Freunden regelmäßig tolle Partys zu feiern. Was wir bereits zum Einzug taten. Weil wir uns mit den Vorbesitzern richtig gut verstanden, hatten wir gemeinsam beschlossen, dass ihre Abschiedsparty zugleich auch unsere Einweihungsparty sein sollte. Und auf dieser Party tauchte dann auch ein Mann auf, der nicht nur in Frankfurt, aber dort ganz besonders, eine echte Musiklegende ist: Moses Pelham, der Mitte der 90er mit seinem „Rödelheim Hartheim Projekt" einer der bekanntesten Rapper des Landes war. Janina und ich mochten seine Musik und wir verstanden uns auch mit Moses persönlich bestens. Und außerdem gefiel uns sein Vorname ... Jedenfalls war Moses an dem Abend mit einer Bekannten da, die auf mich einen etwas verstrahlten Eindruck machte. Wir ignorierten sie zunächst und tranken Bier mit Moses P. Einige Zeit später sprach sie Janina an: „Na, im wievielten Monat bist du denn?" Worauf Janina, die zu diesem Zeitpunkt eigentlich ganz sicher war, nicht schwanger zu sein, sagte: „Ich weiß nicht, was du gerade eingeworfen hast, aber ich bin nicht schwanger." Eine

Gewissheit, die sie nur eine Woche nach dieser Party revidieren musste: Das Ergebnis eines Schwangerschaftstest war positiv. Verrückt, wie die Dinge manchmal laufen. In Erinnerung an diese kuriose Begebenheit wählten wir für unseren Sohn den Namen Moses. Willkommen bei der Familie Russ!

Nur zwei Tage nach der Geburt meines Sohnes stand ich endlich wieder auf dem Platz. Bei der aktuellen Verletztenmisere – Zitat Michael Skibbe: „Ich bin seit 24 Jahren Trainer, aber was ich momentan erlebe, ist absolut außergewöhnlich." – wurde jeder halbwegs genesene Spieler mit offenen Armen empfangen. Ich war hochmotiviert und total überzeugt davon, dass wir gegen den Tabellenletzten aus Mönchengladbach den Schalter wieder umlegen konnten. Ich hätte mir zu diesem Zeitpunkt beim besten Willen nicht vorstellen können, dass wir am Ende dieser Spielzeit abgestiegen sein würden. Das Spiel gegen die Borussia vom Niederrhein verloren wir mit 0:1 durch ein Tor in der 84. Minute. Seit nunmehr drei Spielen in Folge hatten wir kein Tor erzielt. Eine schlimme Serie, die wir zu einer katastrophalen Serie weiter ausbauen sollten: Gegen Freiburg, Leverkusen, Nürnberg, Stuttgart und Kaiserslautern blieben wir ebenfalls torlos. Neun Spiele in Folge. Und auf einmal schnupperten wir nicht mehr am Europapokal, sondern waren nur noch drei Punkte von den Abstiegsrängen entfernt. Selbst unsere Fans schienen langsam, aber sicher den Glauben an uns zu verlieren. Vor der Partie gegen die Lauterer bejubelten sie hämisch jeden Ball, den wir beim Aufwärmen im Netz versenkten. Das tat schon richtig weh. Gerade jetzt, wo wir selbst nicht wussten, was mit uns geschah, hätten wir ihre Unterstützung bitter nötig gehabt. Inzwischen war es auch nicht mehr möglich, die Augen vor den Problemen zu verschließen, die uns in diese Lage gebracht hatten. Das Dumme war nur: In so einer Situation hilft es nicht einfach, die Probleme zu erkennen, du musst auch entsprechend darauf reagieren. Und das gelang uns einfach nicht. Ich glaube, dass viele meiner Kollegen damals bis zum Schluss nicht glauben wollten, dass wir tatsächlich Gefahr liefen, abzusteigen. Wir waren nicht in der Lage, das Ruder herumzureißen und mit allem, was wir hatten, ums Überleben zu kämpfen. Selbst der Trainer nicht. Seine Taktik bestand darin, uns selbst nach dem neunten Spiel ohne Tor gut zuzureden und die positiven Aspekte auszuarbeiten. Das war sicherlich gut gemeint, aber was wir damals gebraucht hätten, wäre die Methode „Vorschlaghammer" gewesen. Knallharte Fehleranalyse, die Schwächen schonungslos aufdecken und damit auch dem letzten Spieler deutlich machen, in was für einer miesen Lage wir uns befanden. Doch das schien einfach nicht Michael Skibbes Sache zu sein. Wie es oft in solchen Fällen ist, verlor er immer mehr die Kontrolle über das Team, gerade die bereits erwähnte griechische Fraktion ließ sich von ihm nicht mehr einfangen. Wenn einer aus dem Trio nicht spielte, waren gleich alle drei beleidigt, und generell schienen sie nicht mehr interessiert daran, sich dem Mannschaftsinteresse unterzuordnen. Und auch sonst blieb von dem einst vorbildlichen Teamgeist immer weniger übrig, bis nichts mehr davon übrig war. Jeder kochte sein eigenes Süppchen, jeder schien es besser zu wissen als der andere, und es war niemand da, der wieder Ordnung in dieses Chaos zu bringen vermochte und somit auch in der Lage gewesen wäre, die üble Stimmung zu beenden. Skibbe unterliefen dabei ein paar krasse Fehler, die unstrittig dazu beitrugen, dass sich die Atmosphäre nicht verbesserte. In der Woche vor dem Spiel gegen Nürnberg Mitte Februar war er mal wieder mit Amanatidis aneinandergeraten, was letztlich dazu führte, dass er sich vor versammelter Mannschaft zu der Aussage hinreißen ließ: „Solange ich hier Trainer bin, wird Amanatidis nicht mehr spielen." Nur eine Woche später, gegen Stuttgart, wechselte er ihn zur Halbzeit ein. Solche Aktionen brechen dir als Trainer das Genick, weil du dich damit völlig unglaubwürdig machst. Und wer unglaubwürdig ist, verliert über kurz oder lang den Respekt der eigenen Spieler.

Und was war eigentlich mit Fanis Gekas, der in der Hinrunde noch alles in Grund und Boden geschossen hatte? Ihm gelang so gut wie gar nichts mehr. Und nun zeigte sich, dass ein Spielertyp wie er nicht dafür gemacht ist, den Karren in so einer schwierigen Situation aus dem Dreck zu ziehen. Mehrfach organisierten wir in dieser Zeit Mannschaftsabende, um uns auszusprechen, für klare Verhältnisse zu sorgen und damit endlich einen neuen Teamspirit zu entfachen. Doch all das brachte rein gar nichts. Langsam kam ich mir vor wie ein Passagier auf einem Schiff, das unaufhaltsam auf einen Wasserfall zusteuert und sich in sein Schicksal gefügt hat. Gegen Schalke gelang uns am 26. Spieltag zwar endlich mal wieder ein Tor – ein Befreiungsschlag von Tzavelas aus gut und gerne 70 Metern! –, doch kurz vor Schluss gaben wir auch dieses Spiel wieder aus der Hand. Ausgerechnet ich hatte den Ball unglücklich auf den Fuß von Angelos Charisteas verlängert. Es war zum Verzweifeln. Und es wurde noch schlimmer. Eine Woche später fuhren wir gegen den FC St. Pauli zwar endlich mal wieder einen Sieg ein, aber diese 90 Minuten offenbarten all unsere Schwächen. Totale Verunsicherung, eine katastrophale Passquote und erschütternde Harmlosigkeit vor dem gegnerischen Tor. Ich selbst bot so eine traurige Leistung, dass ich mich nach dem Spiel hinstellte und erklärte: „Das war heute das schlechteste Spiel, seitdem ich bei der Eintracht bin." Ich fühlte mich auf dem Platz wie gelähmt und schien selbst die einfachsten Dinge verlernt zu haben. Der schleichende Abstieg war wie ein Nervengift in meinen Körper gelangt und entfaltete jetzt seine Wirkung. Keine Ahnung, wie wir am Ende die Partie gewannen. Verdient hatten wir es auf keinen Fall.

Der erste Dreier in den vergangenen zehn Spielen. Eigentlich ein Grund zur Freude oder zumindest das Fundament für so etwas wie Aufbruchstimmung. Doch der grottenschlechte Kick steckte uns allen in den Knochen. Jetzt musste auch der Letzte gemerkt haben, dass wir uns im freien Fall befanden und irgendetwas Grundlegendes passieren musste. Was dann passierte, kam nicht überraschend, nur der Zeitpunkt irritierte mich doch ziemlich. Nach der Partie gegen St. Pauli hatte ich mich ins Auto gesetzt, um mich von Dr. Böhnisch in Augsburg noch einmal untersuchen zu lassen. Im Radio liefen gerade die Nachrichten. Breaking News: „Eintracht Frankfurt trennt sich von Trainer Michael Skibbe." Verdutzt rief ich einen Kollegen an, doch der konnte auch nur das bestätigen, was gerade in den Medien die Runde machte. Skibbe war raus. Kurioserweise nach dem ersten Sieg seit neun Spielen.

Zwei Wochen lagen zwischen der Partie gegen St. Pauli und dem nächsten Match gegen Wolfsburg. Die Länderspielpause hatte der Klub offenbar nutzen wollen, um einen neuen Hoffnungsträger zu verpflichten, der das Ruder noch rumreißen sollte. Dass es am Ende Christoph Daum sein sollte, überraschte nicht nur mich. Natürlich war uns der Name vertraut. Daum hatte fast 30 Jahre Trainererfahrung auf dem Buckel, war mit Stuttgart Deutscher Meister, mit Beşiktaş und Fenerbahçe Türkischer Meister geworden und hatte mit Bayer Leverkusen großartigen Fußball spielen lassen. Außerdem galt er als Motivator, der zur Not auch zu extrem unkonventionellen Methoden griff, und diese Mischung hörte sich dann doch ziemlich vielversprechend an. Bei unseren Fans löste die Verpflichtung von Daum jedenfalls einen nie da gewesenen Hype aus. Zu seinem ersten Training erschienen sage und schreibe 3000 Zuschauer, der „Hessische Rundfunk" übertrug live. Solche Massen hatte ich in den Jahren zuvor nicht mal bei Saisoneröffnungen erlebt. Die Hoffnung, dass „Messias" Daum den drohenden Untergang der Eintracht würde verhindern können, war also groß. Und auch wir waren zunächst guter Dinge, dass uns der neue Trainer helfen würde. Zunächst mal fand ich es erstaunlich, dass sich ein so namhafter Coach freiwillig eine so schwere Aufgabe aufhalste, aber die ersten Gespräche zeigten, dass Daum höchst motiviert war, uns wieder in die Spur zu bringen und den Abstieg zu verhindern.

Als eine der ersten Maßnahmen führte der neue Trainingsleiter das gemeinsame Frühstück und Mittagessen wieder ein und bewies uns dann schon vor dem ersten Schluck Kaffee, wie ernst er seine Aufgabe nahm. In einer emotionalen Ansprache versuchte er unseren zersplitterten Haufen auf die kommenden Aufgaben einzuschwören, um gemeinsam das Ziel Klassenerhalt zu erreichen. Für uns war das schon etwas gewöhnungsbedürftig, bei Michael Skibbe hätte diese Emotionalität völlig deplatziert gewirkt. Aber Daum war eben Daum, und das stellte er dann auch in den Trainingseinheiten unter Beweis. Fußballerisch erwies er sich als absoluter Fachmann, der uns mit seinem Wissen und seinen Übungen schnell begeisterte. Schwer zu erklären, aber manchmal ist es so mit neuen Trainern: Auf einmal machte es wieder Spaß zum Training zu gehen, und kurz schien die Zuversicht aufzukeimen, dass wir mit diesem Trainer gar nicht absteigen konnten.

Gegen den Tabellenletzten Wolfsburg reichte es am nächsten Spieltag allerdings nur zu einem 1:1. Eine Woche später gegen Werder das gleiche Ergebnis. Zwei Spiele, zwei Punkte – zu wenig, um sich wirklich von den Abstiegsrängen abzusetzen. Doch gerade die Partie gegen Bremen wurde von vielen als Wendepunkt angesehen. Durch ein Eigentor von Halil Altıntop hatten wir bis kurz vor Schluss zurückgelegen und dann doch noch den Ausgleich geschossen. „Langsam finden wir zum Fußballspielen zurück", urteilte Maik Franz, unser Kapitän, und auch ich hatte das Gefühl, dass wir uns zum Ende dieser merkwürdigen Saison doch noch fangen würden. Es müsste doch mit dem Teufel zugehen, nach so einer starken Hinrunde noch absteigen zu können. Drei Spieltage später flogen Polizeihubschrauber über das Waldstadion, während unten die Eintracht-Fans versuchten, auf das abgesperrte Gelände zu gelangen. Was um Himmels Willen war nur passiert?

Nach dem überraschenden 1:1 gegen die Bayern im Anschluss an eine schmerzhafte Pleite gegen Hoffenheim hatte ganz Frankfurt den Blick nach Mainz gerichtet, wo wir am 32. Spieltag zum Schicksalsspiel gegen den FSV antreten mussten. Der von Thomas Tuchel trainierte Rivale aus Mainz spielte eine fantastische Saison und die Qualifikation zur Europa League war nun zum Greifen nah, während wir ums Überleben kämpften. Christoph Daum gab im Vorfeld der Partie alles. Er versuchte uns starkzureden. Er versuchte uns die Angst vor dem Scheitern zu nehmen. Er erinnerte uns daran, wie wichtig unseren Fans dieses prestigeträchtige Derby war. Doch es half alles nichts. Es wurde einer dieser Tage, über die Andreas Brehme mal den klugen Satz gesagt hat: „Haste Scheiße am Fuß, haste Scheiße am Fuß." Schon nach 21 Minuten verletzte sich unser Mittelfeldspieler Ricardo Clark. Fünf Minuten später gingen die Mainzer durch Ivanschitz in Führung. Zur Halbzeit führte der FSV bereits mit 3:0. Da spielten wir nach einer Roten Karte für Seppl Rode bereits in Unterzahl. Und als wäre das alles noch nicht genug, verletzte sich Alex Meier nach einer Stunde am Knie – und das hieß, er fiel für den Rest der Saison aus. 0:3 verloren, zwei Spieler verletzt, ein wichtiger Mann gesperrt. Es war wie ein Alptraum, aus dem man einfach nicht erwachen kann. Für unsere Fans war dieser Auftritt der Tropfen, der das Fass zum Überlaufen brachte. Schon als wir zur Halbzeit aus den Kabinen kamen, war der Auswärtsblock am Mainzer Bruchweg so gut wie leer. Nach dem Spiel erfuhren wir, wo unser Anhang geblieben war. Wütend und frustriert über den drohenden Abstieg waren viele von ihnen direkt zum Waldstadion gefahren, um dort auf uns zu warten. Sicherlich nicht, um uns Mut zu machen für die letzten beiden Saisonspiele. Auf dem Weg zurück nach Frankfurt erfuhren wir, was sich bereits vor den Stadiontoren abspielte. Dort angekommen, sahen wir Hubschrauber über das Gelände kreisen, überall war Polizei. Eine unwirkliche, fast schon gespenstische Szenerie. Über einen Umweg wurden wir ins Stadioninnere gefahren und harrten dort der Dinge. Währenddessen wurde die Stimmung draußen immer aggressiver, einige Fans versuchten sich gewaltsam Zutritt ins Stadion zu verschaffen, offensichtlich waren sie hierhergekommen, um uns mal richtig die Meinung zu geigen. Eine skurrile Situation. Angst hatte ich nicht, nur ein mulmiges Gefühl – wer wollte es mir verdenken. Doch bei aller Wut und Verzweiflung war ich mir sicher, dass mir niemand von den Jungs da draußen wirklich an den Kragen gegangen wäre. Dafür spielte ich schon zu lange Fußball, dafür war ich schon zu lange bei diesem Verein. Als wir schließlich über einen Nebenausgang das Stadion verlassen und nach Hause fahren durften, machte sich bei mir eher ein Gefühl totaler Niedergeschlagenheit breit. Zwar hatten wir mit 34 Punkten auf Platz 16 und einem Punkt Abstand zum VfL Wolfsburg auf Platz 15 beziehungsweise vier Punkten auf Köln und Werder noch alle Chancen, die Klasse zu halten, doch nach den katastrophalen Entwicklungen seit Beginn der Rückrunde waren wir nun auf dem absoluten Tiefpunkt angelangt. Ein sportliches Trauerspiel gegen Mainz, wütende Fans, die ihre eigenen Spieler im Stadion belagern. Schlimmer konnte es eigentlich nicht mehr kommen. Jetzt ging es im Grunde nur noch darum, uns am Ende wenigstens in die Relegation zu retten. Ein Blick auf den Spielplan genügte, um festzustellen, wie schwierig das werden würde. Gegen Köln war ein Sieg Pflicht, doch wie realistisch war ein Erfolg am letzten Spieltag gegen den bereits feststehenden Deutschen Meister Borussia Dortmund, die in dieser Saison alles und jeden wegrasiert hatten?

Machen wir es kurz, weil die Erinnerung daran so wehtut: Auch gegen Köln, die alte Heimat unseres vermeintlichen Hoffnungsträgers Christoph Daum, bekamen wir kein Bein auf den Boden und verloren mit 0:2. Das sage und schreibe elfte Spiel in der Rückrunde ohne ein einziges Frankfurter Tor. Unfassbar. Weil gleichzeitig Gladbach gegen Freiburg gewonnen hatte, standen wir vor den letzten 90 Minuten der Saison nun plötzlich auf Platz 17 und damit auf einem direkten Abstiegsplatz. Gegen die bärenstarken Dortmunder hätte es nun tatsächlich ein Wunder gebraucht, um den Abstieg doch noch zu verhindern. Und tatsächlich sah es in der ersten Halbzeit genau danach aus. Ralf Fährmann machte das Spiel seines Lebens und zeigte unglaubliche Paraden, Seppl Rode erzielte kurz nach dem Seitenwechsel das 1:0. Ich kann bis heute nicht verstehen, warum unmittelbar danach ein paar Leute aus unserer Kurve Kanonenschläge und Bengalos zünden mussten, vielleicht hatte einige von ihnen die Hoffnung schon längst begraben. „Deutscher Randalemeister 2011" stand auf einem Transparent, was dem ganzen Wahnsinn der vergangenen Monate die Krone aufsetzte. 20 Minuten später schoss Lucas Barrios den Ausgleich, kurz darauf erzielte ich ein Eigentor. Mit dem zweiten Tor von Barrios war der Abstieg endgültig besiegelt. Wir hatten es tatsächlich fertig gebracht, nach 26 Punkten aus der Hinrunde am Ende noch abzusteigen. Wahrlich eine Katastrophe historischen Ausmaßes für diesen fantastischen Klub.

Kaum hatte Peter Gagelmann die Begegnung abgepfiffen, sackte ich innerlich in mich zusammen. Eine völlig verquere Situation. Während im proppevollen Westfalenstadion die Meisterschaft gefeiert wurde und Schwarz-Gelb über den Rasen tanzte und die Musik in voller Lautstärke aus den Stadionboxen dröhnte, kam ich mir vor, als säße ich ganz alleine in einem tiefen Loch, aus dem es kein Entrinnen gab. Es war so surreal, so unverständlich, dass wir tatsächlich abgestiegen waren. Wie zur Hölle hatten wir das noch verbocken können? Was hatten wir unseren Fans und allen Mitarbeitern von Eintracht Frankfurt nur angetan? Das Gefühl des totalen Versagens machte mich blind und taub, einsam hockte ich noch ewig auf unserer Ersatzbank, unfähig, meinen völlig ausgelaugten Körper in die Kabine zu schleppen. Ich wollte jetzt nicht zu den anderen, wollte hierbleiben, wollte, dass mich jemand aufweckte, um mir zu sagen, dass das alles nicht real war. Ich kann nicht mehr sagen, wie lange ich auf der Bank saß und mich fragte, wie es nur so weit hatte kommen können. Es ist viel einfacher, einen Abstieg zu akzeptieren, wenn du eh von Anfang an um den Klassenerhalt spielst. Aber nach so einer erfolgreichen Hinrunde die komplette Saison noch an die Wand zu fahren, fühlte sich in diesem Moment unfassbar grausam an.

Schließlich schlich ich wie ein geprügelter Hund in die Kabine. Ich wollte jetzt nur noch nach Hause. Wollte mit niemandem reden, keine Interviews geben und diesen schlimmen Tag irgendwie hinter mich bringen. Sowohl in der Umkleide als auch im Mannschaftsbus wurde kein Wort gesprochen. Den meisten ging es wohl so ähnlich wie mir. In Frankfurt angekommen verabschiedeten wir uns matt voneinander. Viele der Jungs würde ich vielleicht nie wiedersehen. So ein Abstieg lässt einen Kader auseinanderfallen wie ein Baugerüst, aus dem jemand die Schrauben entfernt hat. Dabei konnte ich zu diesem Zeitpunkt noch gar nicht ahnen, dass auch ich schon bald nicht mehr hier sein würde.

Kapitel 9

ENTSCHULDIGEN SIE BITTE, IST DAS DER SONDERMÜLL AUS WOLFSBURG?

Die Gedanken waren nicht neu und sie hatten auch nichts mit dem Abstieg zu tun. Doch nach nunmehr 15 Jahren bei der Eintracht, sieben davon als Profi, hatte ich das Gefühl, dass mir ein Tapetenwechsel vielleicht ganz guttun würde. Ich hatte der Eintracht alles zu verdanken, an diesem Klub hing mein Herz, doch vielleicht war es ja jetzt mal an der Zeit, eine neue Herausforderung zu suchen. Schon in der Hinrunde dachte ich erstmals über einen Vereinswechsel nach. Mit dem Ausgang der Saison hatte das zunächst nichts zu tun – zur Erinnerung: Zum damaligen Zeitpunkt schien die Chance auf die Europapokalteilnahme größer zu sein als ein Abstieg in die Zweite Liga. In Frankfurt hatte ich mir als Rookie meinen Platz erkämpft, war Stück für Stück in der Teamhierarchie aufgestiegen und kannte im Verein jeden Grashalm. Gleichzeitig hatte ich es mir unbewusst vermutlich auch schon ziemlich gemütlich gemacht in meiner Komfortzone SGE. Hier musste ich niemandem mehr etwas beweisen. Ich war fester Bestandteil der Mannschaft und gehörte zum Verein wie Adler Attila. So eine Komfortzone mag in den heimischen vier Wänden sehr sinnvoll sein, beim Fußball kann sie dafür sorgen, dass die eigene Leistung stagniert. Oder noch schlimmer: nachlässt. Ohne es zu wissen, war ich bestimmt nicht nur einmal mit 90 Prozent ins nächste Bundesligaspiel gegangen, einfach, weil ich es mir erlauben konnte. Doch ich war ja nicht ohne Grund Leistungssportler geworden. Ich brauchte mal wieder Feuer unterm Hintern. Und in Frankfurt schien die Glut fast schon erloschen.

Dabei hatte ich nie einen langfristigen Karriereplan im Kopf, sondern hörte eher auf mein Bauchgefühl beziehungsweise meinen Instinkt. Und dieser Instinkt sagte mir, dass ich nach dem Ende der Saison zumindest mal die Fühler ausstrecken könnte. Vielleicht gab es ja irgendwo einen Klub, der mir diese neue Herausforderung würde bieten können. Dann konnte ich ja immer noch entscheiden, ob ich meine Adler wirklich verlassen wollte. Diese Überlegungen nahmen erst wieder konkrete Formen an, als ich den ersten Schock über den dramatischen Abstieg verdaut hatte. Dass die Eintracht von nun an noch kleinere Brötchen backen würde, war mir klar. So ein Abstieg kostet nicht nur Kraft und Energie, sondern auch eine ganze Menge Geld. Mitarbeiter müssen entlassen werden, der Spieleretat schrumpft gewaltig und neue Sponsoren zieht man damit auch nicht unbedingt an Land. Man mag es mir glauben oder halt nicht, aber die Kohle spielte in meiner Zukunftsplanung trotzdem keine übergeordnete Rolle. Wie alle meine Kollegen war ich Fußballer geworden, weil ich dieses Spiel so liebte. Kein Sportler dieser Welt schafft es ganz nach oben, wenn nur das Geld der Antrieb ist. Zugleich verdiente ich mit dem Fußball meinen Lebensunterhalt und wusste zu diesem Zeitpunkt, dass ich mit etwas Glück noch zehn Jahre Profi sein würde. Ab Mitte 30 ist es für die meisten Fußballer vorbei mit dem großen Geld. Deshalb kann ich auch jeden Kollegen verstehen, der auch die Höhe des monatlichen Gehalts bei der Planung für den nächsten Vertragsabschluss im Blick hat. Alles andere wäre ja auch fahrlässig. Das kann man mit Blick auf die großen Summen womöglich merkwürdig finden, aber letztlich ist es alles nur eine

Frage der Perspektive. Wenn ich als Bäcker 2000 Euro im Monat verdiene und mir eine andere Bäckerei 3000 Euro in Aussicht stellt, dann werde ich zumindest sehr genau über dieses Angebot nachdenken. Und genauso ist es, wenn ich als Fußballer 100 000 Euro verdiene und mir ein anderer Klub 150 000 anbietet.

Als Erstligaspieler von Eintracht Frankfurt verdiente ich damals etwa 70 000 Euro brutto im Monat. Durch den Abstieg war klar, dass sich mein Gehalt um circa 20 bis 30 Prozent verringern würde. Das wäre natürlich immer noch sehr viel Geld gewesen. Und genau deshalb spielte die Kohle auch nicht die erste Geige bei meinen Überlegungen, eventuell zu einem anderen Verein zu wechseln. Genauso wenig wie die Tatsache, mit der Eintracht nun in der Zweiten Liga kicken zu müssen. Erstens kannte ich das bereits und zweitens wäre ich mir ganz sicher nicht zu schade gewesen, mit meinem Klub in Liga 2 zu spielen. Vielmehr reizte mich die Vorstellung, es mal irgendwo anders zu versuchen, es auch bei einem anderen Klub zum Stammspieler zu schaffen und neue Abenteuer zu erleben. Also bat ich meinen Berater, sich einfach mal umzuhören. Welcher Klub konnte sich überhaupt vorstellen, mich zu verpflichten? Wer war in der Lage, mir ein gutes Angebot zu machen – sportlich wie finanziell? Die Himmelsrichtung war mir dabei erst mal total egal. Spanien fand ich total spannend, aber ich zweifelte daran, ob mein Stil in die dortige Liga passen würde. England war für jeden Fußballer ein interessantes Ziel, doch dafür musste sich erst mal ein Verein finden, der Bock auf mich hatte. Natürlich dauerte es nicht lange, und die Info, dass ich mit einem möglichen Wechsel liebäugelte, machte die Runde. Mir war völlig klar, wie ein Großteil der Fanszene darauf reagieren würde: Klasse, erst steigt der Russ mit der Eintracht ab und dann verlässt er das sinkende Schiff, um irgendwo Kohle zu scheffeln! Ganz ehrlich: Vermutlich hätte ich das als Fan ähnlich gesehen. Deshalb machte es mir auch nichts aus. Ich konnte die Fans verstehen. Aber Rücksicht konnte und wollte ich zu diesem Zeitpunkt darauf nicht nehmen.

Vom ersten Interesse aus Wolfsburg hörte ich während unseres zweiten Trainingslagers Anfang Juli. Bis dahin hatte ich meinen Berater die Arbeit machen lassen und mich voll auf die Vorbereitung für die neue Spielzeit konzentriert. Den neuen Trainer Armin Veh fand ich auf Anhieb sympathisch, mit ihm waren die Chancen groß, den Wiederaufstieg direkt klarzumachen. Ein super Trainer, der in der Lage war, die Stimmung der ganzen Mannschaft aufzuhellen – und ganz genau wusste, wovon er sprach. Die Klubführung hatte mit seiner Wahl einen richtig guten Griff getan, da war ich mir sicher. Natürlich wusste Armin von meinen Wechselabsichten, und natürlich tat er alles, um mich davon zu überzeugen, in Frankfurt zu bleiben. Dafür griff er sogar ganz tief in die Trainertrickkiste und versuchte mich, bei der Ehre zu packen: „Wenn du bleibst, baue ich um dich herum eine Mannschaft auf, die Frankfurt wieder stolz macht!" So was hörte ich natürlich gerne. Meine Abwanderungsgedanken tangierten diese Worte aber nicht. Zunächst einmal beschäftigte ich mich allerdings mit dem Saisonauftakt gegen Greuther Fürth in Liga 2, schließlich war außer ersten Gesprächen zwischen Wolfsburg und meinem Berater noch nicht viel passiert.

Als es dann doch noch konkreter wurde, befasste ich mich das erste Mal ernsthaft mit dem VfL aus Wolfsburg. Dass die Stadt deutlich weniger zu bieten hatte als Frankfurt, war mir dabei egal. Ich suchte mir meinen neuen Arbeitgeber ja nicht wegen der Einkaufsmöglichkeiten aus, sondern wegen der sportlichen Perspektive. Und in dieser Hinsicht war Wolfsburg der Eintracht ziemlich überlegen. Zwei Jahre zuvor war der Klub Deutscher Meister geworden und hatte mit VW im Rücken einen Etat zur Verfügung, von dem die SGE nur träumen konnte. Und der Trainer, der den VfL 2009 so überraschend zum Titel geführt hatte, saß nach einem kurzen Intermezzo bei Schalke 04 nun wieder in Wolfsburg auf der Bank. Felix Magath brauchte man mir natürlich nicht extra vorzustellen. Als Spieler einer der besten Mittelfeldlenker des Landes, als Trainer ziemlich erfolgreich und bei vielen Spielern gefürchtet. Sein Ruf als knallharter Coach eilte ihm voraus. Vielleicht war das die Herausforderung, nach der ich gesucht hatte. Weil Magath in Wolfsburg nicht nur Trainer, sondern auch noch Manager war, übernahm er direkt die Vertragsverhandlungen. Gemeinsam mit meinem Berater trafen wir uns schließlich zu Tee und Kuchen in Hamburg und lernten uns kennen. Ich traf auf einen Mann, der so gar nicht zu dem Klischee des medizinballwerfenden Schleifers passte. Ein etwas kauziger Eigenbrötler, das schon, aber gleichzeitig ein ganz ruhiger und sympathischer Mensch, der mir ganz sachlich von seinen Plänen berichtete. Ja, das konnte was werden.

Zurück in Frankfurt besprach ich mich mit Janina. Moses war noch sehr klein und meine Frau hatte ja auch eigene Pläne. Da konnte ich nicht einfach über ihren Kopf hinweg Entscheidungen von solcher Tragweite treffen. Doch letztlich ließ sie mir freie Hand. Dass ich dem Wechsel Richtung Niedersachsen schließlich zustimmte, hatte natürlich auch mit dem großzügigen Angebot zu tun. Rein sportlich wollte Magath den VfL dauerhaft zu einem Champions-League-Teilnehmer formen und Titel gewinnen, und auch finanziell bedeutete der Wechsel eine deutliche Verbesserung für mich. 150 000 Euro brutto sollte ich fortan monatlich in Wolfsburg verdienen, mehr als doppelt so viel wie in Frankfurt. Für die Fans der Eintracht, meine Mitspieler und meinen Trainer war diese Entscheidung natürlich erst mal schwer zu verkraften. Gleichzeitig hatte der Verein die gut drei Millionen Euro Ablöse, die Wolfsburg für mich zahlte, bitter nötig. So konnte auch ich einen kleinen Teil dazu beitragen, dass die Eintracht in der neuen Saison ein ernstzunehmender Kandidat für den Wiederaufstieg war. Noch einmal lief ich mit dem Adler auf der Brust auf den Platz und half mit, im ersten Saisonspiel der Zweiten Liga einen knappen Sieg gegen Fürth zu erringen, dann packte ich meine Koffer und machte mich zwar voller Vorfreude, aber doch auch schweren

Herzens auf in die neue Stadt. Die neue Herausforderung, über die ich seit vielen Monaten ganz unkonkret nachgedacht hatte, hier war sie nun.

In Wolfsburg erwarteten mich nicht nur ein neuer Verein, ein neuer Trainer und neue Mitspieler, sondern auch eine andere Philosophie. Dank der ganz anderen finanziellen Möglichkeiten konnte sich Trainer-Manager Magath auf dem Transfermarkt so richtig austoben, für fast 50 Millionen Euro waren neue Spieler geholt worden, darunter Stars wie Christian Träsch oder Ricardo Rodríguez. Der Kader war im Vergleich zur Eintracht riesengroß und Magath hatte bereits deutlich gemacht, dass er auch keine Rücksicht auf große Namen nahm, wenn er den Erfolg gefährdet sah. Der Brasilianer Diego, ohne Zweifel einer der talentiertesten Mittelfeldspieler der Liga, war vom Trainer aufs Abstellgleis geschoben worden, weil er seine Mannschaft im letzten Spiel der Vorsaison im Stich gelassen hatte. In Wolfsburg wehte ein anderer Wind, und es sollte gar nicht so lange dauern, bis auch ich von den Böen umgerissen wurde. Vorerst aber galt es, mich so schnell wie möglich in der neuen Umgebung zurechtzufinden. Dabei half mir auch die Anwesenheit von zwei alten Bekannten. Sowohl mit Patrick Ochs als auch mit Sotiris Kyrgiakos hatte ich in Frankfurt bereits zusammengespielt. Und auch mit Magaths Vorstellungen über meine Verteidigerposition konnte ich mich sehr gut anfreunden. Er forderte, dass die Defensivspieler nicht reagierten, sondern agierten und bereits mit dem gewonnenen Zweikampf den nächsten Angriff einleiteten. Auch wenn das alles gut klang, war mir von Anfang an klar, dass es für mich nicht leicht werden würde, mir bei dieser Masse an Konkurrenten einen Stammplatz zu erarbeiten. Hier kam ich mit 90 Prozent nicht weit, hier musste ich von Tag eins an beweisen, dass ich das Zeug hatte, auch bei einem nominellen Champions-League-Aspiranten in der ersten Elf zu stehen.

Im Trainingslager in Österreich stieß ich schließlich zu meiner neuen Mannschaft. Die richtig harten Konditionseinheiten waren bereits im ersten Trainingslager absolviert worden, eine fehlende Erfahrung, die mir ebenfalls noch mächtig Probleme bereiten sollte. Hier in Österreich, kurz vor dem Start in die Bundesliga, ging es eher um den taktisch-spielerischen Feinschliff. Sehr schnell stellte ich fest, dass mein neuer Trainer dem Erfolg alles unterordnete. Wer sich nicht voll und ganz seiner Idee verschrieb, wurde links liegen gelassen. Das war nun mal der Preis, wenn man es auf diesem Niveau ganz nach vorne schaffen wollte. Für mich kein Problem. Ich war nicht hier, um die Art und Weise meines Coaches in Frage zu stellen, sondern um Fußballspiele zu gewinnen. Umso bitterer, dass dann gleich der erste Härtetest in die Hose ging. Beim 2:3 im Pokal gegen den damals noch viertklassigen RB Leipzig blamierten wir uns bis auf die Knochen. Leipzigs Mittelstürmer Daniel Frahn gelangen drei Treffer, kein Wunder, dass nach dem Spiel besonders unsere Defensive zur Zielscheibe der Kritik wurde. Angesprochen auf das neu formierte Innenverteidigerduo mit Simon Kjær und mir, sagte Magath: „Ich habe Angst. Ich habe keine Abwehr gesehen." Autsch. Den Start beim neuen Klub hatte ich mir doch anders vorgestellt. Sicherlich waren die Aussagen des Trainers ziemlich hart, doch in all der Zeit, die ich unter ihm trainierte, gab es nie eine öffentliche Ansage, die er uns nicht auch in der Kabine gemacht hätte. Außerdem hatte er ja vollkommen Recht gehabt. Da waren wir zur neuen Spielzeit angetreten, um uns für den Europapokal zu qualifizieren, und dann machten wir uns gleich im ersten Spiel lächerlich. Jetzt konnte es ja nur besser werden.

Doch genau da lag das Problem – für die Mannschaft und ganz besonders für mich. Nach acht Spieltagen standen wir mit nur neun Punkten auf Platz 13, in allen Mannschaftsteilen waren die Abstimmungsschwierigkeiten unübersehbar und gerade in der Abwehr mangelte es an Konstanz und Souveränität. Mit dem, was ich bislang gezeigt hatte, war ich ganz und gar nicht zufrieden. Ja, ich benötigte noch etwas Zeit, um mich an die neue Spielphilosophie und das neue Umfeld zu gewöhnen, aber ich wusste, dass ich deutlich besser spielen konnte, als ich es bislang getan hatte. Der Trainer sah das offenbar ähnlich – und sortierte mich nach einer 1:3-Niederlage gegen Leverkusen erst mal aus. Mit der Ausmusterung von mir und meinem früheren Kollegen Patrick Ochs konfrontiert, urteilte Magath knallhart: „Ich erinnere mich, dass Frankfurt mit beiden abgestiegen ist. Nach einem Wechsel ist es nicht leicht, den neuen Ansprüchen zu genügen." Die nächste Ohrfeige, doch auch sie galt es wegzustecken wie ein Mann. Ich fühlte mich auch nicht ungerecht behandelt – noch nicht –, sondern akzeptierte diese Entscheidung und verstand sie als Motivation, an meinen Schwächen zu arbeiten und mich im Training so lange anzubieten, bis mir Magath wieder eine Chance gab. Ich hatte ja unbedingt meine Frankfurter Komfortzone verlassen wollen, um neue Herausforderungen zu meistern. Also brauchte ich jetzt auch nicht zu jammern und die Flinte schon ins Korn werfen.

Es dauerte mehr als zwei Monate, ehe ich wieder von Beginn an spielen durfte. Eine intensive Zeit, die ich aber gut dafür genutzt hatte, mich in jedem Training anzubieten, Extraschichten zu schieben und so lange auf mich aufmerksam zu machen, bis mir der Trainer wieder eine Chance gab. Noch immer dümpelten wir im unteren Drittel der Tabelle herum, eine Situation, die ganz und gar nicht zu den ehrgeizigen Ambitionen des Klubs passte. Immerhin durfte ich jetzt wieder meinen Teil dazu beitragen, an diesem Zustand etwas zu ändern. Heute weiß ich, dass mich die Umstellung von Frankfurt auf Wolfsburg in der Anfangszeit ziemlich überfordert hat. Physisch wie psychisch. Magaths gefürchtetes Training war tatsächlich knallhart und immer ging es ihm darum, die Grenzen eines jeden Einzelnen auszuloten. Erst beim VfL lernte ich, wie viel im Fußball möglich ist, wenn der Geist den Körper überwindet. Sicherlich wäre es dabei hilfreich gewesen, wenn ich einen Chef gehabt hätte, der mir bei diesem Prozess zur Seite gestanden hätte, aber für derlei hatte Magath keine Zeit – und kein Interesse. Er kommunizierte nicht wirklich mit der Mannschaft, er gab ihr nur vor, wo es langging, und erwartete, dass jeder seiner hochbezahlten Angestellten das auch umsetzen konnte. Sein einziges Sprachrohr war Marcel Schäfer in seiner Rolle als Kapitän, aber es kam nie vor, dass er mich oder einen anderen Mitspieler nach dem Training mal zu einem Gespräch unter vier Augen beiseitegenommen hätte.

Noch eine andere Sache beschäftigte mich während der Winterpause. Im Sommer 2012 würde in Polen und der Ukraine die Europameisterschaft stattfinden und für einen Moment witterte ich die Chance, bei diesem Turnier dabei zu sein. Nicht als Teil der DFB-Auswahl, da machte ich mir keine Illusionen, aber vielleicht ja als Mitglied der Nationalmannschaft von Kroatien! Der Vater meiner Frau Janina war Kroate und so keimte kurz der Gedanke auf, ob ich als Mann einer Frau mit kroatischen Wurzeln nicht für eine Einbürgerung in Frage käme. Offenbar bekam auch Nationalcoach Slaven Bilić Wind von der Sache und zeigte sich durchaus interessiert an dieser Option, doch recht schnell machte mir die UEFA einen Strich durch die Rechnung: keine Chance. So schnell ich in das Blickfeld der Nationalmannschaft geraten war, so schnell waren die Pläne von einer EM-Teilnahme auch schon wieder ad acta gelegt.

Unabhängig davon hatte ich vor Ort ja genügend Baustellen. In der Winterpause ackerte ich wie verrückt, um weiterhin eine Option für meinen Trainer zu sein und, siehe da: Ab dem 18. Spieltag gehörte ich wieder zu Magaths Stammbesetzung. Zwar verloren wir unglücklich mit 0:1 gegen den FC Bayern, aber es war nicht zu übersehen, dass ich mich in einer ganz anderen Verfassung befand als noch fünf Monate zuvor. Die harte Arbeit hatte sich bezahlt gemacht. Bis zum Ende der Spielzeit verpasste ich nur ein Spiel. Ein persönlicher Etappensieg, der allerdings nichts daran änderte, dass wir weiterhin ziemlich mauen Fußball spielten. Am Ende verpassten wir die Qualifikation für die

Europa League um vier Punkte und standen tatsächlich mit leeren Händen da. Ich für meinen Teil zog trotzdem eine positive Bilanz meiner ersten Saison in der Fremde. Von 34 Bundesligaspielen hatte ich in 24 auf dem Platz gestanden, war durch das Magath'sche Stahlbad gegangen und hatte mich in meiner neuen Mannschaft zu einem sicheren Kandidaten für die Innenverteidigung gemausert. Was ich zu diesem Zeitpunkt noch nicht ahnen konnte: dass es so etwas wie sichere Kandidaten bei Felix Magath nicht gab. Und dass ich mich der bislang größten Herausforderung meiner Karriere erst noch zu stellen hatte.

Es war ja keineswegs so, dass ich mich nicht damit auskannte, meinen Körper voll zu belasten oder sogar über die Schmerzgrenze zu gehen. Ein gewisses Talent hatte ich zweifellos auch, doch ich hatte es nur in die Bundesliga geschafft, weil ich jahrelang knallhart dafür gearbeitet hatte. Und auch der VfL Wolfsburg hatte die drei Millionen Euro Ablöse nicht allein für meine filigrane Spielweise bezahlt, sondern weil man davon überzeugt war, einen ehrgeizigen Topathleten an sich zu binden, der die Mannschaft qualitativ verstärkt. Zwar war ich gewiss kein Konditionswunder und verabscheute reines Lauftraining leidenschaftlich, doch mit 1,90 Meter und 85 Kilo hatte ich auch gar nicht die Statur, um der nächste Dieter Baumann zu werden. Dennoch ging ich davon aus, gewisse Erfahrungswerte in jener beschwerlichen Vorbereitungsphase gesammelt zu haben, die einem Saisonstart nun mal vorausgeht. Doch was ich in diesem Sommer 2012 unter Felix Magath erlebte, war auch für mich völlig neu. Sagen wir es mal so: Seinen Spitznamen „Quälix" hatte Magath nicht von ungefähr.

Auch unter Friedhelm Funkel, Michael Skibbe oder Christoph Daum hatte ich bereits harte Trainingseinheiten durchstehen müssen, aber das Programm von Magath sprengte alle mir bis dahin bekannten Grenzen. Alles war intensiver. Jede Übung, jeder Lauf, jede Zusatzeinheit. Wobei die Kraftübungen mit den allseits bekannten Medizinbällen nicht das Problem waren. Da brauchte ich nur die Zähne zusammenbeißen und mich zur Not mit meinem Willen über die Ziellinie wuchten. Was mich letztlich killte, waren die Laufeinheiten. Ob die 400-Meter-Sprints auf der Tartanbahn vor dem Frühstück, die schnellen Sprints auf dem Rasen oder die nicht enden wollenden Waldläufe – Magaths Maßstab überforderte schlichtweg den Rahmen meiner Möglichkeiten. Ich arbeitete so hart wie noch nie in meinem Leben, ich riss Kilometer um Kilometer ab, ich setzte darauf, dass ich mangelnde Kondition einfach auftrainieren würde – doch letztlich hechelte ich bei den meisten Aufgaben ganz einfach hinterher. Und wenn wir dann endlich einen Ball an den Fuß bekamen, war ich so ausgelaugt und kraftlos, dass von meinem eigentlich doch so souveränen und routinierten Spiel nicht mehr viel übrigblieb. Da war es auch kein Trost, dass es in dieser Hinsicht nicht nur mir so erging. An seinem allerersten Tag als Neu-Wolfsburger fragte mich der Niederländer Bas Dost, ob es in Deutschland eigentlich möglich sei, innerhalb von einer Transferperiode zweimal den Verein zu wechseln – die ersten Stunden Magath hatten ihm den Rest gegeben! Auch Dost hatte sehr unter den hohen Anforderungen zu leiden, wie ich gehörte er zu einer Leidensgemeinschaft, die oft noch auf eine Extrarunde durch den Wald geschickt wurden, während die anderen bereits gegen den Ball treten durften. Besonders für den Kopf waren diese Strafeinheiten unglaublich schwer zu ertragen. Völlig ausgelaugt, wütend und frustriert zogen wir unsere Bahnen und verfluchten den Tag, an dem sich Felix Magath dazu entschieden hatte, Fußballtrainer zu werden. Es kostete mich jedes Mal sehr viel Überwindung, mir einzureden, dass mich diese Zusatzschichten konditionell wieder näher an den Kern der Mannschaft heranführten. Eine frustrierende Erfahrung war es auf jeden Fall.

Ich glaube, mit seinen Methoden wäre Magath heute nicht mehr erfolgreich. Damals beschäftigte er zwar auch schon einen eigenen Athletiktrainer, aber der führte eigentlich nur das aus, was sein Chef ihm befohlen hatte, während es heute die speziell ausgebildeten Assistenten sind, die den Cheftrainern die richtige Dosierung empfehlen. Magath hingegen zog knallhart seine Linie durch, ohne Rücksicht auf Verluste. Und es interessierte ihn auch nicht, was seine Spieler dazu zu sagen hatten. Sein einziger Ansprechpartner aus der Mannschaft war und blieb Marcel Schäfer, mit uns anderen wechselte er in dieser Phase nicht ein persönliches Wort. Auch das würde heute so nicht mehr funktionieren. Natürlich hätte ich mir gewünscht, dass er zum Beispiel auch mich nach meiner Meinung gefragt hätte – ich bin mir sogar sicher, dass das auf lange Sicht die erfolgreichere Methode gewesen wäre. Aber so verstand er nun mal nicht seine Rolle am Seitenrand. Für ihn schienen wir wie Figuren auf einem Schachbrett zu sein. Ich bin nicht nachtragend. Ich habe auch keinen Grund dazu. So waren halt damals die Bedingungen, unter denen ich zu arbeiten hatte. Außerdem hatte der Trainer mit seinem Stil bereits drei Meisterschaften und zweimal den DFB-Pokal gewonnen. Und das auch, weil seine Mannschaften selbst am Ende der Saison noch topfit gewesen waren. Was nichts daran änderte, dass es mir damals nicht gut ging und ich mir eine andere Form der Saisonvorbereitung erhofft hätte. Wobei ich diese Zeit wiederum im Nachhinein nicht missen will und den Schritt nach Wolfsburg nie bereut habe. Diese besondere mentale Stärke und persönliche Reife, die ich mir zwangsweise beim VfL aneignen musste, sollte mir später noch sehr zugutekommen.

Knapp eine Woche vor dem Start in die neue Saison kam Magath nach dem Training zu mir und bat mich zu einem Gespräch unter vier Augen. Das war noch nie vorgekommen und deshalb schwante mir schon Böses, als er mir durch seine Brillengläser in die Augen schaute. „Marco", sagte er mit ernster Miene, „ich denke, du hast selbst gemerkt, dass du dich sehr schwergetan hast. Ich glaube, es ist besser, wenn du ab sofort bei den Amateuren mittrainierst."

Okay. Die Nachricht musste ich erst mal sacken lassen. Kommentarlos nahm ich diese Entscheidung hin, was anderes blieb mir ja auch gar nicht übrig. Außerdem hatte ich eine ähnliche Erfahrung ja schon ganz am Anfang meiner Karriere bei der Eintracht gemacht, als mich Friedhelm Funkel kurzzeitig aus der ersten Mannschaft verbannt hatte, um mir einen Denkzettel zu verpassen. Der Unterschied zu damals war nur: Während Funkel diese Entscheidung gefällt hatte, weil er sich sicher war, dass ich an mir arbeiten würde, damit er mir wieder eine Chance in seiner Mannschaft geben konnte, hatte ich es in Magaths Augen schlichtweg nicht gepackt. Ich hatte seine Erwartungen nicht erfüllt und damit war ich raus. Ausgemustert wie ein alter Staubsauger, der einfach durch einen neuen ersetzt wird. Das konnte ich zu diesem Zeitpunkt natürlich noch nicht ahnen. Vielmehr schluckte ich meinen Ärger und meinen Frust runter und nahm mir vor, mich eben bei den Amateuren für höhere Aufgaben zu empfehlen. Schließlich war es doch noch gar nicht so lange her, als wir bei Tee und Kuchen über meinen Wechsel verhandelt hatten. Und überhaupt: Hatte ich in der Vorsaison nicht bewiesen, dass ich auch beim VfL Wolfsburg einen fähigen Bundesligaverteidiger abgab? Meinen konditionellen Problemen in der Vorbereitung zum Trotz war ich doch ganz sicher ein Kandidat für die erste Elf. Oder etwa nicht? Warum sollte ich Magath drei Millionen Euro und 25 Einsätze wert gewesen sein, nur damit er mich wenige Wochen später entsorgte?

Die Trainingseinheiten der zweiten Mannschaft fanden im alten Wolfsburger Stadion statt, gleich neben der neuen Arena. Zu meiner Premiere tauchte ich sehr früh auf und wartete bereits in der Umkleidekabine, als die anderen Spieler eintrudelten. Neben einigen Jungs, die ich bereits von früheren Einheiten bei den Profis kennengelernt hatte, traf ich zu meiner Überraschung auch auf zwei alte Bekannte aus der ersten Mannschaft: Patrick Ochs und Alexander Madlung waren offenbar auch von Magath degradiert worden. Trainer der Amateure war

Lorenz-Günther Köstner, ein Bayer, ein Jahr älter als Magath und ebenfalls seit Jahrzehnten im Geschäft. Ich kannte Köstner bis zu diesem Zeitpunkt nicht, dachte mir aber, dass er bestimmt ein sympathischer Coach der alten Schule war, der mir sicherlich die Gelegenheit geben würde, mich wieder an die Riege seines Chefs heranzukämpfen. Unter der Woche hart trainieren und am Wochenende Gas geben in der Regionalliga – bei meinen Qualitäten dürfte es nicht lange dauern, ehe mir Magath wieder eine Chance gab. Doch ich hatte die Rechnung ohne den Wirt gemacht. Denn Köstner hatte offenbar gar nicht vor, mir und den anderen Degradierten die Möglichkeit zu geben, durch Pflichtspieleinsätze auf uns aufmerksam zu machen. Im ersten Spiel gegen den TSV Havelse saß ich nur auf der Bank. Gleiches Bild beim zweiten Match gegen Neumünster eine Woche später. Bei nächster Gelegenheit suchte ich das Gespräch mit Köstner: „Wie wäre es denn mal, wenn Sie uns Profis auch eine Einsatzchance geben? Nicht nur, dass wir das Niveau heben, für uns wäre es auch sehr wichtig, um Magath zu zeigen, dass wir noch da sind." Doch davon wollte Köstner nichts wissen. Er könne es schließlich nicht verantworten, den jungen Spielern im Kader wertvolle Einsatzzeit zu klauen. Von diesem Moment ahnte ich, dass ich nicht einfach nur in die zweite Mannschaft abgeschoben worden war. Magath hatte mich aussortiert, weggeworfen auf den Fußballer-Schrottplatz, wo schon so viele meiner Vorgänger vor sich hingerostet waren. Und Köstner, sein Handlanger, hatte gar nicht vor, daran etwas zu ändern. Was für eine beschissene Situation! Selbst wenn ich also im Training wie Lionel Messi spielte, hätte ich keine Möglichkeit mehr bekommen, noch einmal Bundesliga für den VfL zu spielen.

Doch noch wollte ich nicht wahrhaben, in was für einer aussichtslosen Lage ich mich befand. Dafür war das Verhältnis zwischen Köstner und uns Profis auf dem Abstellgleis nach diesem Gespräch merklich abgekühlt. Alles klar, dachten wir, du magst uns nicht, wir mögen dich nicht. Das Problem war nur, dass

Flieg, junger Adler! Artig blickt die Nachwuchshoffnung der Frankfurter U19 in die Kamera. Marco Russ aus Hanau gilt im Sommer 2003 als umsichtiger Abwehrmann und kluger Ballverteiler, so richtig hat ihn die große Fußballwelt aber noch nicht auf dem Zettel. Das soll sich bald ändern.
© IMAGO/Alfred Harder

Der Abstieg der Eintracht 2004 in die 2. Bundesliga ist für Russ (vierter von links) die große Chance zur Bewährung. Ein Jahr später darf er bereits mit seinem Herzensverein den Wiederaufstieg feiern. Mit ihm jubeln von links nach rechts: Daniyel Cimen, Aleksandar Vasoski, Alexander Huber und Chris. © IMAGO/Alfred Harder

Berlin, Berlin, wir verlieren in Berlin: Sensationell schafft es Aufsteiger Frankfurt 2006 ins DFB-Pokalfinale und trifft dort auf den großen FC Bayern. Lange ist die SGE gegen das Starensemble um Roy Makaay (links) ebenbürtig, dann trifft Claudio Pizarro zum Tor des Tages.
© IMAGO/ActionPictures

Der Förderer: Trainer Friedhelm Funkel (ganz links) beglückwünscht seinen Schützling Marco Russ (ganz rechts) zum späten Ausgleichstreffer gegen Arminia Bielefeld. Neben Funkel Torwart Markus Pröll und Kapitän Christoph Spycher. 2007/08 beendet die Eintracht auf einem sicheren Mittelfeldplatz.
© IMAGO/Team 2

Leidenschaft für Budenzauber: Als begeisterter Hallenfußballer freut sich Russ natürlich besonders über einen Sieg wie dem beim Hallencup 2009 in Halle/Westfalen. Was wohl aus dem hübschen Präsent geworden ist, dass Russ dort in der Hand hält?
© IMAGO/pmk

Russ an der Seite seiner langjährigen Partnerin Janina, mit der er zwei Kinder hat. Trotz der Trennung stand sie ihm später in den schweren Monaten der Krebserkrankung zur Seite. Motto der beiden während dieser Leidenszeit: Humor ist, wenn man trotzdem lacht.
© IMAGO/Hartenfelser

Drei Verteidigertypen unter sich: Während sich Russ um Wolfsburgs Arne Friedrich kümmert, sucht Maik Franz (rechts) noch nach Unterstützung. „Bad Boy" Franz erlebte Russ als Abwehrkollegen knallhart und abseits des Rasens handzahm.
© IMAGO / Sven Simon

Auf den ersten Blick ein Foto aus guten Tagen, doch in den zwei Jahren beim VfL Wolfsburg wird Marco Russ nicht glücklich. Trainer-Manager Felix Magath hatte sich zunächst um seine Verpflichtung bemüht, dann aber aussortiert. Für Russ die sportlich schwierigste Phase seiner Karriere. © IMAGO/Jan Huebner

Alte Liebe, neues Glück: Armin Veh holt Russ zurück nach Frankfurt und der wächst in den Folgejahren immer mehr zu einer der wichtigsten Stützen innerhalb der Mannschaft heran. © IMAGO/Uwe Kraft

Eintracht Frankfurt spielt international! 2013/14 übersteht die Eintracht sensationell die Gruppenphase der Europa League und trifft in der anschließenden ersten K.o.-Runde auf den großen FC Porto. Nach zwei fantastischen Spielen (2:2 und 3:3) scheidet die Eintracht nur aufgrund der Auswärtstordifferenz aus. IMAGO/Jan Huebner

Torjubel auf ganz großer Bühne. Beim 2:2 im Hinspiel hatte Russ noch den späten Ausgleichstreffer erzielt. Unser Foto zeigt ihn beim Jubel an der Seite von Stürmer Joselu, dem kurz zuvor das 1:2-Anschlusstor gelungen war. © Wilfried Witters

Im Frühjahr 2016 überschlagen sich die Ereignisse im Leben des Fußballers. Nach einer dramatischen Aufholjagd verhindert die Eintracht gerade noch so den direkten Abstieg, muss nach einer Niederlage am letzten Spieltag gegen Werder Bremen (im Bild Werder-Stürmer Anthony Ujah) aber in die Relegation. Dort wartet der 1. FC Nürnberg.
© IMAGO/Claus Bergmann

24 Stunden vor dem Hinspiel gegen Nürnberg stellt sich heraus, dass Marco Russ an Hodenkrebs erkrankt ist. Trotzdem führt er seine Mannschaft aufs Feld und wird dafür von den Zuschauern gefeiert. © IMAGO/Jan Huebner

Durch ein Eigentor von Russ endet die Partie mit 1:1. Nach dem Schlusspfiff verabschiedete sich der Kapitän gemeinsam mit seinen Kindern Vida (auf dem Arm) und Moses (an der Hand) von den Fans. Keiner weiß, ob und wann er wieder zurückkehren wird. Der Termin für die OP steht bereits fest: Es ist der Tag des Relegationsrückspiels. © IMAGO / Schüler

Vor dem zweiten Match gegen Nürnberg spielen sich bewegende Szenen ab. Eine davon zeigt dieses Foto: In Solidarität mit ihrem erkrankten Kollegen laufen die Spieler von Eintracht Frankfurt im Trikot mit der Nummer 4 auf.
© IMAGO / Jan Huebner

Eine OP, zwei Chemotherapien und Wochen der Regeneration später zeigt sich Russ am Rande der Saisoneröffnung 2016/17 erstmals wieder in der Öffentlichkeit. Dass er so offensiv mit seiner Krankheit umgeht, bringt ihm viele Bewunderer und Unterstützer ein. Ex-Trainer Friedhelm Funkel: „Marco ist ein echtes Vorbild." © IMAGO/Jan Huebner

I'll be back: Zwar ist Russ im Oktober 2016 noch weit davon entfernt, wieder selbst auf dem Platz zu stehen, aber die Haare wachsen wieder und die Kollegen aus der Bundesliga können ihm zeigen, wie sehr sie ihm die Daumen gedrückt haben. Wie in diesem Falle die Bayernspieler Mats Hummels (links) und Rafinha. Beide hatten Russ kurz nach Bekanntgabe seiner Erkrankung private Nachrichten geschrieben.
© IMAGO/Revierfoto

28. Februar 2017: Das vielleicht schönste Comeback in der Geschichte von Eintracht Frankfurt. Im Viertelfinale des DFB-Pokals wird Russ kurz vor dem Abpfiff eingewechselt. Und ist tatsächlich wieder zurück auf dem Platz. Den Zweikampf gegen den Krebs hat er gewonnen.
© IMAGO/Nordphoto

Wie emotional diese Rückkehr auch für seine Familie ist, zeigt dieses Bild. Nach dem Schlusspfiff wird er von Ex-Frau Janina und Töchterchen Vida in Empfang genommen. Sohn Moses muss mit Grippe von zu Hause zuschauen.
© IMAGO/Revierfoto

Oh, wie ist das schön: 2018 gewinnt Eintracht Frankfurt sensationell gegen den DFB-Pokal gegen die übermächtigen Bayern und reißt nach dem Spiel das Olympiastadion ab. Für Marco Russ (Mitte) ist es der größte sportliche Triumph seiner Laufbahn. Mit ihm reißen ab von links nach rechts: Kevin-Prince Boateng, Danny Blum und Alex Meier. © IMAGO/Jan Huebner

Da ist das Ding: Während Russ den Pokal nach allen Regeln der Kunst liebkost, hält Kollege Aymen Barkok die Szene für die Nachwelt fest. © IMAGO/Jan Huebner

Ein Bild mit Symbolcharakter: Vor allem der überragenden Zusammenarbeit innerhalb der Mannschaft macht aus Eintracht Frankfurt einen verdienten DFB-Pokalsieger 2018. Einer der Fixpunkte in diesem Gefüge: der schreiende Herr in der Mitte.
© IMAGO/photoarena/Eisenhuth

Man sieht es Marco Russ, Marius Wolf und Kevin-Prince Boateng (von links nach rechts) vielleicht nicht an, aber alle drei müssen in diesem Moment wahnsinnig dringend pinkeln. Erleichterung verschafft dann erst Frankfurts Oberbürgermeister. © IMAGO / Jan Huebner

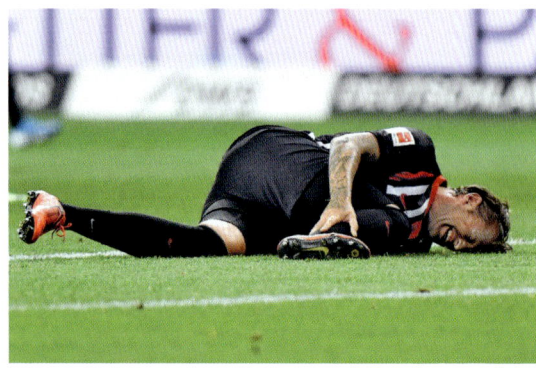

So nah liegen Freud und Leid beieinander: 13 Monate nach dem Triumph von Berlin reißt sich Russ in einem Spiel gegen den FC Vaduz die Achillessehne. Was viele da befürchten, aber er zunächst nicht wahrhaben will: Es ist das Ende seiner Fußballer-Laufbahn.
© IMAGO/Revierfoto

Frankfurter Schule: Kurz nach der schlimmen Verletzung senden seine Kollegen, hier vertreten von Kumpel Timothy Chandler, einen Gruß vom Rasen. © IMAGO/Revierfoto

Trotz OP, trotz Reha – im Sommer 2020 entscheidet sich Russ dafür, seine Karriere als aktiver Spieler zu beenden. Für den letzten Spieltag wird er noch einmal in den Kader berufen und kann sich auf dem Platz von seinen Kollegen verabschieden.

© IMAGO/Poolfoto

Gutes Auge: Seit der Saison 2020/21 arbeitet Russ als Analyst bei der Eintracht. Seine Aufgabe: Stärken und Schwächen des kommenden Gegners herausarbeiten. Kurz vor dem letzten Gespräch für dieses Buch verlor die Eintracht mit 2:5 gegen Borussia Dortmund. Über den alles überragenden Mann an diesem Tag, Erling Haaland, sagt der frühere Verteidiger Russ: „Wenn er sich nicht verletzt, dann ist Haaland in den kommenden Jahren der beste Stürmer der Welt."

© IMAGO/Kessler-Sportfotografie

wir uns fast jeden Tag auf dem Trainingsplatz begegneten. Da war es nur eine Frage der Zeit, ehe es zur nächsten Konfrontation kommen würde. Schließlich war es so weit. Bei einem aus meiner Sicht ziemlich unsinnigen Stangenlauf, bei dem wir Spieler uns gegenseitig auf die Füße traten, ergriffen Alex Madlung und ich das Wort und stellten Sinn und Zweck dieser Übung in Frage. „Trainer, so funktioniert das nicht. Das ist Quatsch." Antwort Köstner: „Seid gefälligst ruhig und lauft weiter!" „Keine Ahnung, was das hier bringen soll", rief ich, „aber wenn hier einer den Mund halten muss, dann bist du das." Ich brauche nicht zu erwähnen, dass dieser Zwischenfall nicht gerade dazu geeignet war, das ohnehin angeknackste Verhältnis zu reparieren.

Währenddessen machte die erste Mannschaft in der Bundesliga da weiter, wo sie in der Vorsaison aufgehört hatte, und rutschte immer weiter ins Niemandsland der Tabelle. Auf dem Rasen im ehemaligen Stadion spulten wir zwar unser Programm ab, aber die Motivation ließ in dieser Zeit merklich nach. Das erste Mal in meinem Leben ging ich nicht gerne zur Arbeit, und dieser Zustand frustrierte mich zunehmend. Ohne Zweifel befand ich mich in der bis dahin schwierigsten Phase meiner Karriere. Bis jetzt war es eigentlich immer nur bergauf gegangen. Der Wechsel in die Jugend von Eintracht Frankfurt, der Sprung zu den Profis und die Erfüllung eines Jugendtraums, das vorsichtige Herantasten an die erste Mannschaft, die ersten Einsätze, das Pokalfinale, die Spiele im Europapokal, der Wechsel zum VfL. Das konnte doch nicht auf einen Schlag vorbei sein, nur, weil ein Mann etwas dagegen hatte? Vormittags schleppte ich mich mies gelaunt zum Trainingsplatz, am Nachmittag quälten mich düstere Gedanken. Ganz klar, so machte das alles keinen Sinn mehr. Ich wollte Fußball spielen und durfte es nicht. Gleichzeitig wäre es auch sehr unklug gewesen, nur mit angezogener Handbremse zu trainieren, schließlich musste ich fit sein, um entweder doch noch eine Chance bei Magath zu bekommen oder einen anderen Klub auf mich aufmerksam zu machen. Eine ziemlich vertrackte und schwer zu ertragende Situation. Es gab Tage, da war ich kurz davor, mich beim Trainer krank zu melden, um blauzumachen. In Frankfurt wäre ich nicht mal auf die Idee gekommen, so etwas machen zu können. Und hier in Wolfsburg fuhr ich manchmal nur deshalb noch zum Training, weil ich so gut mit den anderen Jungs klarkam und diese gemeinsame Zeit auf dem Rasen nicht missen wollte.

Was die ganze Geschichte noch komischer machte, war die Tatsache, dass meine alte Liebe aus Frankfurt eine fantastischen Saisonstart hingelegt hatte und nach acht Spieltagen sensationell auf Platz 2 stand, gleich hinter den Bayern. Als Aufsteiger! Unter Armin Veh schienen der Mannschaft Flügel zu wachsen. Während in Frankfurt zu diesem Zeitpunkt schon von der Champions League geträumt wurde, war der VfL Wolfsburg auf den letzten Tabellenplatz abgerutscht. Wohl gemerkt ohne mich. Natürlich ging diese beruflich so anstrengende Zeit auch nicht an meinem Privatleben spurlos vorbei. Meine Beziehung zu Janina wurde dadurch auf eine harte Probe gestellt. Wenn der Ehemann jeden Tag genervt und gefrustet von der Arbeit nach Hause kommt, kann das auf Dauer nicht gesund sein. Immer häufiger fuhr Janina deshalb nach Frankfurt und blieb dort immer länger. Nicht nur, dass dort ihre Freunde und die Verwandten wohnten, es hatte sich auch noch weiterer Zuwachs angekündigt! Seit dem Sommer war sie schwanger mit unserem zweiten Kind, eine wunderbare Sache und ein Lichtblick in dieser ansonsten dunklen Zeit. Doch mit einem kleinen Sohn, um den sie sich kümmern musste, und einem von Tag zu Tag dicker werdenden Bauch brauchte sie nicht auch noch einen jammernden Ehemann an der Seite, der nicht verstehen konnte, warum ihn offenbar keiner mehr haben wollte. Also zog sie es vor, die meiste Zeit in der alten Heimat zu verbringen. Und so verbrachte ich meine Feierabende meist alleine auf der Couch und zog mir irgendwelche Filme rein. Noch nie in meinem Leben wurde ich so gut bezahlt und noch nie zuvor schien ich weniger gebraucht zu werden. Die Situation wurde immer absurder.

Kurz flammte Hoffnung auf Besserung auf, als sich der VfL Ende Oktober nicht nur von seinem Manager, sondern auch seinem Trainer trennte. Das Projekt Magath war endgültig für gescheitert erklärt worden. In eineinhalb Jahren hatte Magath sage und schreibe 83 Transfers tätigen dürfen. Nicht nur darüber konnte man den Kopf schütteln, und auch seine Trainingsmethoden sind immer mehr in Zweifel gezogen worden. Wenige Woche zuvor hatte er den Jungs beim Training die Getränkeflaschen weggenommen, weil er sauer über ihre Leistung am Spieltag gewesen war. Von all dem hatte ich zwar nichts mitbekommen – lediglich die Heimspiele verfolgte ich aus der VIP-Loge –, doch man kann nicht gerade sagen, dass ich traurig über diesen Rauswurf war. „Letzter Bundesliga-Diktator weg", titelten die Zeitungen und für einen Moment keimte in mir der Gedanke auf, dass mit einem neuen Coach die Karten neu gemischt werden würden. Doch diese Aufbruchstimmung hielt nicht lange an, denn der neue Trainer der ersten Mannschaft wurde ein alter Bekannter: Lorenz-Günther Köstner. Kaum hatte ich das erfahren, war mir klar, dass mein Zug in Wolfsburg endgültig abgefahren war. Mein Verhältnis zu Köstner war unverändert schlecht. Ich musste hier weg, wenn ich nicht in der Reserveelf versauern wollte. Einfach dazubleiben, mein üppiges Gehalt zu kassieren und meinen Vertrag auszusitzen, kam für mich nicht in Frage. Dass ich fürs Fußballspielen so gut bezahlt wurde, war fantastisch, änderte aber nichts an der Tatsache, dass ich Fußballer geworden war, weil dieser Sport meine große Liebe war. Ich hätte diesen Job auch für 2000 Euro im Monat gemacht. Doch nichts war schlimmer, als im besten Fußballalter einfach ausgemustert zu werden. Als Magath das Gefühl hatte, mich nicht mehr zu brauchen, hatte er mich einfach auf den Sondermüll geschmissen und sich Ersatz besorgt. Ich hatte ja schon vorher gewusst, dass der Profifußball ein dreckiges

Geschäft sein kann. Aber in diesen Dimensionen war das dann doch eine gänzlich neue Erfahrung für mich.

Das wirklich Gefährliche an meiner damaligen Situation war der Umstand, dass ich von Woche zu Woche die Lust und den Spaß am Spiel zu verlieren schien. Das machte mir mehr Angst als alles andere, denn diese Leidenschaft war ja seit jeher mein Treibstoff gewesen, hatte mich durch alle harten Trainingslager und jeden Abstiegskampf geführt. Die Erfahrungen der ersten Saisonhälfte 2012/13 sickerten wie ein Gift in meinen Geist und Körper und noch immer suchte ich fieberhaft nach einem Gegenmittel. Schon damals war mir klar, dass ich meine Karriere nur aus zwei Gründen beenden würde. Erstens, wenn mein Körper nicht mehr mitmachte, oder zweitens, wenn ich keine Freude mehr am Fußball hätte. Dass diese zweite Möglichkeit jetzt schon drohte, wäre mir noch Monate zuvor nie in den Sinn gekommen. Schließlich rief ich meinen Berater Thomas Kroth an, einen ehemaligen Bundesligaspieler, der als Berater schon eine Menge Erfahrung gesammelt hatte. „Thomas, ich muss hier weg", klagte ich ihm mein Leid. Er nahm sich der Sache an und versprach, sich so schnell wie möglich wieder bei mir zu melden. Bis dahin blieb mir nur, Geduld zu haben und abzuwarten. Mit meinen düsteren Gedanken blieb ich eher alleine. Ich gehöre zu den Menschen, die ihre Probleme mit sich selber ausmachen. Ich habe nie das Bedürfnis gehabt, über meine Gefühle zu sprechen. Nicht mal meine engen Freunde wussten genau, wie es in mir aussah. Wenn sich überhaupt etwas Positives über diese Zeit sagen lässt, dann war es die Erfahrung, wie wertvoll es sein kann, wenn man in seinem Job gebraucht wird. Einfach rausgedrängt zu werden und dann auch noch ohne wirkliche Erklärung, ist grausam. Vielleicht stellte ich erst in Wolfsburg fest, wie wichtig mir der Fußball wirklich war. Und gleichzeitig, wie unbedeutend er gegenüber der Familie ist. Ich möchte gar nicht wissen, wie es mir ohne meine Frau und meinen Sohn ergangen wäre.

Am 15. Dezember 2012, dem 17. Spieltag der Saison, empfing der VfL die Eintracht zum letzten Spiel der Hinrunde. Das Spiel zeigte deutlich, warum die Hinserie für beide Teams so unterschiedlich verlaufen war. Von meiner Loge aus bestaunte ich den rasanten Stil, mit dem sich die SGE zum Überraschungsteam der Liga aufgeschwungen hatte. Meier und Inui erzielten die Tore zum 2:0-Sieg, bei den Wolfsburgern standen mit Benaglio, Naldo, Diego oder Dost zwar weitaus größere Namen auf dem Platz, aber keine echte Mannschaft. Die Niederlage und die Rote Karte für Josué nach gerade mal 16 Minuten rundeten die schlimme Vorrunde ab. Jubel dagegen bei der Eintracht, die auf Platz 4 überwintern konnte. Zum Glück tat sich etwas hinsichtlich meiner festgefahrenen Lage. Am Rande der Partie hatte Thomas Kroth Kontakt zum Frankfurter Sportdirektor Bruno Hübner aufgenommen, der wiederum eine gute Nachricht für mich hatte: Offenbar wollte mich Armin Veh unbedingt wieder in seiner Mannschaft haben. Ich war glücklich, das zu hören. Das war ein vorzeitiges Weihnachtsgeschenk. Mit Wolfsburg war ich fertig, und wenn es die Möglichkeit gab, wieder bei meinem Heimatverein zu spielen, dann gab es für mich nichts mehr zu überlegen. Eineinhalb Jahre war es nun her, dass ich mich aus Frankfurt verabschiedet hatte, um neue Herausforderungen zu suchen. Doch jetzt sehnte ich mich nach der hessischen Geborgenheit und dem Gefühl, endlich wieder gebraucht zu werden. Dass sich Veh – der mit seiner Eintracht gerade die Liga aufmischte – für meine Rückkehr starkmachte, bedeutete mir ungeheuer viel.

Noch bevor der Wechsel in trockenen Tüchern war, war mir klar, dass ich auf eine ganze Menge Geld verzichten würde. Frankfurt war finanziell noch immer nicht auf Rosen gebettet und konnte in dieser Hinsicht einfach nicht mit Wolfsburg mithalten. Aber das war mir im ersten Moment wirklich egal. Lieber machte ich finanziell wieder einen oder zwei Schritte zurück, um beruflich wieder Spaß am Fußball zu finden und zurück in die Spur zu kommen, als reich entlohnt bei den Amateuren zu versauern. Tatsächlich verdiente ich später nie wieder so viel Geld wie in der Zeit beim VfL. Bereut habe ich es nicht eine Sekunde lang. Letztlich einigten sich Wolfsburg und Frankfurt auf eine Ausleihe – ganz umsonst wollten mich die Niedersachsen natürlich nicht gehen lassen. Nach dem Ende der Saison wollten sich alle Parteien noch einmal zusammensetzen und dann weiterschauen. Ich hatte nichts dagegen einzuwenden. Schon allein die Aussicht, bald wieder den Adler auf der Brust zu tragen, sorgte für ein Hochgefühl. Was nicht heißen soll, dass ich mit Wolfsburg nichts mehr zu tun haben wollte. Zu vielen Mitspielern und Vereinsmitarbeitern hatte ich ein tolles Verhältnis gehabt, und trotz der krassen Monate auf dem Abstellgleis wünschte ich ihnen allen nur das Beste. Besonders dankbar war ich dem neuen Geschäftsführer Sport Klaus Allofs, der mir beim Wechsel nach Frankfurt keine Steine in den Weg legte und der Ausleihe seinen Segen gab. Als die Formalitäten erledigt waren, packte ich meine Tasche und fuhr Richtung Frankfurt. Richtung Heimat, Richtung Zukunft. Ein besonderes Gefühl überkam mich, als ich Wolfsburg hinter mir ließ. Nach langen Monaten spürte ich endlich mal wieder so etwas wie ein Gefühl, von dem mir plötzlich klar wurde, wie sehr ich es vermisst hatte. Meine alte Liebe, die Eintracht vom Main, wartete schon auf mich. Und ich konnte es kaum erwarten, wieder mit dem Adler auf der Brust Fußball zu spielen.

Kapitel 10

EINTRACHT FRANKFURT INTERNATIONAL!

Meine Wohnung behielt ich. Vorerst. Denn offiziell war ich an die Eintracht ja nur ausgeliehen. Was, wenn ich nach dem Ende der Saison doch wieder zurück zum VfL musste? Ich wollte mir das nicht vorstellen, aber es war doch vernünftiger, den Mietvertrag noch nicht zu kündigen. Nur mit dem Nötigsten im Gepäck erreichte ich Karlstein. Hier, 30 Kilometer südöstlich von Frankfurt, hatten Janina und ich uns ein Haus gekauft, der Umzug war also eher ein Nachhausekommen, und so fühlte es sich auch an, als mein Sohn und meine schwangere Frau mir die Tür öffneten. Ausgerechnet war die Geburt unseres Töchterchens für März, also mitten in der Rückrunde, die für mich hoffentlich wieder mehr Einsatzzeiten und Spaß am Spiel bringen sollte. All die positiven Umstände und Aussichten führten dazu, dass ich die schweren Monate in Wolfsburg bald vergessen hatte. Auch mein Groll gegenüber Magath und Köstner war bald vergessen. Es war nun mal so gelaufen, wie es gelaufen war. Das Thema war erledigt. Mund abputzen, weitermachen. Als Fußballer ist man ziemlich gut darin, Niederlagen abzuhaken und nach vorne zu schauen. Das kam mir jetzt zugute.

Meine neue alte Mannschaft lernte ich dann im Wintertrainingslager in Abu Dhabi kennen. Hier, bei hochsommerlichen Temperaturen, traf ich auf eine Truppe, in der es zwar einige neue Gesichter gab, die im Kern aber noch immer dieselbe war. Von einem Moment auf den anderen gehörte ich wieder dazu, es gab von beiden Seiten keine Berührungsängste. Im Gegenteil. Mit den mir bis dahin unbekannten Kollegen war ich schnell dicke und mit dem jungen Torwarttalent Kevin Trapp verband mich bald schon eine Freundschaft, die mit den Jahren immer enger und wichtiger wurde. Rein sportlich machte sich nun bemerkbar, dass ich seit Monaten kein Pflichtspiel mehr absolviert, ja, nicht mal unter Bundesligabedingungen trainiert hatte. Ganz klar: Auf diesem Niveau musste ich mir meine Einsatzzeiten erst wieder hart erkämpfen. Armin Veh hatte meine Rückkehr zwar gefordert, doch das bedeutete ja nicht, dass ich eine Stammplatzgarantie bekam. Zumal die Jungs in der Hinrunde bewiesen hatten, dass sie sehr gut Fußball spielen konnten und auch in der Innenverteidigung mit Carlos Zambrano und Bamba Anderson erstklassig besetzt waren. Auf meiner zweiten Position im defensiven Mittelfeld war die Konkurrenz mit Sebastian Rohde und Pirmin Schwegler fast noch größer. Ich würde alles in die Waagschale werfen müssen, um wieder das Niveau zu erreichen, das nicht zuletzt ich selbst von mir erwartete. Es würde einige Anstrengungen erfordern, um für den Trainer wieder eine echte Option zu sein. Da machte ich mir nichts vor. Nur weil ich, der alte Frankfurter, wieder für die Eintracht spielte, hieß es ja noch lange nicht, dass ich auch wieder zur Startelf gehören würde. Ich musste Geduld haben. Und zumindest das hatte ich ja in Wolfsburg ausreichend trainieren können.

Die Rückrunde begann für mich mit einem Feuerwerk. Womit allerdings nicht meine eher wacklige Performance über 90 Minuten gegen Leverkusen zu tun hatte, sondern unsere Fans, die nach einer Viertelstunde Spielzeit für eine kurzzeitige Unterbrechung sorgten. Was in mehrfacher Hinsicht bitter war. Nicht nur, dass wir bis zur Zwangspause die bessere Mannschaft gewesen waren und anschließend ziemlich unter die Räder kamen, unser Anhang rückte sich mit dieser Aktion auch wieder mal in ein schlechtes Licht. Als Fußballer findet man Pyrotechnik erst mal total spektakulär, weil es von da unten auf dem Rasen wirklich irre aussieht, wenn in der Kurve die Fackeln geschwenkt werden. Wofür ich allerdings überhaupt kein Verständnis habe, was aber gegen Leverkusen teilweise passierte: dass Knallkörper, Fackeln und Raketen in den Innenraum, auf den Rasen oder gar in die Zuschauermengen geworfen oder geschossen werden. Das ist absolut idiotisch und gehört hart bestraft, weil es total gefährlich ist. Ich fände ja abgesteckte Sicherheitszonen super, wo Bengalos abgefackelt und anschließend sicher gelöscht und entsorgt werden können. Tut keinem weh und sieht immer noch geil aus.

Ich denke, Armin Veh hatte mit seiner Entscheidung, mich gegen Leverkusen von Beginn an zu bringen, schauen wollen, ob ich mithalten konnte. Hinterher waren wir uns beide einig, dass ich noch einiges würde investieren müssen, um wieder auf Dauer ein Kandidat für die erste Elf zu sein. In der Woche nach der 1:3-Niederlage nahm er mich zur Seite: „Die Mannschaft ist in einer super Verfassung, deshalb ist es auch aktuell etwas schwierig für dich, aufzuschließen. Bleib geduldig, zieh weiter dein Ding durch, und irgendwann wird der Zeitpunkt kommen, da ich dich brauche!" Eine kurze, knappe Ansage und mehr brauchte ich auch nicht, um seine Entscheidungen zu verstehen, mich in den kommenden Wochen auf der Bank zu lassen. So einfach kann die Kommunikation zwischen Trainer und Spieler sein. Wenn man denn miteinander kommuniziert.

Wenn es auch bis zum 30. Spieltag dauern sollte, ehe ich wieder ein Spiel über 90 Minuten bestreiten durfte. Es war ein herrliches Gefühl, wieder Teil einer Mannschaft zu sein und zu wissen, dass sich die harte Arbeit auf dem Trainingsplatz bezahlt gemacht hatte. Endlich wusste ich wieder, warum ich morgens zum Training fuhr. Endlich ergab das alles wieder Sinn. Dass ich erst mal zu den Herausforderern gehörte, machte mir deshalb auch nicht viel aus. Ich sagte zu mir selbst: „Sieh es mal so: Stell dir vor, du wärst Bamba Anderson oder Carlos Zambrano, hast bislang eine super Saison gespielt und dann taucht auf einmal der Russ auf und spielt." Es gab einige nachvollziehbare Gründe, warum ich mich zunächst mit der Rolle des Ergänzungsspielers begnügen musste.

Und es gab einen besonderen Grund, warum für mich der Fußball trotz allem eine Zeit lang wieder nur das Zweitwichtigste auf der Welt war. Am 22. März 2013 kam unsere Tochter zur Welt und wieder durfte ich das ungeheure Glück erleben, Vater eines gesunden Kindes zu sein. Janina und ich hatten uns bei der Namenssuche erneut von deutschsprachigem Hip-Hop inspirieren lassen, auch wenn das eher Zufall war. Wir beiden mochten den Song „Vida" von Max Herre. Darin heißt es ganz am Anfang:

„Du kamst in diese Welt als Tochter der Sehnsucht nach sich selbst,

Vida, ein Leben und mein Kind,

Und nur weil Du bist, hat das Leben seinen Sinn."

Das gefiel uns ziemlich gut, also entschieden wir uns schließlich für Vida.

Das Leben fühlte sich wieder herrlich an. Beim Training wartete ein Trainer auf mich, der meinen Einsatz und meine Leistung auch zu schätzen wusste, mein Leib-und-Magen-Verein war auf dem besten Weg, mal wieder den Europapokal zu erreichen, Woche für Woche rückte ich näher an die Startformation heran, und zu Hause warteten jetzt sogar zwei Kinder auf mich. Knapp einen Monat nach Vidas Geburt empfingen wir den FC Schalke zum vielleicht wichtigsten Spiel der Rückrunde. Schalke auf Platz 4, wir auf Rang 6 – wer hier als Sieger vom Platz ging, hatte beste Chancen, in der kommenden Saison Europa aufzumischen. Und das Beste, zumindest aus meiner Sicht: Ich gehörte zu jenen elf Spielern, die in dieser entscheidenden Begegnung von Beginn an auf den Rasen geschickt wurden. Pirmin Schwegler hatte sich verletzt und Armin Veh traute mir zu, neben Seppl Rode im defensiven Mittelfeld zu spielen. Eine besondere Aufgabe und eine Belohnung für die kräftezehrende Arbeit der vergangenen Wochen. Geduldig hatte ich mich wieder an die Mannschaft herangekämpft und auf meine Chance gehofft – und hier war sie nun: am 30. Spieltag vor 51 000 Zuschauern gegen Schalke 04. Die Stimmung war von Beginn an fantastisch. Nicht nur bei uns auf dem Rasen, sondern auch auf den Rängen. Wie hatte ich das vermisst! Ein wichtiges Spiel und das ganz wunderbare Waldstadion im Rücken. Dazu war Schalke ein Gegner, der uns in Sachen Tradition und Fankultur ebenbürtig war. Das Stadion kochte. Ich konnte den Anpfiff kaum erwarten.

Und es wurde noch besser. 41 Minuten waren vorbei, als wir einen Freistoß zugesprochen bekamen. Eine Sache für unseren blutjungen Novizen Marc Stendera. Wie ich ein echtes Eigengewächs und mit seinen 17 Jahren bereits unangefochtener Spezialist für die ruhenden Bälle. Marc war vielleicht nicht ganz so schussgewaltig wie Caio, aber seine Technik und Präzision waren überragend. Im Training haute er dir von zehn Bällen neun direkt auf die Stirn und deshalb wusste ich jetzt auch, wie gut die Chancen standen, noch vor der Pause in Führung zu gehen. Unser Frischling, der heute zum ersten Mal in der Bundesliga von Beginn an auf dem Platz stand, legte sich den Ball zurecht. Und wie wir es so oft im Training einstudiert hatten, schnibbelte er mir den Ball mit so viel Schnitt auf die Rübe, dass ich meinen Nacken nur richtig justieren musste, um den Ball an Schalkes Timo Hildebrand vorbei ins Tor zu köpfen. 1:0 für die SGE! Das Tor zu Europa stand sperrangelweit offen. Besinnungslos vor Glück raste ich an unseren Fans vorbei und ließ mich von den Kollegen beglückwünschen. Was für ein Gefühl! Keine sechs Monate war es her gewesen, als ich morgens vor meinem Kaffee in meiner Wolfsburger Bude gehockt hatte und kurz davor gewesen war, das erste Mal in meinem Fußballleben blauzumachen, jetzt hatte ich das 1:0 gegen Schalke geschossen und ganz Frankfurt in Ekstase versetzt. Schöner, verrückter, bekloppter Fußball. Mit der Führung im Rücken brachten wir das Ergebnis über die Zeit und hatten am Ende einen ganz wichtigen Schritt in Richtung Europapokal-Quali getan. Unten auf dem Rasen, ausgelaugt und glücklich, hörte ich sie auf den Rängen singen:

„Ob Rom, Mailand oder London,
Moskau, Wien oder Athen,

Ob mit Bus oder Bahn,
Oder Flugzeug scheißegal,
Eintracht Frankfurt international …"

Noch Stunden später hatte ich diesen Ohrwurm im Kopf.

Doch noch war die Saison nicht vorbei, der Europapokal noch nicht erreicht. Nach einem Unentschieden gegen Mainz, einem Sieg gegen Düsseldorf und einem Remis gegen Werder kam es am letzten Spieltag zum Showdown. Freiburg auf Rang 5 war mit 51 Punkten und dank einer guten Tordifferenz so gut wie durch, dahinter folgten wir auf Platz 6 (50 Punkte), der HSV auf Rang 7 (48 Zähler) und Borussia Mönchengladbach, die mit 47 Punkten und sechs Toren Abstand zu uns gegen Düsseldorf schon ein wahres Schützenfest benötigten, um uns noch gefährlich zu werden. Das Duell um den letzten Platz in der Europa League sollte zwischen Eintracht Frankfurt und dem HSV ausgetragen werden. Die Hamburger brauchten einen Sieg gegen Leverkusen, während uns an diesem letzten Spieltag ein Unentschieden reichen würde. Der Gegner war kein Geringerer als der VfL Wolfsburg. Der Fußball schreibt schon verrückte Geschichten.

18. Mai 2013, 15:30 Uhr. Anpfiff in Frankfurt, Anpfiff in Hamburg. Wie schon in den vorangegangenen Spielen vertraute Armin Veh mir die zentrale Mittelfeldposition neben Seppl Rode an, Pirmin Schwegler war zwar schon wieder einsatzbereit, aber für 90 Minuten reichte die Kraft noch nicht. Die Atmosphäre im Stadion war von Beginn an elektrisierend. Wie wichtig die Europapokalteilnahme wäre, machte uns nachdrücklich noch mal diese besondere Stimmung bewusst, diese Mischung aus Vorfreude, Hoffnung und der Angst, am Ende doch noch überholt zu werden. Das wollten wir mit aller Kraft verhindern. Ein umso herberer Rückschlag war es, als die Wolfsburger – die inzwischen übrigens von Dieter Hecking trainiert wurden – schon nach 19 Minuten mit 2:0 führten. Sollten wir uns am Ende ausgerechnet gegen den VfL selbst ein Bein stellen? Nach 36 Minuten gaben

wir die Antwort. Takashi Inui war im Strafraum an den Ball gekommen und gefoult worden, den fälligen Strafstoß verwandelte Alex Meier ganz cool. Nur noch 1:2. So stand es auch noch zu Beginn der zweiten Halbzeit. So sehr wir uns auch bemühten, der Ball wollte einfach nicht ins Wolfsburger Tor. Gleichzeitig war in Hamburg noch immer kein Tor gefallen, 0:0. Ein Treffer der Norddeutschen und unser Traum wäre auf der Zielgeraden jäh beendet worden. Inzwischen spielte Wolfsburg nach einer Notbremse von Makoto Hasebe nur noch zu zehnt – und wir mit unserem dritten Torwart. Seit der Verletzung von Kevin Trapp Mitte März hütete mal wieder der unkaputtbare Oka das Tor, doch nach einer Verletzung in der 66. Minute ging es für ihn nicht mehr weiter. Für Oka kam Aykut Özer zwischen die Pfosten, wie ich ein gebürtiger Hanauer, der ausgerechnet in diesem so wichtigen Spiel seinen ersten und auch letzten Bundesligaeinsatz haben sollte. Normal war das hier alles schon lange nicht mehr.

88. Minute. „Ich habe Kunde, es ist ein Tor gefallen in Hamburg", rief Kommentator Jörg Dahlmann in sein Mikrofon, während wir unten weiter alles versuchten, um endlich den Ausgleich zu erzielen. Dass etwas passiert sein musste, war nicht zu überhören, nicht zu übersehen. Innerhalb von Sekunden schwappte die Info durchs Stadion und dann, direkt über mir, leuchtete die schönste Nachricht auf unserem riesigen Videowürfel auf: Hamburg gegen Leverkusen 0:1. Unbeschreiblich, was anschließend im Stadion los war. Und dann, mitten in den Jubel hinein, zauberte der eingewechselte Pirmin Schwegler einen seiner langen Bälle Richtung Wolfsburger Strafraum, Ricardo Rodriguez versuchte vor dem heranstürmenden Aigner zu klären, hatte aber offensichtlich nicht mitbekommen, dass sein Torwart ebenfalls zum Ball geeilt war, und begleitet von Bodyguard Aigner und der Ekstase von 50 000 Frankfurtern rollte der Ball in den leeren Kasten. Eigentor, nur wenige Sekunden nach dem Führungstreffer für Bayer Leverkusen in Hamburg. Unser Stadion glich einem Tollhaus. Ich hatte in dieser großartigen Arena ja schon

einige große Momente erlebt, aber was sich jetzt hier abspielte, stellte alles in den Schatten. Qualifikation für Europa, Belohnung für eine richtig starke Saison und – dieses Gefühl konnte ich nicht unterdrücken – auch jede Menge Genugtuung meinerseits. Nicht gegenüber den Wolfsburger Spielern, mit denen ich super klargekommen war. Aber schon gegenüber einem Verein, dessen Verantwortliche mich ohne ersichtlichen Grund ausgemustert hatten. Als Leihspieler war ich zu meinem alten Klub zurückgekehrt und hatte mithelfen können, den Traum von der Euro League wahrzumachen. Es fühlte sich fantastisch an – auch wenn sich im Hinterkopf leise Zweifel meldeten und sich auch eine unüberhörbare Stimme zu Wort meldete, die sich fragte, ob ich am Ende nicht doch wieder zurück nach Wolfsburg musste. Rein theoretisch war alles möglich. Rein praktisch galt es jetzt erst mal den Augenblick zu genießen, die sensationelle Stimmung auszukosten und einmal tief durchzupusten. Alex Meier wurde beim Interview mit Jessica Kastrop von einer Bierdusche erwischt, Constant Djakpa tanzte um sein XXL-Glas und ich genoss einfach dieses einzigartige Gefühl, dass am Ende dieser langen Saison alles wieder geradegerückt war.

Und bezüglich meiner Zukunft war ich optimistisch, dass sich die Vereine schon einigen würden. Mein Standpunkt war eh klar. Ich gehörte nach Frankfurt und die Eintracht gehörte zu mir. Mit diesem Klub, dieser Mannschaft und diesen Fans schien in diesem Sommer 2013 so viel möglich, da wollte ich gerne dabei sein. Und sicherlich konnten die zu erwartenden Einnahmen aus dem Europapokal helfen, um meinen Rücktransfer zu finanzieren. Die gruseligen Monate auf dem Abstellgleis, die Degradierung zum Trainingsweltmeister in der zweiten Mannschaft, die kalte Schulter von Felix Magath – all das schien schon wieder Jahre zurückzuliegen. Jetzt zählte nur das, was vor mir lag. In der Kurve hörte ich sie wieder singen und diesmal sang ich lauthals mit: „Ob mit Bus oder Bahn, oder Flugzeug scheißegal, Eintracht Frankfurt international …"

Kapitel 11

VEHNSTAUB IN EUROPA

Den Sommerurlaub hatte ich bitter nötig. Einfach abschalten, mich von der Sonne rösten lassen und zur Abwechslung mal nicht an Fußball denken. Doch ganz so einfach war das nicht. Schließlich war weiterhin unklar, für welche Mannschaft ich in der Saison 2013/14 spielen sollte! Für mich war eindeutig klar, wo ich in Zukunft spielen wollte: in Frankfurt. Das Problem war wie immer das liebe Geld. Zwei Jahre zuvor hatten die Wolfsburger mehr als drei Millionen Euro für mich hingeblättert, eine Summe, die die Eintracht ihrerseits nicht aufbringen wollte und konnte. Ein zähes Ringen um meine Zukunft begann, bei dem ich bloß zum Zuschauen verdammt war. Wolfsburg nannte meinen Preis, Frankfurt lehnte das erste Angebot ab. Glücklicherweise machte sich in dieser Zeit Armin Veh sehr stark für mich und letztlich war es ihm zu verdanken, dass sich beide Seiten schließlich einigten. Ich verzichtete zusätzlich auf ein Viertel der mir noch zustehenden Abfindung und nahm eine knapp 50-prozentige Gehaltskürzung in Kauf, aber die Knete war mir dabei erst mal egal. Ich wollte wieder regelmäßig Fußball spielen und zu einer Mannschaft gehören. Außerdem verdiente ich auch in Frankfurt genug Geld. Zwei Woche vor dem Beginn der Saisonvorbereitung löste ich meine Wohnung in Wolfsburg auf und zog mit meiner ganzen Habe zurück nach Frankfurt. Der verlorene Sohn war nun endgültig nach Hause gekommen. Ich verabschiedete mich vom VfL ohne Groll. Ich hatte eine Herausforderung und neue Abenteuer gesucht und hier hatte ich sie gefunden. Und von der harten Zeit in der zweiten Saison mal abgesehen, war ich mit meinem Auftritt in der Fremde auch zufrieden gewesen. Ich habe diesen Schritt nie bereut.

Zumal ich durch die Zeit in Wolfsburg auch zu einem noch reiferen Spieler geworden war. Mit nunmehr 27, bald 28 Jahren gehörte ich zu den Routiniers in unserem Kader und automatisch übernahm ich nun mehr und mehr die Rolle eines Führungsspielers. Eine Verantwortung, die ich gerne übernahm. Im Umfeld der Eintracht wirkte noch immer die spektakuläre Endphase der letzten Saison nach. Die Qualifikation für die Europa League in buchstäblich letzter Minute hatte eine Aufbruchstimmung erzeugt, wie ich sie bislang noch nicht erlebt hatte. Zugleich nahmen natürlich auch die Erwartungen zu, aber darüber machte ich mir zu Beginn der neuen Spielzeit noch keine Gedanken. Einen ersten Rückschlag mussten wir noch vor dem ersten Pflichtspiel hinnehmen: Unser Rohdiamant Marc Stendera, den viele schon als Nachfolger des legendären Uwe Bein ausgemacht hatte, verletzte sich schwer beim Testspiel gegen Aalen. Die Diagnose konnte kaum bitterer sein; für Marc, der damals erst 17 Jahre alt war, muss sie ein Schock gewesen sein: Kreuzbandriss im rechten Knie. Fast die komplette Spielzeit würden wir auf ihn verzichten müssen. Ich sehe es noch immer vor mir, wie Constant Djakpa den völlig fertigen Marc vom Platz schleppte. Sein Talent und seine feinen Füße würden wir schon bald schmerzlich vermissen.

Was mich anging, so war ich nach der wie immer knallharten Vorbereitung so weit wiederhergestellt, dass ich für den Trainer eine feste Option für die Stammbesetzung darstellte. Wie gehabt sollte ich wahlweise in der Innenverteidigung oder im defensiven Mittelfeld eingesetzt werden. Der erste richtige Härtetest stand schon am ersten Spieltag gegen Hertha BSC an. Und wir setzten ihn gründlich in den Sand. Wir sind mit 1:6 untergegangen – was für eine Abreibung. Hinterher entschuldigte ich mich öffentlich bei den mitgereisten Fans für das Debakel, und natürlich brannte jetzt erst mal der Baum. Nur ein Störfeuer, da war ich mir sicher, schließlich war die Qualität des Kaders hoch und das Verhältnis zum Trainer konnte kaum besser sein. Und doch war die Pleite gegen Hertha der Auftakt zu einer unerwartet schwierigen Saison, in der wir nicht einmal einen einstelligen Tabellenplatz in der Bundesliga erreichen sollten, dafür aber bis in den Februar hinein in allen drei Wettbewerben vertreten waren. Heute weiß ich, dass wir der Mehrfachbelastung in der Breite einfach (noch) nicht gewachsen waren. Nicht nur in rein konditioneller Hinsicht, sondern auch in Bezug auf die emotionale und mentale Konstitution. Mannschaften wie die Bayern, Dortmund oder Leverkusen waren an diesen Rhythmus gewöhnt: Freitag Anreise zum Bundesligaspiel, Samstag Spiel, Dienstag oder Mittwoch nächste Anreise, Donnerstag Spiel und so weiter. Ständig geht es von A nach B, ständig schläft man in fremden Betten, muss mit der Zeitumstellung zurechtkommen und natürlich jedes Mal auf dem Platz abliefern. All das bedeutet einen enormen Kraftaufwand. Bedenken muss man auch, dass es einer gewissen Erfahrung bedarf, um sich nach rauschhaften Europapokalabenden wieder hundertprozentig auf den Alltag in der Bundesliga zu konzentrieren. Lässt die Aufmerksamkeit auf diesem Niveau auch nur ein wenig nach, wird das sofort bestraft. Leider ist uns genau das passiert und so stolperten wir recht orientierungslos durch diese Bundesligasaison. Nur drei Siege nach den 17 Hinrundenspielen waren natürlich viel zu wenig und bedeuten Rang 15, nur einen Punkt von Relegationsplatz 16 entfernt.

Die besonderen Momente hatten wir in dieser Zeit eindeutig in der Europa League. Das begann schon mit den beiden Quali-Spielen gegen Qarabağ FK, einem Klub aus Aserbeidschan. Natürlich galten wir als der große Favorit, doch das Problem war nur, dass wir überhaupt keine Ahnung hatten, auf was für einen Gegner wir treffen würden. Dazu kam die beschwerliche Anreise nach Baku. Von daher war ich sehr erleichtert, als wir die Hürde Qarabağ genommen und damit die Gruppenphase erreicht hatten. Unsere Gegner dort: Girondins Bordeaux, APOEL Nikosia und Maccabi Tel Aviv. Mit den Franzosen von Girondins verband mich eine ganz eigene Geschichte: Gegen Bordeaux hatte ich mein allererstes Spiel für Eintracht Frankfurt bestritten, damals, als ich in der Jugend zur großen SGE gewechselt war. Und auch mit APOEL und Maccabi konnte ich etwas anfangen, zusätzlich freute ich mich darauf, mal wieder neue Länder, neue Städte und vor allem neue Stadien kennenzulernen. Das war die eine Seite der Medaille Europa: die vielen Reisen, neue Eindrücke, neue Abenteuer und das großartige Gefühl, wenn in Baku oder auf Zypern ein Block voller Verrückter aus der Heimat auf uns wartete. Die andere Seite: Weil der Kalender so vollgepackt war mit Spielen und Reisen, blieb kaum Zeit, mal in Ruhe an der eigenen Taktik zu feilen oder im Zweifel Systemumstellungen vorzunehmen und einzuspielen. Natürlich machte sich auch dieses Manko bald bemerkbar.

Es wurde eine typische Frankfurter Saison. Mit Höhen und Tiefen, immer aufregend, nie langweilig und natürlich mit einer ordentlichen Portion Drama. Zum Auftakt in die Gruppenphase empfingen wir Girondins Bordeaux und erwischten einen perfekten Start: Schon nach 16 Minuten stand es 2:0, was auch deshalb erwähnenswert ist, weil ich das zweite Tor erzielte. Mein erstes und leider auch letztes auf der internationalen Bühne. Das deutliche 3:0 gegen die Franzosen täuschte etwas darüber hinweg, mit welchen Problemen wir im Spielaufbau zu kämpfen hatten. Kurz zuvor hatte sich Pirmin Schwegler das Innenband im Knie verletzt und fiel wochenlang aus. Ein besonders herber Verlust, weil niemand im Kader gut genug war, um Pirmin adäquat zu ersetzen. Wenn er fit war, sah unser Spielaufbau in der Regel so aus: Ball erobern und ab damit zu Pirmin, dem wird schon etwas einfallen. Jungs wie Seppl Rode, Johannes Flum oder ich konnten natürlich auch kicken, doch von der Veranlagung her waren wir eher die Aufpasser, Abräumer und Zuarbeiter, die unserem Spielgestalter den Rücken freihalten sollten. Mit seiner Verletzung fehlte uns ein wichtiges kreatives Element im Spiel, und das zeigte sich in der Folge nicht nur an den Ergebnissen, sondern auch an der Art und Weise, wie wir unsere Punkte liegen ließen. Vom 14. September bis zum 15. Dezember, also ganze drei Monate lang, konnten wir in der Liga nicht ein Spiel gewinnen und kämpften wie schon so oft in der Vergangenheit ums Überleben. Das war für mich nichts Neues mehr. Die Highlights sparten wir uns allesamt für die Europa League auf. 3:0 gegen Nikosia, 1:0 gegen Tel Aviv, 1:0 in Bordeaux. Diese Auswärtsfahrt nach Frankreich darf natürlich in keiner Geschichte über Eintracht Frankfurt fehlen. Sage und schreibe mehr als 12 000 Frankfurter hatten sich auf den Weg gemacht, um mitten in der Woche ihre Mannschaft anzufeuern. Weil sich die Ultras vorab eine Kleiderordnung überlegt hatten, schob sich ein gigantischer Menschenstrom in leuchtendem Orange durch die Innenstadt von Bordeaux – solche Massen an Fans hatte man bis dahin bei einem Auswärtsspiel in der Euro League noch nicht gesehen. Gerne würde ich mehr von diesem historischen Tag erzählen, doch wenige Tage vor dem Match hatte ich mir einen Muskelfaserriss zugezogen. Die Partie gegen Bordeaux musste ich leider vor dem heimischen Fernseher verfolgen. Fasziniert sah ich die Bilder von unserem Fanaufmarsch und war mal wieder völlig begeistert von dieser krassen Szene, die keine Kosten und Mühen gescheut hatte, um ihre SGE zu begleiten. So bitter es auch war, dieses Spiel nur aus der Ferne zu verfolgen, so stolz war ich auf unsere Fans und meine Mannschaft. Mit vereinten Kräften hatten wir die Eintracht in den Fokus der internationalen Aufmerksamkeit gerückt. Zu Hause auf dem Sofa platzte ich fast vor Stolz. Und der 1:0-Erfolg bedeutete auch: Mit 15 Punkten aus sechs Spielen waren wir bereits für die Zwischenrunde qualifiziert.

Wie gesagt, langweilig wurde es in dieser Saison kein bisschen. Ich freute mich zwar, dass ich für Armin Veh wieder unverzichtbar geworden war, doch gegen ein wenig mehr Ruhe und

Entspannung hätte ich nichts einzuwenden gehabt. Aber Pustekuchen. Den ganzen Wahnsinn dieser Spielzeit verdeutlichen allein die Erlebnisse im Februar 2014. 2. Februar: 0:5-Packung gegen die Bayern. 8. Februar: 3:0-Sieg gegen Braunschweig. 11. Februar: Viertelfinal-Aus im DFB-Pokal gegen Borussia Dortmund. 15. Februar: 0:4-Pleite, erneut gegen den BVB. 20. Februar: 2:2 gegen den FC Porto. 23. Februar: 0:0 gegen Werder Bremen. 27. Februar: 3:3 gegen Porto … Sieben Spiele, drei Wettbewerbe, zweimal ausgeschieden. Wahnsinn. Besonders die Partien gegen Porto blieben mir noch lange in den Kleidern hängen. Die Portugiesen waren als Gruppendritter der Champions League in die Euro League gekommen und gegen uns natürlich haushoher Favorit. Mangala, Quaresma, Jackson Martínez – der Kader war voll von großen Namen, die ich sonst nur von der Playstation kannte. Dazu dieses wunderbare Stadion und diese beeindruckende Stadt. Für die Jungs aus Porto wird es wohl nur eine leidige Pflichtaufgabe gewesen sein, doch wir hatten dieses Spiel zu einem Feiertag gemacht. Viele meiner Kollegen nahmen ihre Familien mit und auch ich hatte meinen Sohn Moses mit an Bord, als wir von Frankfurt aus Richtung Portugal abhoben. Gut möglich, dass unser Abenteuer Europa jetzt schon zu Ende ging, da wollten wir wenigstens mit Pauken und Trompeten untergehen. 70 Spielminuten später hätte ich die Entscheidung, meinen Sohn mitzunehmen, lieber wieder rückgängig gemacht. So eine Pleite wollte ich ihm nicht zumuten. Doch dann durfte auch er einen ungeheuren Kraftakt bestaunen und gut zehn Minuten vor dem Abpfiff seinen Papa jubeln sehen. Zwar ist das 2:2 ganz offiziell als Eigentor von Alex Sandro gewertet worden, aber eigentlich war das Ding mein Treffer. Fragt gerne bei Kevin Trapp nach, der wird es euch bestätigen! Wie auch immer, die zwei späten Tore waren eine Sensation und verschafften uns eine richtig gute Ausgangslage für das Rückspiel eine Woche später – das leider ohne mich stattfinden musste, denn in Porto hatte ich die dritte Gelbe Karte gesehen und war somit für ein Spiel gesperrt. Es war richtig schlimm für mich, diese Partie nur als Zuschauer zu verfolgen. Zweimal haben wir geführt, zweimal standen wir schon fast im Achtelfinale und sind dann doch ausgeschieden. Das 3:3 in der 86. Minute war eine ganz bittere Pille für uns. Doch so schmerzhaft das Ausscheiden war, dieses Spiel hatte gezeigt, wie viel Potential in unserer Mannschaft steckte. Potential, das wir allerdings nur sporadisch abrufen konnten. So viel Qualität unsere Spieler 1 bis 15 hatten, danach wurde es ziemlich dünn im Kader. Für mehr fehlte uns schlichtweg das Geld. Oder, je nach Perspektive, der Mut, finanziell ins Risiko zu gehen. Und genau das führte dazu, dass wir am Ende dieser kuriosen Spielzeit zwar in Europa für Aufsehen gesorgt, gleichzeitig aber nur mit Ach und Krach den Klassenerhalt gesichert hatten, weshalb sich die Wege von Armin Veh und der Eintracht trennten. Armin hatte höhere Ziele und die, so glaubte er damals, ließen sich in Frankfurt nicht erreichen.

Es war ein trauriger Abschied. Für Armin, für die Mannschaft, für die Fans und nicht zuletzt für mich. Er war es gewesen, der sich dafür starkgemacht hatte, dass ich eine zweite Chance in Frankfurt erhielt. Wer weiß, was aus mir geworden wäre, wenn er sich im Herbst 2013 nicht so für mich eingesetzt hätte. Damals sprach kein Mensch mehr von mir, meine Karriere schien irgendwo am Mittellandkanal versandet zu sein. Stattdessen war ich zurück an den Main gekommen und wieder zu einem festen Bestandteil dieses Vereins geworden, mit dem ich so eng verbunden war. Gerne hätten wir ihm bei seinem letzten Heimspiel einen Sieg geschenkt, doch selbst die 0:2-Niederlage gegen Leverkusen konnte uns die Abschiedsfeierlichkeiten nicht vermiesen. Nach dem Schlusspfiff riefen die Fans seinen Namen und Armin bekam seine verdiente Ehrenrunde, Fahnenschwenken in der Kurve und eine Feder von Wappentier Attila inklusive. Mal wieder würde ich mich auf einen neuen Trainer einstellen müssen, auf eine neue Spielphilosophie, auf einen anderen Fußball. Wen würde die Vereinsführung diesmal verpflichten?

Kapitel 12

VOLLEXPERTEN UND VERKEHRSSÜNDER

Wir in Frankfurt kennen uns damit aus, wenn bestimmte Namen untrennbar mit einem Verein verbunden sind. Sei es der ewige Charly Körbel oder Fußballgott Alex Meier – solche Typen dürfen scheinbar nur bei einem Klub tätig sein, weil alles andere irgendwie nicht vorstellbar scheint. Entsprechend überrascht war ich, als vor der Saison bekannt wurde, wer die Nachfolge von Armin Veh antreten sollte. Kein Geringerer als Thomas Schaaf, der zwar in Mannheim geboren war, aber eigentlich sein ganzes Leben in Bremen verbracht hatte. Nur wenige Menschen haben den SV Werder so geprägt wie er. Als Trainer war er in Bremen längst eine Ikone – 2004 hatte er die Hanseaten zum Double geführt und ich wusste aus eigener Erfahrung, welch aufregenden Fußball er seine Mannschaft über viele Jahre hatte spielen lassen. Erst 2013 war seine Zeit als Coach der Werderaner zu Ende gegangen, aber er gehörte noch immer zu Bremen wie die berühmten Stadtmusikanten. Für mich war Schaaf immer Werder und Werder immer Schaaf, doch jetzt sollte er auf einmal mein Trainer sein, und ich brauchte einen Moment, um das zu begreifen.

Ich war sehr gespannt auf den neuen Chef. Wie jede andere Figur in der Bundesliga hatte er seinen Ruf weg, aber wie immer wollte ich mir einen eigenen Eindruck verschaffen und ging deshalb völlig unvoreingenommen zum Saisonauftakt. Ich erlebte einen Mann, der im Vergleich zu Armin Veh zwar deutlich distanzierter wirkte, aber offenbar auch über eine gute Portion Humor verfügte und gleichzeitig wusste, wie er mit einer Fußballmannschaft umzugehen hatte. Außerdem gefielen mir seine ersten Ansätze. Ins erste Trainingslager nahm er gleich ein halbes Dutzend Nachwuchsspieler mit, und mit seinen Vorstellungen, wie der Fußball bei der Eintracht in Zukunft aussehen sollte, konnte er mich ebenfalls überzeugen. In langen Videositzungen ging er jede einzelne Position durch und erklärte, was er von ihr erwartete. Für die Innenverteidiger hieß das: nicht nur konsequent verteidigen, sondern auch gleich erste Station im Aufbauspiel sein. Coaching aus der Defensive. Das kam meinen Fähigkeiten doch sehr entgegen. Gespannt war ich, wie er den Verlust unserer Mittelfeldachse kompensieren wollte. Seppl Rode war zu den Bayern gewechselt und Pirmin Schwegler war von der TSG Hoffenheim abgeworben worden. Für die beiden Jungs freute es mich, denn die Transfers bedeuteten den nächsten Schritt auf der Karriereleiter. Doch für unsere Mannschaft waren ihre Abgänge herbe Verluste. Was würde Thomas Schaaf einfallen, um diese Lücke im Mittelfeld adäquat zu stopfen?

Eine Antwort darauf hieß: Marco Russ. Zu Beginn des Trainingslagers hatte mich Schaaf gefragt, auf welcher Position ich mich sehen würde, und ich hatte ehrlich geantwortet: „Grundsätzlich fühle ich mich als Innenverteidiger am wohlsten, aber ich habe auch kein Problem damit, auf der Sechs zu spielen." Schon in den ersten Wochen stellte ich fest, dass mir Schaaf wie kein anderer Coach zuvor die Rolle in der Mittelfeldzentrale anvertraute. Eine Aufgabe, die mich reizte, denn das bedeutete auch, dass ich meinen Spielstil den neuen Anforderungen anpassen musste. Schaaf war bekannt für sein offensives Spiel, meine Qualitäten hatte ich jedoch in der Defensive. Beides miteinander zu kombinieren wurde meine Herausforderung für diese Spielzeit. Ich nahm sie gerne an. Genauso wie das Mehr an Verantwortung, das ich übernehmen musste, nachdem sich Kevin Trapp am fünften Spieltag das Syndesmoseband gerissen hatte. Ihn hatte Schaaf zu seinem neuen Kapitän gemacht und gleichzeitig Alex Meier und mich zu seinen Stellvertretern ernannt. Durch Kevins Verletzung rückten Alex und ich in der Rangfolge noch einmal weiter nach vorne.

Überhaupt hatte ich den Eindruck, dass ich eine wichtige Rolle für Schaaf spielte. Nicht, dass ich bei seinen Vorgängern nichts zu tun bekommen hatte, doch so intensiv ins Aufbauspiel war ich bislang noch nie einbezogen worden. In einer Art Doppelfunktion aus Zerstörer und erster Passgeber entwickelte sich mein Spiel dabei weiter und mein Arbeitsbereich weitete sich aus. Keine Frage: Ich gefiel mir in dieser neuen und deutlich flexibleren Funktion. Jahrelang war ich der klassische Innenverteidiger gewesen, der zur Not Bierkästen aus dem Strafraum köpfte und als Turm in der Schlacht den Laden dichtzuhalten hatte. Jetzt hatte ich einen Trainer, der noch mehr in mir sah als den reinen Abwehrmann. „Marco wird manchmal technisch unterschätzt", erklärte Schaaf in einem Interview und solche Worte gingen mir natürlich runter wie Öl.

Doch so sehr ich diese persönlichen Veränderungen auf dem Platz mit Wohlwollen betrachtete, spätestens nach jenem irren 4:5 gegen Stuttgart am neunten Spieltag spürte ich, dass in unserem Spiel irgendwie der Wurm drin war. Schon in Bremen hatte Schaaf mit seinem Hopp-oder-Top-Fußball für Aufsehen gesorgt, mit Spielen, die in der Regel eher 3:3 endeten als 0:0. Gegen so viel Spektakel hatte ich nichts einzuwenden, aber ich hatte mehr und mehr den Eindruck, dass das vom Trainer geforderte System nicht so griff, wie er sich das wahrscheinlich vorgestellt hatte. Bei Ballbesitz funktionierte das durchaus, da spielten wir flexibel, bauten intelligent auf und hatten das Glück, dass Fußballgott Meier die Saison seines Lebens spielte (am Ende sollte er sogar die Torjägerkanone gewinnen). Doch wenn der Gegner den Ball hatte, hatten wir die Order, erst ab der Mittellinie wirklich anzugreifen, und diese verhaltene Balleroberungstaktik erschien mir und vielen Kollegen nicht mehr ganz zeitgemäß. Andere Teams attackierten ihre Gegenspieler oft schon direkt nach dem Ballverlust und waren mit diesem hohen Pressing sehr erfolgreich. Wir aber spielten in der Defensive ziemlichen Schlafwagenfußball. Diese Gedanken tauschten wir natürlich zunächst innerhalb der Mannschaft aus und besprachen sie dann auch mit dem Trainer selbst. Dabei hatte ich schon den Eindruck, dass Schaaf auf uns einging und seine Taktik zu justieren versuchte. Aber vielleicht hätte er diesen Warnschuss nutzen sollen, um noch eine Spur offener auf die Mannschaft zuzugehen. Von Armin Veh waren wir ein sehr offenes und lockeres Klima gewohnt, er war bei fast allen Spielern sehr beliebt gewesen und mit entsprechend großem Applaus verabschiedet worden. Thomas Schaaf war ebenfalls ein guter Trainer und leistete, meiner Meinung nach, auch erfolgreiche Arbeit in Frankfurt. Aber den Beliebtheitsstatus von Armin Veh konnte er nie erreichen. Ich denke, das war einer der wichtigsten Gründe, warum er schon nach einer Saison von seinem Amt zurücktrat. Natürlich hatte die Presse davon Wind bekommen, dass die Chemie zwischen Trainer und Mannschaft nicht ganz so war, wie wir uns das alle gewünscht hätten, und die Sache ziemlich aufgebauscht. Schaaf nannte bei seinem Rücktritt dann auch die „unglaublichen und nicht nachvollziehbaren Unterstellungen in den Medien" als Grund für seinen Abschied, aber ich denke, er wird ganz genau gespürt haben, dass es ihm nicht gelungen war, ein wirklich gutes und enges Verhältnis zur Mannschaft aufzubauen. Ich persönlich fand es schade, dass er die Eintracht so schnell wieder verließ. Denn trotz aller nachvollziehbaren Kritik landeten wir nach 34 Spieltagen immerhin auf einem soliden elften Tabellenplatz, und was noch viel wichtiger war: Wir hatten zur Abwechslung mit dem Abstiegskampf diesmal nicht das Geringste zu tun gehabt. Gleichzeitig war ich unter seinem Kommando zu einem besseren, facettenreicheren Spieler gereift.

Dass in dieser Saison trotzdem nicht alles rundlief, zeigte sich bei mir auch abseits des Platzes. Am 9. Januar 2015 brachte die *Bild*-Zeitung die Schlagzeile: „160 000 Euro Strafe für Frankfurt-Star". Was war passiert? Eine Dummheit, die mich am Ende sehr viel Geld kostete. Knapp drei Jahre zuvor hatte man mich, noch in Wolfsburg unter Vertrag, in der Nähe von Limburg beim zu schnellen Fahren erwischt, jetzt sollte es in der Angelegenheit zu einer Verhandlung kommen. Darauf hatte ich natürlich überhaupt keine Lust und legte – ganz schlau – in Absprache mit meinem Anwalt ein ärztliches Attest vor, um mich von dem Termin vor Gericht befreien zu lassen. Dort, so mein Plan, sollte mein Anwalt an meiner Stelle erscheinen. Ziemlich unklug nur, dass wir am Tag der Verhandlung mit der Eintracht ein Freundschaftsspiel in der nahen Umgebung zu bestreiten hatten, ich mich aufstellen ließ und sogar noch ein Tor erzielte. Klar, dass die Beamten vom zuständigen Amtsgericht nach kurzem Studium des Spielberichtes eins und eins zusammenzählten und sich ziemlich verarscht vorkamen. Statt nun gleich zurückzurudern, wollte mein Anwalt die Sache trotzdem durchboxen, woraufhin die Staatsanwaltschaft den Arzt unter Druck setzte, bis der schließlich zugab, mir das Attest auf meinen Wunsch hin ausgestellt zu haben. Ende vom Lied: Wegen einer falschen eidesstattlichen Erklärung bekam ich einen Strafbefehl von 80 Tagessätzen à 2000 Euro – insgesamt also schlappe 160 000 Euro. Das war natürlich auch für mich kein Pappenstiel. Zähneknirschend zahlte ich die Strafe und hatte meine Lektion gelernt. Den Hohn und Spott der Öffentlichkeit bekam ich gratis dazu. Keine Top Ten über Fußballer und Verkehrsdelikte, in der meine Geschichte nicht genüsslich ausgeschlachtet wird.

Und noch eine andere Story wird vermutlich für immer mit dieser Spielzeit verbunden bleiben. Damals hatte Jürgen Grabowski eine Kolumne in der *Bild*, und weil in so einer

Kolumne natürlich etwas stehen muss, was im Idealfall für Aufmerksamkeit und Schlagzeilen sorgt, ging Grabowski entsprechend hart mit uns ins Gericht. Als Weltmeister von 1974, UEFA-Cup-Sieger von 1980 und Ehrenspielführer war und ist er bei uns in Frankfurt natürlich eine Legende. Aber auch Legenden sollten manchmal den Ball flach halten. So sah ich es jedenfalls, als ich nach unserem enttäuschenden Zweitrunden-Aus im DFB-Pokal in der Mixed Zone auf seine aktuellste Kolumne angesprochen wurde, die sich auf das erwähnte 4:5 gegen Stuttgart bezogen hatte. Wortwörtlich hieß es da: „Ein Knackpunkt ist das Defensivverhalten. Die Abwehr ist die Schwachstelle. Hinten sind wir offen wie ein Scheunentor. Fast bei jedem Konter der Stuttgarter hat es lichterloh gebrannt!" Und weiter: „Eintracht braucht dringend einen Chef im Mittelfeld. Ich will mich auf keinen festlegen, aber der Trainer muss einen finden, der die Fäden zieht." Die Journalisten, die mich damit konfrontierten, erwischten mich auf dem falschen Fuß – was vermutlich auch so beabsichtigt gewesen war. Es war noch keine halbe Stunde her, dass wir aus dem Pokal rausgeflogen waren, und ich war noch immer ziemlich angefressen. Also sagte ich genau das, was mir in diesem Moment durch den Kopf ging: „Es bringt nichts, wenn so ein Vollexperte wie Grabowski, der 1920 Fußball gespielt hat, sein Maul aufmacht, und ihr schreibt dann so eine Scheiße." Zugegeben, so spricht man nicht über eine Legende seines eigenen Klubs. Aber mir war in diesem Augenblick einfach die Hutschnur geplatzt und deshalb hatte ich das getan, was sich so viele Fans und Beobachter von uns Fußballern immer wünschen: Ich hatte so gesprochen, wie mir der Schnabel gewachsen war. Keine vorgestanzten, abgedroschenen Phrasen, kein völlig unpersönliches, wachsweiches Statement. Und außerdem stand ich zu dem, was ich gesagt hatte. Ich dachte mir: Wenn wir aktiven Spieler an unserer Leistung auf dem Platz gemessen werden und dafür entweder gelobt oder kritisiert werden, dann sollte sich auch ein Kolumnist an dem messen lassen, was er abliefert. Natürlich wäre es besser gewesen, wenn ich diese Kritik erstens unter vier Augen und zweitens in einem anderen Ton zum Ausdruck gebracht hätte, statt es öffentlich so derb zu formulieren. Dass das nicht korrekt war, habe ich schnell eingesehen. Was ich aber nicht nachvollziehen konnte, war, dass anschließend wegen dieses einen Satzes so ein Fass aufgemacht wurde. Die Presse stürzte sich voller Wonne darauf; auch Grabowski selbst heizte das Ganze noch weiter an, als er sich bei Heribert Bruchhagen über mich beschwerte und damit drohte, seine Ehrenkarte zurückzugeben. Ehrlich gesagt fand ich das etwas albern. Hatte es der große Jürgen Grabowski tatsächlich nötig, sich wegen eines solchen Satzes so dermaßen aufzuregen? Konnte er als ehemaliger Spieler nicht am besten nachvollziehen, wie erschöpft und zugleich gereizt man nach so einer unglücklichen Niederlage ist und wie dünnhäutig man sein kann, wenn die eigene Leistung und die der Mannschaft von außerhalb so scharf kritisiert wird? Ich sah jedenfalls überhaupt nicht ein, warum ich mich bei ihm entschuldigen sollte.

Dass ich es letztlich doch tat, lag an dem diplomatischen Geschick und der Überredungskunst von Heribert Bruchhagen. „Marco", sagte er, „bitte entschuldige dich einfach beim Jürgen, wir können doch diesen zusätzlichen Stress gerade überhaupt nicht gebrauchen. Dann ist die Sache vom Tisch." Also ließ ich eine Pressemitteilung verbreiten, in der man zwischen den Zeilen recht gut herauslesen konnte, dass mich der Inhalt doch einige Überwindung kostete. Ich schrieb: „Die Äußerung über Jürgen Grabowski habe ich aus Enttäuschung direkt nach der Pokal-Niederlage gegen Mönchengladbach gesagt, und die bedauere ich sehr." Zack, fertig. Ich denke, Grabowski sieht die Sache heute ähnlich wie ich, zumal ja eigentlich nichts wirklich Nennenswertes passiert war. Sie zeigte mir aber auch, wie paradox die Situation für einen bekannten Fußballprofi werden kann. Auf der einen Seite fordert alle Welt die Rückkehr der „echten Typen", und wenn man dann mal klar und deutlich seine Meinung sagt, wird man an die Wand genagelt und muss sich am Ende sogar noch entschuldigen. Ich habe mich damals manchmal gefragt, wie wohl solche vermeintlich echten Typen wie Stefan Effenberg oder Oliver Kahn darauf reagiert hätten, wenn man ihnen nach dem frühen Aus im Pokal so blöd gekommen wäre. Vermutlich hätten sie die Journalisten einfach einen Kopf kürzer gemacht.

Kapitel 13

AUF JETZT!

Die Saison, in der sich mein Leben für immer ändern sollte, begann mit einer guten Nachricht. Unser neuer Trainer wurde ein alter Bekannter, mit dem wir alle sehr gute Erfahrungen gemacht hatten: Armin Veh kehrte aus Stuttgart an seine alte Wirkungsstätte zurück, und wie vermutlich jeder andere auch hielt ich das damals für eine grandiose Idee. Armin kannte bei der Eintracht jede Graswurzel, wusste über die meisten Spieler sehr gut Bescheid, hatte ein hervorragendes Standing im Verein und bei den Fans und außerdem hatten wir ja schon mal bewiesen, zu was für Leistungen wir unter seiner Leitung in der Lage waren. Kurzum: Ich freute mich darauf, wieder mit ihm zusammenarbeiten zu können.

Und diese positive Stimmung herrschte dann auch gleich in den Trainingslagern. Mit Armin an den Schalthebeln veränderte sich das Klima spürbar. Im Training wurde wieder mehr gelacht, die Atmosphäre war konzentriert, aber auch sehr gelöst und optimistisch. „Er ist von seiner Art her schon eher der offenere Typ, der herzig ist", erklärte ich in einem Interview mit der *Frankfurter Rundschau*, „ich habe schon damals gesagt, dass er von seiner Art her perfekt zu uns passt." Zu diesem neuen Schwung trug auch bei, dass Veh neue Ideen hatte, mit denen er unser Spiel noch attraktiver und vor allem erfolgreicher machen wollte. Anders als noch unter Schaaf sollten wir die Gegner schon in ihrer eigenen Hälfte attackieren und damit zu Fehlern zwingen. Die Außenverteidiger sollten sehr hoch stehen, und auch in der Innenverteidigung rückten wir weiter nach vorne.

Vorteil: noch mehr Chancen auf Ballgewinne und Torchancen durch schnelles Umschaltspiel. Nachteil: ein höheres Risiko, ausgekontert beziehungsweise überspielt zu werden. Uns allen gefiel diese neue Risikobereitschaft, den Verzicht darauf hatten wir unter Armins Vorgänger oft genug bemängelt. Natürlich benötigte es für die Umsetzung ein hohes Maß an taktischer Disziplin, denn wenn bei so einer Spielidee nicht alle mitziehen, entstehen Lücken und Räume für die Gegner. So viel zur Theorie.

Kurz vor dem Start in die neue Spielzeit feierte ich meinen 30. Geburtstag. Seit mehr als einem Jahrzehnt – mit einer kurzen Unterbrechung – spielte ich nun schon für die Eintracht, hatte Höhen und Tiefen miterlebt. Ganz automatisch war ich mit jedem Jahr weiter nach oben in der internen Teamhierarchie gerutscht, inzwischen gehörte ich nicht nur zum Klubinventar, sondern auch zu den Kickern, deren Wort in der Kabine oder auf dem Rasen das meiste Gewicht hatte. Was gleichzeitig auch den Druck erhöhte, in jedem Spiel alles zu geben und durch Leistung die herausgehobene Position zu rechtfertigen. Denn wer nur das Maul aufmacht, aber auf dem Platz nicht abliefert, ist sein Standing ganz schnell wieder los. Ich gefiel mir in dieser neuen Rolle. Die Aufgaben waren vielfältig, so ging es etwa im Training darum, die Intensität hochzuhalten, im Spiel mit der nötigen Einstellung voranzugehen oder im Trainingslager in Abu Dhabi die jungen Spieler darauf hinzuweisen, dass die Kleiderordnung fürs Abendessen lange Hosen vorschrieb. Wobei ich es in dieser Beziehung auch leicht hatte: In all den Jahren gab es nicht einen Kollegen, der völlig aus der Reihe tanzte.

Die Vorbereitung verlief sehr harmonisch und konzentriert, die Neuzugänge um Lukáš Hrádecký, David Abraham oder Marco Fabián waren äußerst vielversprechend, und das Verhältnis zwischen Trainer und Mannschaft war bestens – kurzum: Vor dem Start in die neue Spielzeit hatte ich das Gefühl, dass wir mit dieser Truppe richtig was reißen konnten. „Und dann ist auch der Europapokal drin", ließ ich die Medien wissen. Auch wenn es am Ende ganz anders kommen sollte, damals stand ich zu dieser Prognose. Warum auch nicht? Vor jeder Saison war immer brav der Klassenerhalt als Ziel ausgegeben worden, doch das hier war nicht mehr die Eintracht wie vor fünf Jahren. Wir hatten uns einen Namen gemacht – national und international –, verfügten über einen gut durchmischten und qualitativ hochwertig besetzten Kader und hatten einen Trainer, der ebenfalls nach Höherem strebte.

Warum es dann letztlich nicht funktionierte? Oder noch präziser: Woran hat es gelegen? Wie so oft im Fußball fehlte uns in den entscheidenden Momenten das nötige Selbstvertrauen. Mit breiter Brust auftreten zu können, spielt eine immens große Rolle in diesem Sport. Und wenn sich erst mal das Gefühl eingeschlichen hat, dass man vielleicht doch nicht so gut ist, wie man dachte, ist es wahnsinnig schwer, wieder eine andere von Zuversicht geprägte Stimmung zu erzeugen. Im Fußball ist dann oft vom sogenannten Schalter die Rede, den man umlegen muss. Nur dass wir in dieser Saison dazu einfach nicht in der Lage waren. Und so rutschten wir immer weiter den Abstiegsrängen entgegen – was natürlich nicht unbedingt förderlich für das Vertrauen in die eigenen Fähigkeiten war. Ein entscheidendes Spiel in der ersten Phase der Saison war die schlimme 0:2-Niederlage am achten Spieltag gegen Ingolstadt. Das reine Ergebnis bringt das nicht so zum Ausdruck, aber was wir an diesem Tag ablieferten, war nichts anderes als ein Komplettversagen. Ich hatte ja nun schon viele Spiele im Trikot der Eintracht absolviert und bin bei nicht wenigen davon am Ende als Verlierer vom Platz gegangen. Doch diese 90 Minuten waren mit das Schlimmste, was ich in den vergangenen Jahren hatte erleben müssen. Eigentlich hatten wir uns fest vorgenommen, die Gastgeber unter Druck zu setzen und genau den Fußball zu spielen, von dem ich eben so geschwärmt habe. Doch stattdessen lief es genau andersherum. Zwischenzeitlich musste ich mich vergewissern, dass ich nicht vielleicht das falsche Trikot angezogen hatte. Bundesligaspiele zu verlieren ist keine Schande. Aber sich so den Schneid abkaufen zu lassen, war schon wirklich übel. Und es kam noch schlimmer. Am nächsten Spieltag gingen wir zunächst sang- und klanglos mit 1:5 gegen Borussia Mönchengladbach unter, und als wir nach einem 2:1-Sieg gegen Hannover schon gehofft hatten, dass sich der Wind wieder drehen würde, reisten wir Ende Oktober nach Aue, um dort in der zweiten Runde des DFB-Pokals gegen den Drittligisten anzutreten. Eigentlich ein Selbstläufer für einen Erstligisten, wenn man mit der richtigen Einstellung in so ein Spiel geht. Doch wir wirkten, als hätte man uns sämtliche Energie mit einer großen Spritze aus dem Körper gezogen. Mut- und kraftlos wurden potentielle Steilpässe zu Sicherheitszuspielen in den eigenen Reihen, ohne jegliche Leichtigkeit im Spiel taumelten wir einer peinlichen 0:1-Pleite entgegen, die als „Schande von Aue" in die Geschichte eingehen sollte. An diesem arschkalten Dienstagabend hatte uns ausgerechnet ein Drittligist gezeigt, wie viel im Fußball möglich ist, wenn die Mentalität stimmt. „In dieser Verfassung", brachte es die *Frankfurter Rundschau* auf den Punkt, „geht es nur darum, noch drei Mannschaften zu finden, die hinter der Eintracht bleiben."

Nun war es nicht das erste Mal, dass ich mich in so einer prekären Lage befand. Und natürlich versuchte ich alles, um das Ruder wieder herumzureißen. Woche für Woche hatte ich den Eindruck, dass im Training alle gut mitzogen, dass die Stimmung trotz allem gut war – nur um dann am Wochenende doch wieder den nächsten Rückschlag hinnehmen zu müssen. Unserem Trainer machte ich keinen Vorwurf. Er zerbrach sich 24 Stunden am Tag den Kopf, führte viele Einzelgespräche, versuchte allen Widrigkeiten zum Trotz für eine entspannte und lockere Atmosphäre zu sorgen. Doch wenn die Ergebnisse nicht stimmen, interessiert sich niemand dafür, wie viel Zeit und Aufwand ein Trainer vorher investiert hat. Dann geht es nur noch darum, wie viel Zeit ihm noch in seinem Amt bleibt.

Mitten hinein in diese Frankfurter Weltuntergangsstimmung kam das Derby gegen Darmstadt und die anschließenden Negativberichte in der Presse. „Haben die Frankfurt-Spieler Angst vor ihren Ultras?", titelte die *Bild*-Zeitung und machte aus einem kleinen Störfeuer mal wieder einen Flächenbrand. Was war passiert? Einen Tag vor dem besonders auch für unsere aktive Fanszene so wichtigen Spiel gegen Darmstadt waren ein paar Vertreter der Ultras beim Training aufgetaucht. Solche Besuche hatte es schon ein paarmal gegeben und ich hatte sie nie als bedrohlich oder unangemessen empfunden. Die Leute rissen sich für die Eintracht den Hintern auf, investierten einen Großteil ihrer Freizeit, um ihren Verein zu unterstützen, und gaben sehr viel Geld für ihre Leidenschaft aus, da war es auch vollkommen in Ordnung, wenn sie ab und an das direkte Gespräche mit uns Spielern suchten. Hinterher hieß es, dass wir von vermummten „Chaoten" bedrängt worden wären, was aber totaler Quatsch war. Erstens war das Gespräch vorher angekündigt worden, zweitens war niemand vermummt und drittens war die Stimmung nicht feindselig oder aggressiv. Den Fanvertretern ging es einfach darum, uns noch einmal die Bedeutung dieser Partie in dieser Situation vor Augen zu führen. Das war natürlich eigentlich nicht erforderlich, aber es war ihnen eben sehr wichtig, uns das persönlich zu sagen. Dass wir dann tatsächlich mit 0:1 gegen Darmstadt verloren, machte die Sache natürlich nicht besser. Die Stimmung während des Spiels war sehr aufgeladen und unsere Leistung in den 90 Minuten trug nichts dazu bei, die erhitzten Gemüter zu beruhigen. Als sich nach dem Schlusspfiff ein paar der Fans Zugang zum Innenraum verschafften, entschieden sich schließlich Marc Stendera und ich, unserem Anhang Rede und Antwort zu stehen. Wie ich war Marc ein Frankfurter Eigengewächs und mit vielen in der Kurve freundschaftlich verbunden. Auch ich kannte einige Ultras schon seit Jahren und nicht nur deshalb hatte ich auch keine Angst, direkt zu ihnen zu gehen. Uns ging es in diesem Moment darum, ein wenig Druck vom Kessel zu nehmen, Marc und ich schienen dafür die Richtigen zu sein.

Natürlich war die Atmosphäre sehr aufgeladen, die Fans waren äußerst frustriert. Wer wollte es ihnen verdenken? Als Fan wäre ich auch extrem sauer und besorgt gewesen. Fast alle hier waren schon 2011 mit dabei, als unser eigentlich hochgehandeltes Team am Ende den Gang in die Zweite Liga antreten musste. Auf eine Wiederholung dieser deprimierenden Erfahrung war niemand scharf. Ein paar Ultras riefen mir zu: „Ihr kämpft viel zu wenig, ich macht einfach nicht genug!" Ich antwortete: „Niemand kann uns vorwerfen, dass wir nicht kämpfen würden, denn das ist falsch. Die Situation ist einfach beschissen und mit jeder Niederlage werden wir noch verkrampfter und unsicherer. Das ist das Problem!" So ging es noch eine Weile hin und her, bis auch wir in den Katakomben verschwanden. Die Probleme und die schlechte Stimmung waren damit zwar nicht aus der Welt geschafft, aber zumindest hatten die Fans mal die Gelegenheit bekommen, sich vor uns richtig auszukotzen. Ich sah es so wie unser Präsident Peter Fischer, der nach der Begegnung davon sprach, dass man in gewissem Maße verstehe, dass sich der angestaute Frust entladen müsse. Wie oft hatten uns die Fans schon getragen, jetzt lag es uns, etwas an der prekären Stimmung zu ändern – am besten mit Beginn der Rückrunde. Zunächst einmal war ich aber froh, dass diese Hinserie beendet war und endlich einmal etwas Ruhe einkehrte.

Wobei das für mein Privatleben leider nicht galt. Janina und ich hatten uns mit den Jahren langsam, aber sicher auseinandergelebt. Noch immer war sie einer der wichtigsten Menschen in meinem Leben, als Mutter meiner Kinder sowieso, aber wie es manchmal in Beziehungen passiert, lief es irgendwie nicht mehr rund. Im Sommer 2015, während der Vorbereitung auf die neue Saison, hatte ich mit einer anderen Frau etwas angefangen, und Janina hatte es rausgefunden, als sie durch Zufall unsere Nachrichten las. Für sie brach natürlich eine Welt zusammen und von diesem Vertrauensverlust erholte sich unsere Beziehung nicht mehr. Uns beiden war völlig klar, dass vor allem die Kinder unter der Trennung leiden würden, deshalb versuchten wir trotz der verletzten Gefühle im Guten auseinanderzugehen, um als Eltern weiterhin unserer gemeinsamen Verantwortung gerecht zu werden. Und letztlich schafften wir das auch – waren zwar jetzt kein Liebespaar mehr, aber immer noch Mama und Papa. Eine Leistung, auf die wir beide stolz sein konnten. In den folgenden Wochen und Monaten wuchs immer mehr Gras über die Sache, und unsere kleine Familie arrangierte sich so gut es ging mit der neuen Situation. Doch knapp ein halbes Jahr später, als ich mich gerade mit der Eintracht im Wintertrainingslager in Abu Dhabi befand, meldete sich eine Reporterin von der *Bild*-Zeitung bei Janina und wollte O-Töne von ihr für eine Story über unsere Trennung haben. Janina war verständlicherweise ziemlich irritiert und rief mich abends im Hotel an. Mein erster Gedanke: Warum bringen die das jetzt und haben es nicht schon vor sechs Monaten gedruckt? Nachdem wir uns alle gerade erst wieder berappelt hatten, sollte die Trennung jetzt zu einem Boulevardthema gemacht werden? Janina und ich versuchten noch, auch mit Hinweis auf unsere Kinder, die *Bild* davon zu überzeugen, unsere Trennung aus der Öffentlichkeit rauszuhalten, und baten um Verständnis, doch die Antwort des Revolverblatts war eindeutig: Wenn ihr nichts dazu sagt, dann schreiben wir eben, was wir wollen. Und: Wer positive Presse bekommt, muss auch mit negativer Presse rechnen. Als uns klar wurde, dass es den Reportern völlig egal war, ob sie damit vielleicht alte Wunden wieder aufrissen, entschieden wir uns dafür, ihnen ein paar O-Töne zur Verfügung zu stellen. Am 6. Januar 2016 erschien schließlich der Artikel. Einen Vorteil hatte das Ganze immerhin: Jetzt war die Katze wirklich aus dem Sack und wir in der Lage, die Vergangenheit abzuhaken, um nach vorne zu schauen.

Nach vorne schauen, das schien auch ein geeignetes Motto für unseren Kampf gegen den drohenden Abstieg mit der

Eintracht. Die Winterpause hatten wir auf Rang 14 verbracht, nur drei Punkte von einem direkten Abstiegsplatz entfernt. Jetzt hofften wir darauf, vielleicht mit einer kleinen Serie die verkorkste Hinserie hinter uns zu lassen und endlich das ganze Potential zur Entfaltung zu bringen, das doch eigentlich in dieser Mannschaft und diesem Trainer steckte. Und nach dem Rückrundenauftaktsieg gegen Wolfsburg schienen wir tatsächlich auf dem Weg zu sein, genau das zu schaffen. Was keiner wissen konnte: Es sollte fast zwei Monate dauern, bis wir das nächste Spiel gewinnen konnten. Natürlich lag es nicht nur an Armin Veh, dass wir scheinbar hilflos dem nächsten Abstieg entgegentaumelten. Doch der Trainer ist und bleibt im Fußball die ärmste Sau. Er muss am Ende den Kopf hinhalten – und genau das passierte nach dem 1:1 am 25. Spieltag gegen Ingolstadt. Noch kurz nach dem Spiel hatte ich mich in meiner Rolle als Kapitän für Armin starkgemacht, doch letztlich ahnte wohl auch ich, dass er uns keine entscheidenden Impulse mehr geben konnte, um die Klasse noch zu halten. Kurz darauf passierte das, was die Fans schon seit Wochen gefordert hatten: Veh wurde gefeuert.

Wer sollte uns jetzt noch retten? Wer hatte genügend Feuer, um bei uns den unbedingten Willen für den Abstiegskampf zu entfesseln? Die Wahl fiel auf einen Mann, gegen den ich als junger Kerl selbst noch gespielt hatte: Niko Kovač, früher als Profi bei Hertha, Hamburg und Bayern unter Vertrag, als Trainer bis September 2015 Nationaltrainer Kroatiens. Er legte sofort los wie die Feuerwehr. Von Tag eins an wehte ein frischer Wind auf unseren Trainingsplätzen. Niko führte so Regie, wie er früher als Spieler agiert hatte: voller Leidenschaft, hochemotional, kämpferisch und immer alles gebend. Ein total akribischer Arbeiter und vor allem ein echtes Mentalitätsmonster. Einer, der es so sehr hasste zu verlieren, dass er nicht mal seine Tochter beim Brettspiel gewinnen lassen konnte, ohne sich zu ärgern. Mit der gelösten Stimmung, die trotz der bedrohlichen Tabellensituation bis zum Ende unter Veh geherrscht hatte, war es jetzt vorbei. Doch auch Niko war kein Wunderheiler: Von den ersten fünf Spielen mit ihm an der Seitenlinie verloren wir vier und waren als 17. nach dem 30. Spieltag schon vier Punkte vom Relegationsplatz entfernt, sechs sogar vom rettenden Ufer. Kein Mensch außerhalb von Frankfurt setzte noch einen Pfifferling auf uns. Wohl aber die Menschen in unserer Heimatstadt. Man sollte unserer Medienabteilung nachträglich dafür ein Denkmal errichten, dass sie die Kampagne „#aufjetzt" ins Leben riefen, eine Aufforderung an uns Spieler, die ganze Region und alle Menschen, die es mit der Eintracht hielten und nicht wahrhaben wollten, dass wir das stetige Wachstum der vergangenen Jahre mit einem Abstieg zunichtemachen würden. Eine geniale Idee, die wie ein Streichholz an einer Packung Grillanzünder wirkte. „Auf jetzt", das war für uns damals mehr als nur ein Slogan, es war der Weckruf, noch ein letztes Mal alles in die Waagschale zu werfen und allen zu beweisen, dass wir gut genug fürs Fußball-Oberhaus waren. Aus heutiger Sicht war das zweifellos die entscheidende Phase der jüngeren Vereinsgeschichte. Ein Abstieg zu diesem Zeitpunkt wäre richtig bitter geworden, und wer weiß, ob sich der Klub davon wieder erholt hätte. Es gab nicht den geringsten Zweifel: Wir mussten den Abstieg um jeden Preis verhindern.

Welches Spiel wäre dazu besser geeignet gewesen als das Derby gegen unseren alten Rivalen aus Mainz? Die Woche vor der Partie ist zumindest mir unvergessen. Überall in der Stadt war diese neue „Auf-jetzt-Stimmung" zu spüren, an jeder Straßenecke knallte einem die Zuversicht entgegen, am Ende dieser so unrühmlichen Spielzeit doch noch das Wunder zu schaffen. Fußball wird sehr häufig mit dem Kopf entschieden, doch nie wieder habe ich es erlebt, wie sich auf den Trümmern des Selbstvertrauens einer ganzen Mannschaft so etwas Starkes und Unkaputtbares entwickelt, wie damals im April und Mai 2015. Die drei in Serie verlorenen Spiele, die katastrophale Punkteausbeute, der Abstand zum rettenden Ufer – all das spielte auf einmal keine Rolle mehr. Und nicht nur das: Es stachelte uns nur noch mehr an, statt uns zu demotivieren. Ich kann heute nicht mehr sagen, wer genau die Idee dazu hatte, vermutlich war es – sehr passend – ein gemeinsamer Gedanke, der dann in die Tat umgesetzt wurde. Am Mittwoch vor dem Spiel gegen Mainz traf sich die ganze Mannschaft abends in einem Restaurant. Eine wöchentliche Tradition, die wir von da an bis zum Ende der Saison beibehalten haben, und ein weiteres Indiz dafür, wie sehr wir damals in der Krise zusammenrückten.

Am darauf folgenden Sonntag, um 17:30 Uhr, empfingen wir die Mainzer zum alles entscheidenden Duell. Eine weitere Niederlage und wir hätten den Klassenerhalt endgültig abhaken können. Heute durften wir einfach nicht verlieren. Alles außer drei Punkten war inakzeptabel. Und mit dieser Einstellung liefen wir schließlich aufs Feld. Im Stadion waren mehr als 50 000 Zuschauer und machten einen Lärm wie 100 000. Die Stimmung war gigantisch, wie elektrisch aufgeladen und all die Energie strömte von der Kurve in unsere Beine und ließ uns wie auf Schienen über den Rasen laufen. Meisterschaften und Pokalsiege, schön und gut. Aber wer einmal miterlebt hat, wie sich eine ganze Stadt erfolgreich gegen den Abstieg stemmt, der weiß, was für eine unglaubliche Power in so einem Erlebnis steckt. Dass wir schon nach 18 Minuten 0:1 hinten lagen? Scheißegal, wir machten weiter. Zehn Minuten später erzielte ich das 1:1. Und als Stefan Bell dann kurz vor Schluss der verdiente Siegtreffer gelang, hatte ich kein Zweifel mehr daran, dass mit dieser Mannschaft und diesem Trainer tatsächlich Wunder möglich waren. Wie fest der Glaube daran war, dass wir uns allen Unkenrufen zum Trotz doch noch retten würden, zeigte sich besonders beim Torjubel. Nur mit sehr viel Glück entging ich einer Wirbelsäulenfraktur, als nach dem 1:1 die halbe Mannschaft auf mich stürzte.

Eine Woche später gewannen wir auch das nächste Spiel – 2:1 in Darmstadt vor einem leeren Gästeblock. Und erneut sieben Tage später retten wir tatsächlich die frühe 1:0-Führung durch Stefan Aigner gegen Borussia Dortmund über die Zeit. Drei Siege in drei Spielen, neun Punkte für den Klassenerhalt. Einen Spieltag vor dem Ende der Saison standen wir plötzlich wieder auf Rang 15, einen Punkt vor Werder Bremen. Und genau gegen diese Mannschaft würden wir am letzten Spieltag antreten müssen. Was für ein unglaublicher Showdown. Es war total irre. Einen Monat zuvor waren wir bereits abgeschrieben worden, da lag die ruhmreiche SGE mal wieder in Scherben. Und jetzt surften wir auf einer Welle der Euphorie, deren Ausläufer bis heute zu sehen sind. Was sich damals, im Mai 2015, im Abstiegskampf entwickelte, diese krasse Verbindung zwischen Mannschaft und Fans, hat diesen Verein für immer verändert. Da bin ich mir sicher.

Auch in Bremen war in diesen Wochen sehr viel passiert. Ein Werder-Fanklub hatte die Aktion #greenwhitewonderwall ins Leben gerufen und damit ähnlich wie bei uns in Frankfurt neue Kräfte mobilisiert. Wie sehr die Fans der Grün-Weißen ihrer Mannschaft in dieser schweren Zeit zur Seite standen, sollten wir am 34. Spieltag selbst erfahren. Tausende hatten sich vor dem Stadion versammelt, um ihr im Mannschaftsbus vorfahrendes Team zu begrüßen und anzufeuern. Auch wenn sich die Euphorie natürlich gegen uns richtete, war ich schwer beeindruckt über den Support der Bremer für ihre ebenfalls in eine schwere Krise geratene Mannschaft. Ich fand es überragend zu sehen, wie sehr sich die Fans in dieser schlimmen Zeit hinter ihren Klub stellten. Was mich natürlich nicht davon abhalten sollte, auch dieses Spiel zu gewinnen und den Klassenerhalt perfekt zu machen. Almosen hatte ich für die Bremer jedenfalls nicht dabei.

65 Minuten lang waren wir die bessere Mannschaft, dann machten wir einen entscheidenden Fehler und versuchten, das Unentschieden über die Zeit zu retten. Ein Punkt hätte uns gereicht und diese Aussicht war so verlockend, dass wir unsere Offensivbemühungen so gut wie einstellten. Es kam, wie es

kommen musste. Kurz vor Schluss segelte ein Bremer Freistoß in unseren Strafraum und Papy Djilobodji erzielte unbedrängt das Tor des Tages. 1:0 nach 88 Minuten. Diesem späten Schock hatten wir nichts entgegenzusetzen. Was für ein Drama. Es dauerte nach dem Abpfiff noch ein paar Momente, ehe ich begriff, dass wir uns trotzdem in die Relegation gerettet hatten, etwas, das uns niemand mehr zugetraut hatte. Und genau darum ging es auch Niko, als er uns noch auf dem Spielfeld zusammenholte. Wir bildeten einen Kreis und während um uns herum ganz Bremen ausgelassen den Klassenerhalt feierte, ergriff der Trainer das Wort: „Jungs, scheiß drauf, wir haben das Ding zwar vergeigt, aber wir haben jetzt noch zwei Spiele, um uns den Arsch zu retten! Und ich bin mir zu 1000 Prozent sicher, dass wir das auch schaffen werden!" Erschöpft marschierten wir zu unseren Fans. Und als ich unsere Leute da singen und klatschen hörte, als ich in ihren Gesichtern sehen konnte, dass sie noch immer an uns glaubten, da war die späte Niederlage fast schon wieder vergessen. Jetzt galt es, sich voll und ganz auf die beiden Relegationsspiele zu konzentrieren: für den Verbleib in der Bundesliga, gegen den Abstieg, für die Zukunft der Eintracht.

Kapitel 14
SIE HABEN KREBS

Der Tag, an dem vermutlich mein Leben gerettet wurde, war ein Donnerstag. An diesem 28. April 2016 entschied sich mein Kollege Änis Ben-Hatira dazu, bei Snapchat zwei Fotos hochzuladen. Auf ihnen erkennt der medizinische Laie Spritzen, Desinfektionsmittel und Ampullen. Auf dem zweiten der beiden nebeneinanderstehenden Bilder fügte Änis noch vier Smileys ein. Ein lachendes, zwei eher semibegeisterte und ein leicht schockiert trauriges. Am Abend vorher war er offenbar beim Arzt gewesen. Was der Laie auf den Bildern nicht erkennen konnte, wohl aber jemand, der sich mit medizinischen Utensilien auskennt, war ein Behälter mit der Aufschrift „Lipotalon". Ein Kortisonpräparat mit schmerzstillender und entzündungshemmender Wirkung, das unter anderem bei Gelenkbeschwerden eingesetzt wird. Und einen Wirkstoff enthält, der nach den Regularien der Nationalen Anti Doping Agentur (NADA) von Profisportlern nur mit einer Ausnahmegenehmigung eingenommen werden darf. Eine Ausnahmegenehmigung, die Änis nicht hatte.

In Medien verbreitete sich dieses Foto wie ein Lauffeuer. Plötzlich stand die Frage im Raum, ob ein Spieler von Eintracht Frankfurt dopte. Und ob er auch noch so dämlich gewesen war, ein Beweisfoto in den sozialen Medien zu posten. Mir und allen anderen bei der Eintracht war sofort klar, dass Änis einfach nur eine Unachtsamkeit begangen hatte. Weder hatte er gedopt, noch hatte er es vor, noch wollte er der Öffentlichkeit einen versteckten Hinweis darauf geben, dass die Eintracht ein Dopinghochburg sei. Ich denke, er hatte schlichtweg keine Ahnung davon, dass sich auf seinen Fotos ein Mittel befand, das bei der NADA auf der schwarzen Liste stand. Die Nationale Anti Doping Agentur reagierte jedenfalls ähnlich hysterisch wie die Medien. Ich kann es nicht beweisen, aber heute denke ich, dass diese Sache für die NADA ein gefundenes Fressen war. Ich bin nie das Gefühl losgeworden, dass die Verantwortlichen unbedingt beweisen wollten, dass der Fußball nicht so sauber ist, wie er sich immer gibt und es meiner Meinung nach auch ist.

Ich hatte zu diesem Zeitpunkt bereits einige Erfahrungen mit den Dopingkontrolleuren gemacht. Unregelmäßig tauchten sie unangemeldet beim Training auf und nahmen Proben, bei den Pflichtspielen war und ist das Prozedere eh Teil der Show. Vor jedem Spiel wird im Beisein beider Mannschaftsärzte je ein Spieler beider Teams ausgelost, der dann umgehend nach dem Abpfiff in den Dopingraum begleitet wird, um dort eine Urinprobe abzugeben. Zu meiner Zeit stand in diesen Räumen manchmal etwas zu essen bereit, meistens aber einfach nur Bier – um schneller pinkeln zu können. Nach schweißtreibenden 90 oder 120 Minuten kann es manchmal ewig dauern, bis endlich ein bisschen Urin ins Röhrchen tröpfelt. Nicht wenige meiner Kollegen kamen nach der Kontrolle etwas angetüdelt in die Kabine, weil erst Bier Nummer sechs geholfen hatte. Auch ich habe in meiner Karriere einige Biere unter ärztlicher Aufsicht getrunken. Später schaffte man den Alkohol ab, wohl weil sich herausgestellt hat, dass das Bier den Test beeinflussen kann.

Zwei Tage nach dem besagten Foto mussten wir gegen Darmstadt ran – alles andere als ein Sieg wäre in unserer eh schon prekären Lage eine Katastrophe gewesen. Natürlich waren wir nicht glücklich über die hohen Wellen, die die Snapchat-Bilder von Änis geschlagen hatten. In den Tagen vor so einem wichtigen Spiel, ist jede unnötige Ablenkung Gift. Und doch schafften wir es bekanntlich irgendwie, die Darmstädter am Böllenfalltor mit 2:1-zu besiegen. Der Held des Tages war unser Torwart Lukáš Hrádecký gewesen, der beim Stand von 0:1 in der

20. Minute einen Elfmeter von Sandro Wagner gehalten hatte. Wer weiß, ob wir nach dem 0:2 noch einmal zurückgekommen wären. So aber drehten noch nach den Toren von Hasebe und Aigner die Partie. Vor dem Anstoß war ich aus dem NADA-Lostopf gezogen worden. Wie sich später herausstellen sollte, ein echter Glücksgriff mit entscheidenden Konsequenzen für meine Zukunft. Davon konnte ich natürlich noch nichts ahnen, als ich pflichtbewusst ins Röhrchen pinkelte – dem mich beobachtenden NADA-Mitarbeiter neben mir zum Trotz. Wichtig waren in diesem Moment nur die drei Punkte und dass der VfB Stuttgart im Kellerduell gegen Werder mit 2:6 unter die Räder gekommen war. Zwei Spieltage vor Schluss standen wir damit auf dem Relegationsplatz. Mal wieder kämpfte die Eintracht vom Main ums nackte Überleben in der Bundesliga. Wer hätte denn schon ahnen können, wie sehr diese Metapher schon bald ganz real auf mich zutreffen würde?

Am 5. Mai, zwei Tage vor dem Spiel gegen den BVB, wurde ich erneut getestet. Diesmal beim Training. Ich dachte mir nichts dabei. Es war zwar selten, dass ein Spieler in so kurzer Zeit ein zweites Mal für die Kontrolle ausgelost wurde, aber auch nicht weiter verwunderlich. Also machte ich wieder ein paar Milliliter Urin in ein Röhrchen und konzentrierte mich aufs nächste Spiel. Was auch bitter nötig war, denn die Dortmunder war uns auf dem Papier haushoch überlegen und verfügten mit Reus, Kagawa, Aubameyang & Co. über eine brandgefährliche Offensive. Und doch jubelten am Ende wir. Das frühe Tor von Stefan Aigner, der sich offenbar vorgenommen hatte, zum neuen Retter der SGE zu werden, hatte tatsächlich gereicht.

Nach dem anschließenden Drama gegen Werder war ich in Gedanken noch so sehr mit dem gerade verlorenen Spiel und der bevorstehenden Relegation beschäftigt, dass ich gar nicht richtig realisierte, dass ich offenbar erneut von der NADA zur Dopingkontrolle ausgewählt worden war. Dreimal ist Bremer Recht, heißt es, in diesem Fall war ich es, der den Pinkel-Hattrick innerhalb von nicht mal zweieinhalb Wochen perfekt machte. Mit mir im Dopingraum: Werder-Legende Claudio Pizarro. Ich konnte ihm nur artig zur späten Rettung seiner Mannschaft gratulieren.

Inzwischen stand auch unser Relegationsgegner fest. In der Zweiten Bundesliga hatte es der 1. FC Nürnberg auf Platz 3 geschafft, nur fünf Tage nach dem kräftezehrenden Spiel gegen Werder sollten wir die Franken im Waldstadion empfangen. Für mich gab es in diesen Tagen kein anderes Thema als die beiden Relegationsspiele. Schließlich waren sie unsere letzte Hoffnung, um doch noch den Klassenerhalt zu schaffen. Der Abstieg musste um jeden Preis verhindert werden. Komme, was wolle.

Was dann kam, traf mich mit so großer Wucht, dass es aus heutiger Sicht eigentlich unvorstellbar ist, dass ich am 19. Mai tatsächlich meine Mannschaft als Kapitän aufs Feld führte. Einen Tag vorher beim Abschlusstraining im Stadion hatten wir gegen Nachmittag gerade die letzte Einheit absolviert, als mich Niko Kovač zu sich rief. „Alles klar", dachte ich, „der will jetzt noch mit dir über das Spiel sprechen, wie er über die Taktik der Nürnberger denkt, welchen Schlachtplan er sich überlegt hat …" Niko unterbrach mit ernstem Blick meine Gedanken: „Marco, wir müssen mal schauen wegen morgen. Die NADA hat uns gerade darüber informiert, dass bei dir ein positiver Dopingbefund vorliegt."

What the fuck?! Hektisch versuchte ich dafür irgendeine Erklärung zu finden. Hatte ich den Kids zu Hause Hustensaft verabreicht und anschließend den Löffel abgeleckt, ohne zu beachten, dass im Saft ein Wirkstoff enthalten war, den ich nicht in meinem Körper haben durfte? War irgendwo irgendwas im Essen gewesen? Konnte ich mir sonst wo etwas eingefangen haben, was zu diesem Befund geführt haben konnte? Eine andere Erklärung gab es für mich nicht. Selbst wenn ich hätte dopen wollen – ich hätte gar nicht gewusst, wo ich das Zeug herbekommen sollte! Und warum sollte ich so blöd sein, mir irgendwas reinzupfeifen, wenn man doch eh damit rechnen musste, kontrolliert zu werden? Mit diesen rotierenden Gedanken marschierte ich Niko hinterher, der mich direkt ins Büro von Heribert Bruchhagen führte. Neben Herri warteten schon unsere Mannschaftsärzte Dr. Seeger und Dr. Schwietzer auf mich, ebenfalls anwesend war unser Anwalt Christoph Schickhardt. Völlig verdattert nahm ich Platz. Bruchhagen ergriff das Wort: „Marco, ich muss dich das fragen: Hast du irgendein Zeug zu dir genommen?" „Natürlich nicht!", gab ich zur Antwort. „Wir glauben dir", sagte Herri, „aber wir müssen herausfinden, was es mit dem Befund auf sich hat." Ratlos hockten wir da und suchten nach einer Antwort. Einer der Ärzte sagte schließlich: „Ich werde jetzt erst mal bei der NADA nachfragen, um welche Substanz genau es überhaupt geht und ob es eventuell möglich ist, dass dein Körper diese Substanz selber produziert." Kurz darauf waren wir alle ein Stück weit schlauer. Bei meinen Kontrollen war ein deutlich erhöhter Beta-HCG-Wert festgestellt worden. Von diesem Wert hatte ich schon einmal gehört. Bei Frauen kann er auf eine Schwangerschaft hindeuten. Zweimal schon hatte mich diese Nachricht sehr glücklich gemacht, denn jeweils ein paar Monate später hatte meine damalige Frau Janina ein gesundes Kind zur Welt gebracht. Doch nicht bei Janina, sondern bei mir war dieser erhöhte Wert nun gemessen worden. Und das war nun wahrlich kein Grund zur Vorfreude. Ganz im Gegenteil: Bei Männern kann er Hinweis auf Hodenkrebs sein.

Hodenkrebs? Mein Gott, was passierte denn hier? Noch vor einer halben Stunde hatte ich auf dem Trainingsplatz gestanden und war mit meinen Gedanken voll und ganz bei der Relegation gewesen. Jetzt war plötzlich möglich, dass ich Krebs hatte. „Was machen wir denn nun?", fragte ich hilflos in die Runde. Unsere Ärzte klärten mich auf: „Wir besorgen dir jetzt einen Termin beim Urologen und dann wirst du durchgecheckt." Das Problem war nur, dass um diese Uhrzeit die Praxen bereits geschlossen waren. Doch die Docs setzten alle Hebel in Bewegung und wenig später saß ich bereits im Auto Richtung Ärztehaus, wo wir Eintracht-Spieler unsere jährlichen Check-ups durchführen lassen. Es gab dort einen Urologen, der sich bereiterklärte, extra für mich noch einmal seine Praxis aufzuschließen. Ich weiß nicht mehr, woran ich dachte, als ich auf dem Weg zu diesem Arzt war. Die ganze Situation war so surreal, wie sollte ein normaler Mensch das begreifen? Viel Zeit blieb mir eh nicht, denn kurz darauf stand ich schon vor dem Urologen, der eine Ultraschalluntersuchung durchführte und meine Hoden abtastete. Kaum hatte er seine Hand aus meinem Schritt genommen, schaute er mich an und sagte die Worte, auf die mich keine Trainingseinheit der Welt hätte vorbereiten können:

„Es tut mir leid, das zu sagen, aber: Sie haben Hodenkrebs."

Seine geschulten Finger hatten sofort festgestellt, dass einer meiner Hoden deutlich vergrößert war, die Ultraschalluntersuchung bestätigte diesen fürchterlichen Verdacht. Krebs? Ich? Wie war das möglich? Ich fühlte mich doch topfit, lebte und ernährte mich bewusst, wie es sich für einen Leistungssportler gehört. Außerdem wurde ich doch regelmäßig untersucht und hatte zum Zeitpunkt der Diagnose keinerlei Beschwerden. Und trotzdem war ich nun aus heiterem Himmel mit einer womöglich tödlichen Krankheit konfrontiert. Um auch wirklich auf Nummer sicher zu gehen, nahm mir der Arzt noch Blut ab, das nun auf schnellstem Wege in ein Labor ins 40 Kilometer entfernte Wiesbaden gebracht werden musste. Diese Aufgabe übernahm Christoph Preuß, der jahrelang mein Mitspieler bei der Eintracht und seit 2012 Teammanager bei der SGE war. Mit meiner Blutprobe im Gepäck bretterte er nun über die A 66 Richtung Wiesbaden. Was für unglaubliche Szenen sich hier abspielten.

Oft bin gefragt worden, wie es sich angefühlt hat, diese Diagnose zu erhalten. Dazu muss man sagen, dass ich mich schon auf der Fahrt zum Urologen innerlich darauf eingestellt hatte, gleich genau dies mitgeteilt zu bekommen. Denn gedopt hatte ich nicht, also musste es ja einen anderen Grund für den erhöhten

Wert geben. Als mir der Doktor mitteilte, dass ich Hodenkrebs habe, traf mich das natürlich trotzdem wie ein Schlag. Und vielleicht wäre ich davon auch k. o. gegangen, doch der Arzt sagte noch etwas, was mich schon im frühen Stadium meiner Krankheit extrem beruhigte. „Marco, so doof sich das anhört – aber wenn ich mir als Mann eine Krebserkrankung aussuchen müsste, dann wäre es Hodenkrebs." Kein anderer Krebs ließe sich bei einem Mann so gut behandeln wie dieser. Vor allem dann, wenn er – wie in meinem Fall geschehen – frühzeitig entdeckt worden war. Allein diese Info sollte alle Männer dazu ermutigen, sich regelmäßig vom Urologen untersuchen zu lassen. Dieser kleine Schritt kann Leben retten. In meinem Fall hatte ich einfach nur unverschämtes Glück gehabt, dass ausgerechnet eine Dopingkontrolle den ersten Hinweis auf meine Erkrankung gegeben hatte. Wer weiß, was passiert wäre, wenn ich erst viel später beim Arzt aufgekreuzt wäre. Ich mag lieber nicht daran denken.

Die Ansage des Docs stimmte mich zwar vorsichtig optimistisch, gleichzeitig fühlte ich mich noch immer wie in einem bösen Traum gefangen, aus dem mich scheinbar niemand aufwecken wollte. Während mein alter Weggefährte Christoph Preuß nach Wiesbaden raste, wählte ich Janinas Nummer. Sie hatte mich bereits mehrfach angerufen, weil ich mich sonst zu dieser Zeit normalerweise schon längst nach den Kindern erkundigt hätte. Als ich ihr von der Diagnose erzählte, fiel sie aus allen Wolken und begann zu weinen. Dann machte sie sich umgehend auf den Weg ins Teamhotel. Obwohl wir kein Paar mehr waren, wollte sie jetzt bei mir sein. Und ich bei ihr. Diesen Kampf, das wusste ich, würde ich nicht allein gewinnen können.

Gemeinsam mit Mannschaftsarzt Dr. Seeger erreichte ich schließlich das Hotel. Meine Mitspieler waren bereits auf den Zimmern oder ließen sich behandeln, sie waren noch völlig ahnungslos, wie es um ihren Kapitän bestellt war. Nur unser Ersatzkeeper Heinz Lindner, mit dem ich das Zimmer teilte, fragte sich, wo ich wohl steckte. Und welchen Grund es für mein

Fernbleiben gab. Niko Kovač, Heribert Bruchhagen, Bruno Hübner und der Anwalt Christoph Schickhardt nahmen mich in Empfang. Niko zog mich beiseite: „Marco, wenn du jetzt sagst ‚Lasst mich bloß mit Fußball in Ruhe, ich will einfach nur nach Hause‘, dann kann ich das besser verstehen als jeder andere." Doch darüber brauchte ich nicht lange nachzudenken: „Ich bin auf jeden Fall morgen mit dabei." Krebs hin oder her, bei diesem so wichtigen Spiel wollte ich unbedingt dabei sein. Erst mal galt es, die Eintracht in der Bundesliga zu halten. Den Krebs würde ich auch danach noch besiegen können.

Während ich eine Kleinigkeit aß, stieß auch Janina dazu. Kurz darauf erhielt ich weniger angenehmen Besuch: Der zuständige stellvertretende Staatsanwalt tauchte mit drei Beamten bei mir auf. Erst seit wenigen Monaten war ein neues Gesetz in Kraft getreten, das bei einem positiven Dopingbefund automatisch die Staatsanwaltschaft in Bewegung setzte, um Untersuchungen gegen den vermeintlichen Sünder anzustellen. Der böse Traum, er wollte einfach nicht enden. Nicht nur, dass ich soeben erfahren hatte, an Krebs erkrankt zu sein, jetzt wurde ich auch noch wie ein Verdächtiger in einer Strafverfahren behandelt. Unser Anwalt Schickhardt war außer sich, als er erfuhr, dass die Staatsanwaltschaft Ermittlungen gegen mich eingeleitet hatte und mich nun davon in Kenntnis setzte, meine Wohnung und meinen Spind durchsuchen zu wollen. Daran änderte auch nichts, dass sowohl der Urologe aus Frankfurt als auch das Labor in Wiesbaden bestätigten, dass ich keine verbotenen Substanzen zu mir genommen hatte, sondern an Hodenkrebs erkrankt war. Unser Anwalt war kurz davor, den stellvertretenden Staatsanwalt durch die Hotellobby zu grätschen.

Ich hingegen blieb erstaunlich ruhig. Was sollte ich denn jetzt auch anderes machen? Ich hatte eine Diagnose und die Staatsanwaltschaft ein Protokoll, an das sie sich halten musste. Halten wollte. „Also gut", dachte ich, „dann bringen wir die Sache hinter uns." Gemeinsam mit den Beamten – zwei vom

Zoll und ein Streifenpolizist – fuhr ich zu meiner Wohnung im Offenbacher Stadtteil Buchschlag. Den Beamten war die Angelegenheit sichtlich unangenehm. Nicht nur, weil zwei von ihnen glühende Eintracht-Fans waren. Ihnen war klar, dass sie bei mir nichts finden würden und jetzt die Privaträume eines Mannes durchsuchen mussten, der soeben den schlimmsten Schicksalsschlag seines Lebens hatte einstecken müssen. Trotz allem nahm ich die merkwürdige Situation recht entspannt hin und hockte mich einfach vor den Fernseher, während die Polizisten zeitgleich meine Wohnung und meinem Spind im Waldstadion durchforsteten. Am Abend fand das Europa-League-Finale zwischen dem FC Liverpool und dem FC Sevilla statt und so guckte ich Fußball, während um mich herum Beamte meine Zimmer durchsuchten. Das Ganze war an Absurdität nicht mehr zu überbieten. Nach 90 Minuten hatte Sevilla Jürgen Klopps Team mit 3:1 besiegt und ich verabschiedete mich von den Polizisten, die – Überraschung – nichts gefunden hatten.

Die Nacht verbrachte ich mit Janina in ihrer Wohnung. Während ich mal wieder erstaunlich gefühlskalt blieb, war sie völlig fertig. „Was sagen wir denn den Kindern? Wie soll es denn weitergehen, wenn du nicht mehr da bist?" Ich versuchte sie, mit meiner nüchternen Einschätzung zu beruhigen. Ganz klar: Auf mich und meine Familie würde jetzt eine sehr schwere Zeit zukommen. Aber ich würde diesen Kampf gewinnen. Als wäre in den vorangegangenen Stunden nichts Außergewöhnliches geschehen, schlief ich problemlos ein und träumte von den Spielen gegen Nürnberg. Mein Fußballergehirn wollte offenbar noch nicht richtig wahrhaben, was mir soeben widerfahren war. Noch in der Nacht informierte der Verein die Öffentlichkeit. Mit unserem Pressesprecher hatte ich vereinbart, mit dieser Nachricht nicht hinterm Berg zu halten, sondern den aufkommenden Gerüchten gleich klar und deutlich entgegenzutreten. Ich wollte nicht, dass die Menschen noch Jahre später meinen Namen mit dem Begriff „Doping" in Verbindung brachten.

Dann lieber klare Kante. So war man es ja eh von mir gewohnt. „Was sollen wir denn dann schreiben?", fragte mich unser Pressesprecher für den die Krankheit ein heikles Thema zu sein schien. „Schreib einfach so, wie es ist", antwortete ich. „Schreib: ‚Marco Russ ist an Hodenkrebs erkrankt.'"

Am nächsten Morgen hatte sich die Nachricht natürlich schon verbreitet, auch einige meiner Kollegen wussten Bescheid. Vor dem letzten Anschwitzen um elf Uhr holte Niko die Mannschaft zusammen. „Willst du das machen oder soll ich es ihnen sagen?", fragte er mich. Ich bat ihn, die Aufgabe zu übernehmen. Die Reaktion meiner Mitspieler unterschied sich nicht groß von meiner eigenen. Die böse Überraschung war ihnen deutlich anzusehen, ihr Mitgefühl konnte ich spüren, aber gleichzeitig blieb es erstaunlich ruhig. Ich konnte sie gut verstehen. Vermutlich hätte ich ähnlich wenig emotional reagiert. Alle im Raum wussten ja, wie heftig diese Sache für mich sein musste und dass sie mir jetzt am ehesten helfen konnten, indem sie mich möglichst in Ruhe ließen. Nach dem Meeting kamen Timothy Chandler und Heinz Lindner zu mir und sprachen mir Trost zu, die anderen machten sich bereit für die Trainingseinheit. Ich brauchte ihre Anteilnahme nicht zu hören. Ich konnte sie spüren. Und das reichte mir.

Wie geht das, sich nach so einem Erlebnis auf Fußball zu konzentrieren? Ich kann nur sagen: Bei mir ging es. Wir Profifußballer sind Meister darin, alle äußeren Einflüsse auszublenden, um sich nur noch mit dem nächsten Gegner zu beschäftigen. Ehekrach, Probleme mit den Kindern, Auto geklaut, Krebsdiagnose – am Spieltag wird das alles in die Sporttasche gesteckt und erst nach dem Schlusspfiff wieder rausgeholt. Vielleicht lässt sich diese Logik auch nur begreifen, wenn man selbst jahrelang Leistungssport betrieben hat. Janina konnte meine Entscheidung jedenfalls nicht nachvollziehen. Obwohl sie mich besser kannte als jeder andere Mensch, konnte sie zunächst nicht verstehen, wie wichtig mir diese Spiele gegen Nürnberg waren. Nach einer kurzen Diskussion gab sie es auf, mich davon überzeugen zu wollen, meine Teilnahme am Spiel noch abzusagen. Und weil die Ärzte an meiner Entscheidung nichts auszusetzen hatten, bereitete ich mich an diesem 19. Mai 2016 auf das bevorstehende Spiel vor, wie ich es schon hunderte Male gemacht hatte. Ich ignorierte die Medien, ignorierte die Nachrichten auf meinem Handy, setzte die Kopfhörer auf und fokussierte mich auf die nächste Aufgabe. Der vermeintliche Dopingbefund, die Diagnose beim Urologen, die Hausdurchsuchung, die Tränen von Janina – all das war auf einmal ganz weit weg. Am Ende des Tunnels, in den ich mich begeben hatte, wartete nur der 1. FC Nürnberg und mit ihm die Frage, wer am Ende der zwei Duelle in der Ersten Bundesliga spielen würde.

Mehr als 51 000 Zuschauer waren an diesem Donnerstagabend ins Waldstadion gekommen. Und sie alle hatten längst von meiner Diagnose erfahren. Als ich den Rasen betrat, brandete Jubel auf, als hätte ich soeben den entscheidenden Treffer zum Klassenerhalt erzielt. In der Kurve entrollten sie ein Plakat. Darauf stand in dicken Lettern:

KÄMPFEN UND SIEGEN MARCO

Okay, da musste selbst ich Eisklotz kurz schlucken. Und spätestens, als die Fans vor dem Anstoß beim Verlesen der Mannschaftsaufstellung bei jedem Vornamen meinen Nachnamen riefen, lief es mir eiskalt den Rücken runter. Doch ich konnte, ich durfte mich jetzt nicht ablenken lassen. Ich war nicht krebskrank, ich war Marco Russ, Verteidiger und Kapitän von Eintracht Frankfurt, und hatte jetzt ein Spiel zu gewinnen! Der Druck war ja auch so schon enorm. An einem Abstieg hängen Arbeitsplätze, für viele aus der Eintracht-Familie ging es in diesem Moment nicht nur um die sportliche, sondern auch die berufliche Existenz. Als Erstligist waren wir der klare Favorit, eine Niederlage gegen Nürnberg und wir wären die größten

Pflaumen im deutschen Fußball. Das durfte einfach nicht passieren. Wir mussten hier und heute zeigen, dass wir es verdient hatten, noch ein weiteres Jahr im Fußball-Oberhaus zu bleiben.

Und genauso gingen wir es an. Von Beginn an spielten wir eigentlich nur auf das Tor der Nürnberger, ihre gefürchtete Offensive um Niclas Füllkrug und Guido Burgstaller hatten wir gut im Griff. Chancen auf die Führung hatten wir zur Genüge, doch ein Tor wollte nicht fallen. Stattdessen hatte sich der Fußballgott ganz offensichtlich gedacht, dass meine verrückte Geschichte noch ein großes Finale verdient hatte. Und so schaute ich fassungslos dem Ball hinterher, der mir in der 43. Minute nach einem Freistoß von Nürnbergs Sebastian Kerk unglücklich vom Fuß abgerutscht war und jetzt an Lukáš Hrádecký vorbei ins Tor kullerte. Eigentor, das vierte meiner Karriere. Und mit weitem Abstand das beschissenste. Dopingbefund, Krebsdiagnose, Eigentor. Wow. Zum Glück blieb mir in diesem Moment nicht die Zeit, mich über mein Schicksal zu beklagen. Fußball ist ein schnelles Spiel und wer Fehler nicht abhaken kann, bekommt eher keine Chance mehr, sie wiedergutzumachen. Dem Eigentor zum Trotz ging ich mit dem guten Gefühl in die Kabine, dass wir die bessere Mannschaft waren und dieses Spiel noch gewinnen würden.

Zehn Minuten waren in der zweiten Halbzeit gespielt, als ich auf Höhe der Mittellinie den Ball gewann und ihn mir für einen Tempogegenstoß vorlegte. Leider etwas zu weit, denn ein Nürnberger brachte rechtzeitig seinen Fuß zwischen Ball und Marco Russ, ungebremst donnerte ich in ihn hinein. Ein klares Foul. Und eine verdiente gelbe Karte. Leider meine fünfte Gelbe – das Rückspiel in Nürnberg würde ich definitiv verpassen. Eine naheliegende Frage, die ich mir allerdings erst nach dem Schlusspfiff stellen sollte: Würde es jemals wieder ein nächstes Spiel für mich geben? Viel entscheidender für mich war, dass Mijat Gaćinović in der 65. Minute der völlig verdiente Ausgleich gelang. Eigentlich hätten wir die Partie gewinnen müssen, aber auch so hatte ich nach dem Abpfiff keine Zweifel daran, dass wir auch in der kommenden Saison erstklassig sein würden. Dafür hatten wir die Gäste viel zu gut im Griff gehabt.

Erst jetzt, als die Spannung und der Druck von mir abfielen, realisierte ich allmählich, was hier gerade passiert war. In Spiel eins nach meiner Diagnose, dem Hinspiel in der Relegation 2016, hatte ich ein Eigentor geschossen und war nach meiner fünften gelben Karte für das Rückspiel gesperrt. Es würde sehr lange dauern, ehe ich wieder ein Bundesligaspiel für Eintracht Frankfurt bestreiten könnte. Vorausgesetzt, dass ich überhaupt jemals wieder zurückkommen würde. Ein Bänderriss oder eine Gehirnerschütterung, okay. Aber ein Fußballer, der nach einer überstandenen Hodenkrebserkrankung wieder Bundesligafußball spielen konnte? Das war eine ganz andere Geschichte. Ich konnte jetzt nicht einfach kurz Richtung Kurve klatschen und dann in den Katakomben verschwinden. Dieser Abschied hatte doch etwas mehr Pathos verdient. Also holte ich meine beiden Kinder zu mir auf den Rasen und ging mit ihnen Hand und Hand zu unseren Fans. Nicht, um mich zu verabschieden. Sondern um ihnen „Danke" zu sagen und eine Botschaft zu übermitteln: Wir sehen uns wieder. Irgendwann. Dann war die Saison 2015/16 für mich beendet.

Nicht aber dieses Spiel. Mir war völlig klar, dass die Journalisten in der Mixed Zone eine Menge Fragen hatten, und ich hatte mir vorgenommen, sie alle offen und ehrlich zu beantworten. Es kam mir nicht in den Sinn, über meine Erkrankung zu schweigen oder nicht vollkommen offen mit ihr umzugehen, nur weil es um einen Krebs ging, der sich ausgerechnet in meinen Hoden gebildet hatte. Um das Kind beim Namen zu nennen: Warum sollte ich um diese Sache einen Eiertanz machen? Zumal ja eh allen Anwesenden klar war, woran ich erkrankt war. So stellte ich mich den Reportern, von denen ich ja einige auch schon seit Jahren kannte, und beantworte geduldig ihre Fragen. Später habe ich etliche Reaktionen von Fußballfans und Betroffenen bekommen, die sich für meinen offenen Umgang mit dem Thema ausdrücklich bedankt haben. Dass ich den Mut hatte, so darüber zu sprechen. Für mich gab es damals keine Alternative dazu. Ich hatte keinen Grund, mich für irgendetwas zu schämen oder schlecht zu fühlen.

Unmittelbar nach dem Spiel sorgten dagegen Aussagen von Nürnbergs Trainer René Weiler und Torwart Raphael Schäfer für Aufsehen. Von Weiler wurde der Satz verbreitet, dass es „irritierend" für ihn gewesen sei, meine Erkrankung kurz vor dem Spiel zu kommunizieren. Und sein Keeper sagte vor den laufenden Kameras: „Wenn einer wirklich krank ist, kann er kein Fußball spielen." In den Medien wurde das damals natürlich schwer ausgeschlachtet. Dabei hatte ich zu keinem Zeitpunkt das Gefühl, dass mich Weiler und Schäfer respektlos und unanständig behandelt hatten. Weilers Aussage rührte meiner Meinung nach daher, dass er gar nicht darüber informiert worden war, was sich in den 30 Stunden vor dem Anpfiff überhaupt abgespielt hatte. Und Raphael Schäfer waren die Worte im Eifer des Gefechts nach dem Schlusspfiff rausgerutscht. So etwas passiert im Fußball, die Emotionen machen manchmal blind und taub. Schäfer kam kurze Zeit später zu mir in die Kabine und entschuldigte sich aufrichtig. Ich war ihm nicht böse. Und auch René Weiler meldete sich bei mir und bat um Verzeihung. Kein Problem, Thema abgehakt.

Das Thema Krebs sollte allerdings jetzt erst Fahrt aufnehmen. Da ich für das Rückspiel ohnehin gesperrt war, wollten die Ärzte keine Zeit mehr verlieren und bestellten mich gleich am nächsten Tag zu einem wahren Untersuchungsmarathon mit allen möglichen Tests ein. Dabei erfuhr ich, dass mir zunächst der befallene Hoden operativ entfernt werden würde und anschließend darüber entschieden werden sollte, ob ich mich einer Chemotherapie unterziehen musste. Und auch der Termin für die Operation wurde festgelegt: Montag, 23. Mai 2016, der Tag unseres Rückspiels gegen den 1. FC Nürnberg.

Bislang hatte ich gar keine Zeit gehabt, das Erlebte mal sacken zu lassen und mir meine Gedanken zu machen. Jetzt, da ich pausieren musste und die OP unausweichlich war, verstand ich erst, was eigentlich mit mir passiert war. Aus einem kerngesunden und topfitten Profisportler war ein Krebspatient geworden, dem die Ärzte zwar sehr gute Heilungschancen zusicherten, der es aber trotzdem mit einer tödlichen Erkrankung zu tun hatte. In meinen ruhigen Momenten konnte ich mich nicht gegen die typischen Fragen erwehren: Warum ich? Was hatte ich nur falsch gemacht? Und warum war das zuvor trotz der zahlreichen medizinischen Checks niemandem aufgefallen? Ich musste an Benny Köhler denken, meinen alten Mitspieler aus früheren Eintracht-Tagen, bei dem im Februar 2015 Lymphdrüsenkrebs diagnostiziert worden war. Kurz nach seiner Chemotherapie hatte ich Benny damals in Frankfurt getroffen und ich erinnerte mich daran, wie erschrocken ich bei seinem Anblick gewesen war. Doch aus seiner Geschichte zog ich auch die Hoffnung und Zuversicht, dass alles wieder gut werden würde. Im März 2016 hatte Benny tatsächlich sein Comeback feiern können, eine großartige Leistung. Zumal seine Erkrankung deutlich heftiger gewesen war als das, was mir nun bevorstand.

Und dann waren da noch meine Kinder. Wie sollte ich ihnen verständlich machen, was mit ihrem Papa los war? Und vor allem: Was es in Zukunft mit ihrem Papa weitergehen würde? Moses war damals fünf Jahre alt, Vida sogar erst drei. Für einen Moment dachte ich daran, den beiden eine Notlüge aufzutischen, von wegen: Papa hat sich beim Fußballspielen verletzt. Aber die Ärzte rieten mir davon ab. „Kinder sind nicht doof", sagten sie, „die merken ganz genau, wenn es Mama oder Papa nicht gut geht." Gemeinsam mit Janina entschied ich mich schließlich, ihnen so gut es ging zu erklären, woran ich erkrankt war. Anhand von speziellen Büchern zeigte ich ihnen, was ein Tumor ist und was als Nächstes passieren würde. „Papa hat Zellen im Körper, die weh tun", sagte ich, „deshalb müssen die Ärzte da jetzt was machen und dann kann es sein, dass mir die Haare ausfallen." Vida war noch zu klein, um das alles zu begreifen, doch Moses verstand zumindest, warum ich jetzt erst mal ein paar Tage nicht zu Hause sein konnte. Zusätzlich musste ich mir auch noch Gedanken darüber machen, ob ich auch in Zukunft noch Nachwuchs zeugen wollte. Die Operation würde meine Fruchtbarkeit rapide reduzieren, doch es gab die Möglichkeit, meine Spermien vor dem Eingriff einfrieren lassen. So wie bei dem Radprofi Lance Armstrong, der nach überstandener Krebserkrankung auf dieses Weise noch mal Vater geworden war. Obwohl Janina und ich nicht mehr zusammen waren, besprach ich dieses Thema mit ihr. Und kam zu dem Ergebnis, das ich erstens das große Glück hatte, bereits Vater von zwei wunderbaren Kindern zu sein und es zweitens auch noch ganz andere Wege gab, es noch einmal zu werden: Adoption, Aufnahme eines Pflegekindes, Patenschaften – in dieser verrückten Welt gibt es genügend Kinder, die leider nicht das Glück haben, in eine intakte Familie hineingeboren zu werden. Falls ich nach der überstandenen Krebserkrankung wirklich noch einmal würde Vater werden wollen, gab es genügend Möglichkeiten dazu.

Am 23. Mai war es schließlich so weit. Früh morgens checkte ich im Krankenhaus ein, natürlich nicht ohne mir versichern zu lassen, dass es auf meinem Zimmer einen Fernseher gibt. Das Rückspiel um 20:30 Uhr wollte ich unter keinen Umständen verpassen. Das Klinikpersonal beruhigte mich: Es gab ein TV-Gerät auf dem Zimmer. Schon um acht Uhr lag ich unter Vollnarkose auf dem OP-Tisch von Dr. Sohn im Frankfurter Markus-Krankenhaus. Innerhalb von gerade mal 45 Minuten entfernte er meinen rechten Hoden samt Samenstrang und setzte mir dafür wie vorab besprochen eine Prothese aus Silikon ein. Es ist so: Was manche Frauen in den Brüsten haben, habe ich im Sack. Natürlich hätte ich mich auch mit nur dem einen gesunden Hoden begnügen können, aber mir gefiel die Vorstellung, dass zumindest optisch wieder alles so sein würde wie zuvor. Deshalb das falsche Ei.

Schon gegen Mittag war ich nach dem Abklingen der Narkose wieder ziemlich klar im Kopf, lag auf meinem Zimmer und wartete auf den Anpfiff. Ich schrieb Niko Kovač eine Nachricht: „OP gut verlaufen, muss noch auf Ergebnisse warten, aber mir geht es gut. Jetzt hoffe ich, dass wir in der Ersten Liga bleiben!" Die Ergebnisse meiner OP waren dann etwas ernüchternd. Offenbar waren die Krebszellen bereits im Samenleiter nach oben gewandert, eine Chemotherapie war nun unausweichlich. Natürlich hatte ich bis zuletzt gehofft, um die Chemo herumzukommen, aber so leicht sollte es mir nicht gemacht werden. Der Kampf war noch nicht vorbei. Im Gegenteil: Er fing gerade erst an. Zum Glück gab es den Fußball, der mich an diesem Tag auf andere Gedanken brachte. In dem wahren Relegationskrimi in Nürnberg erlöste uns Haris Seferović nach 66 Minuten mit seinem Tor zum 1:0, das für den Klassenerhalt reichte. Wenn ich es wieder auf den Platz schaffen würde, dann als Spieler einer Erstligamannschaft!

Was meine konkrete sportliche Zukunft anging, so machte ich mir in dieser Phase keine Sorgen. Unmittelbar nach meiner Krebsdiagnose hatte mir der Verein zu verstehen gegeben, sich um mich zu kümmern – ganz egal, wie meine Krankheit verlaufen würde. Das nahm mir den Druck, mich zusätzlich zu den akuten Problemen auch noch mit Zukunftsfragen befassen zu müssen. Ein tolles Zeichen des Klubs. Anders als später in den Medien spekuliert wurde, ging es dabei allerdings nicht um eine Verlängerung meines auslaufenden Vertrages. Darüber wollte ich mir erst Gedanken machen, wenn abzusehen war, ob und wann ich wieder in der Lage war, Profifußball zu spielen. Viel entscheidender war jetzt, dass ich mich nicht nur körperlich, sondern vor allem mental auf die Herausforderungen der kommenden Wochen und Monate einstellte. Die Ärzte hatten mir nachdrücklich klargemacht: Was bei so einer Krankheit am meisten hilft, ist eine positive Lebenseinstellung. Von den wenigen unvermeidlichen negativen Gedanken abgesehen hatte sich an meiner grundsätzlich lebensbejahenden Einstellung nichts geändert. Und was sehr tröstlich war: Ich war mit meiner Krankheit nicht allein. Im Gegenteil. Kaum, dass der Krebsbefund publik gemacht worden war, wurde das Postfach meines Instagram-Accounts mit Nachrichten förmlich geflutet. Ich bekam unzählige tolle Nachrichten von Fußballfans aus allen Ecken des Landes, die Vereinszugehörigkeit spielte dabei überhaupt keine Rolle. Andere Betroffene machten mir Mut, erzählten mir von ihrem Schicksal, gaben mir Tipps oder schrieben mir einfach, wie gut sie es fanden, dass ich mit meinem Krebs so offen umging. Auch meine Kollegen aus der Ersten und Zweiten Bundesliga ließen sich nicht lumpen. Der Brasilianer Rafinha wünschte mir viel Kraft und Energie – gegen ihn hatte ich schon so oft auf dem Platz gestanden. Auch Mats Hummels schrieb mir eine Nachricht, viele andere taten es ihm gleich. Mich überforderte diese enorme Menge an Grüßen aus der Ferne zwar etwas, gleichzeitig gab sie mir enorm viel Kraft und bildete ein festes Fundament, das ich in den nächsten Monaten auch brauchen sollte. Was ich wirklich beeindruckend fand, war, dass die sportliche Rivalität plötzlich gar keine Rolle mehr spielte. Fußball war wieder zur Nebensache geworden. Und meine Gesundheit wichtiger als alles andere.

Mit meinen Ärzten besprach ich das weitere Vorgehen. Der Beginn meiner ersten Chemotherapie war für den 20. Juni angesetzt, bis dahin hatte ich noch gut drei Wochen Zeit. Zeit, die ich nutzen wollte. „Wie sieht's aus", fragte ich meinen Doc, „muss ich zu Hause bleiben oder darf ich noch mal in Urlaub fahren?" Seine Antwort: „Tu das, worauf du Lust hast. Fahr in Urlaub, komm auf andere Gedanken – und wenn du willst, dann knall dir eben auch mal die Birne weg." Ein fachkundiger Rat, den ich schließlich gemeinsam mit Janina und zwei Freunden auf Ibiza gern befolgte. Und so saß ich im Juni 2016 auf der

Baleareninsel, ließ mir die Sonne auf meinen Schädel scheinen und konnte doch die Gedanken nicht daran völlig ausblenden, wie es wohl sein würde, wenn mir bald die Haare ausfielen. Und was überhaupt sonst noch auf mich zukommen würde. Zumindest, so redete ich mir jedenfalls ein, war es sicherlich kein Nachteil, dass ich als Leistungssportler physische und psychische Extrembelastungen gewohnt war. Ich hatte schon oft meinen Körper über die Schmerzgrenze gebracht und oft genug mit schweren Enttäuschungen und großen Rückschlägen umgehen müssen. Ganz klar, die Chemo würde hart werden. Nur wie hart – das konnte ich zu diesem Zeitpunkt nicht mal ahnen.

Kaum zurück in Deutschland nahm ich mir gleich noch eine Auszeit. Diesmal fuhren wir gemeinsam mit den Kindern in ein Hotel. Eine schöne Sache – wäre da nur nicht dieser große Kanister gewesen, den ich ständig bei mir haben musste. Die Ärzte hatten mir nämlich eine sehr ungewöhnliche Aufgabe mit auf den Weg gegeben: In diesen letzten Tagen vor dem Beginn der Chemotherapie sollte ich meinen Urin sammeln. Also pinkelte ich artig in den Tank und versuchte das Ding so elegant wie möglich durchs Hotel zu tragen. Ein erster Vorgeschmack auf das, was mir bald bevorstand. Bevor es am 20. Juni losging, musste ich mich noch einigen Tests unterziehen. Zum Glück hatte ich mit Dr. Sohn einen Arzt, der über den Tellerrand hinausdachte. Weil ich meine Karriere als Leistungssportler nach überstandener Behandlung selbstverständlich gerne weiterführen wollte, erkundigte er sich bei seinen Kollegen in einem Bundeswehrkrankenhaus, wo unter anderem auch an Krebs erkrankte Jetpiloten behandelt worden waren. Weil diese Flieger in körperlich ausgezeichneter Verfassung sein müssen, wurde bei ihren Chemotherapien besonders darauf geachtet, dass die Lunge nicht nachhaltig geschädigt wurde. Nach Absprache mit dem zuständigen Mediziner veränderte Dr. Sohn meine Rezeptur und ermöglichte mir so, dass ich auch in Zukunft die Power meiner Lungenflügel voll ausnutzen konnte.

Schließlich war es so weit. Ich verabschiedete mich von meinen Kindern und begab mich für die einwöchige stationäre Behandlung ins Krankenhaus. Dazu muss man wissen, dass während einer Chemo Stoffe verwendet werden, die ihre schädigende Wirkung „möglichst gezielt auf bestimmte krankheitsverursachende Zellen beziehungsweise Mikroorganismen ausüben und diese abtöten oder in ihrem Wachstum hemmen" – um es mal vereinfacht mit Wikipedia zu sagen. Bedeutet also auch, dass das Immunsystem während dieser Zeit extrem angegriffen wird und schon eine leichte Erkältung schlimme Folgen haben kann. Weil die Kids naturgemäß ständig irgendwelche Keime und Viren mit sich herumtrugen, entschied ich mich schweren Herzens, sie erst nach meiner Rückkehr aus dem Krankenhaus wieder zu sehen. Im Krankenzimmer angekommen, packte ich meine Tasche aus, zog mich um und legte mich ins Bett. Von nun an würde ich in den kommenden sieben Tagen an ein Gerät angeschlossen sein, das mir abwechselnd Kochsalzlösungen und die Chemopräparate in den Körper pumpen würde. Den Morgen startete ich mit drei Litern Kochsalz, in den nächsten sechs Stunden bekam ich 500 Milliliter Chemo, dann wieder Kochsalz, dann wieder Chemo, nochmal Kochsalz, nochmal Chemo. Und am nächsten Tag dasselbe Programm. Ich tat eigentlich nichts anderes, als zu liegen und fernzusehen. Gleichzeitig war ich froh darüber, dass sich die Nebenwirkungen doch ziemlich in Grenzen hielten. Lediglich die Ladung Cisplatin, ein Zellwachstumshemmer, sorgte beständig für große Übelkeit. Kaum war das Zeug an der Reihe, fühlte sich meine Zunge ganz pelzig an und ich bekam einen ekligen Geschmack im Rachen. Ich hasse es, mich zu übergeben. Sich einfach einen Finger in den Hals zu stecken und zu kotzen ist für mich ein Graus. Noch zu Wolfsburger Zeiten fing ich mir mal einen Magen-Darm-Infekt ein und hing stundenlang über der Schüssel. Janina hatte sich damals richtig Sorgen gemacht, dass ich ersticke. Dabei klinge ich einfach wie ein liebeskranker Hirsch, wenn ich mich übergeben muss. Widerlich. Zum Glück war ich die ganze Zeit über in guten Händen und erhielt immer schnell ein Mittel gegen Übelkeit, wenn es wieder losging.

Davon mal abgesehen hatte ich mir so eine Chemo deutlich schlimmer vorgestellt. Ich konnte selbstständig auf die Toilette gehen, telefonierte ab und an mit Freunden – zum Beispiel Alex Meier, der sich regelmäßig nach meinem Wohlbefinden erkundigte – und freute mich, wenn Janina zu Besuch kam. In Frankreich fand gerade die Europameisterschaft statt, sodass auch im Fernsehen für reichlich Ablenkung gesorgt war. So ging die Woche vorbei, ohne dass ich groß zu leiden hatte. Es gab nur einen unerwünschten Nebeneffekt: Durch die vielen Liter Kochsalzlösungen nahm ich innerhalb von nur einer Woche 13 Kilo zu. Aus einem durchtrainierten Fußballprofi war ein ziemlich schlapper 103 Kilogramm schwerer Quellkörper gewesen. Ich ertrug es mit Fassung. Nach all den Horrorgeschichten, die ich von anderen Chemopatienten gehört oder gelesen hatte, war ich noch sehr gut davongekommen und die paar Kilo waren eigentlich nicht der Rede wert. Blieb jetzt nur noch abzuwarten, ob meine erste auch meine letzte Chemotherapie bleiben würde. Die Überprüfung der Tumormarker sollte diese Frage klären. Diese biologischen Substanzen kommen im Gewebe und anderen Körperflüssigkeiten vor, ihre Konzentration zeigt, wie stark der Krebs im Körper noch verbreitet ist. Hatte die einwöchige Therapie so gut angeschlagen, dass die Tumormarker entsprechend gering ausfallen würden? Das Ergebnis der Untersuchung war ernüchternd. Zwar war die Konzentration deutlich gesunken, doch den Ärzten war dieser Wert noch nicht gut genug. Eine zweite Chemotherapie sollte helfen, den Hodenkrebs endgültig zu besiegen. Wobei diese Entscheidung letztlich mir überlassen wurde. Nach Absprache mit den Medizinern hatte ich mich dazu entschieden, noch einmal die Zähne zusammenzubeißen, um dann auf der sicheren Seite zu sein. Schließlich wollte ich unter allen Umständen verhindern, mich in ein paar Jahren wieder in dieser Situation zu befinden. Also vereinbarten wir, dass ich in gut einem Monat zu einem zweiten Termin wieder ins Krankenhaus kommen würde. Diesmal allerdings, so viel war sicher, sollte ich deutlich weniger Kochsalzlösung verabreicht bekommen. Noch fetter wollte ich nicht werden.

Die ersten Tage nach Chemo Nummer eins war ich ziemlich im Eimer. Ich fühlte mich müde und schlapp und hatte Probleme mit dem Einschlafen, auch weil in meiner Brust noch immer der zentrale Venenkatheter, kurz: ZVK, steckte. Die Wochen bis zur nächsten Therapie verbrachte ich mit meiner Familie, kümmerte mich um Papierkram und versuchte mich so gut es ging zu erholen. Währenddessen hangelte sich die deutsche Nationalmannschaft bis in Halbfinale der EM und bei der Eintracht brodelte täglich die Transfergerüchteküche. Neue Spieler kamen, alte wurden verkauft. Wie lange würde es wohl dauern, bis ich wieder auf den Platz zurückkehren konnte? Dass mir das gelingen würde, daran hatte ich keine Zweifel. Klar, die überraschende Krebsdiagnose hatte mich hart getroffen und meine Karriere vorläufig auf Eis gelegt. Aber so schlimm wie vermutet war die Chemo doch gar nicht gewesen. Und meine Haare hatte ich auch noch. Da mussten schon ganz andere Dinge passieren, um einen Bundesliga-Haudegen wie mich aus der Bahn zu werfen.

Vier Tage vor Beginn der zweiten Chemotherapie saß ich im Büro meines Bankberaters, um über ein paar Detailfragen bezüglich meiner Finanzen zu sprechen. Während des Gesprächs fuhr ich mir beiläufig durch die Haare – und staunte nicht schlecht, als ich plötzlich einen Büschel Haupthaar in meiner Hand entdeckte. Vorsichtig griff ich mir noch einmal an den Kopf. Wieder ein Büschel Haare. „Oha", dachte ich, „jetzt geht's damit also doch noch los." Direkt nach dem Termin bei der Bank marschierte ich zum Friseur: „Einmal komplett blank, bitte!" Am nächsten Morgen blickte ich in den Spiegel und sah auf dem Kopf aus wie eine Kuh. An ein paar Stellen wuchsen die Haare schon gar nicht mehr, an anderen konnte man Stoppeln erkennen. Das sah auch bescheuert aus. Von da an setzte ich jeden Morgen den Nassrasierer an und trug die Bowlingkugel mit Stolz. Nicht nur auf dem Kopf, überall am Körper fielen mir jetzt die Haare aus. Was mich nicht weiter störte. Nur die Trennung von meinem geliebten Bart fiel mir wahnsinnig schwer. Seit ich volljährig war, hatte ich die Haare in meinem Gesicht wachsen lassen. Jetzt mussten auch sie dran glauben. Lediglich einmal hatte ich mich in den all den Jahren zuvor rasiert: nach der Geburt von Moses, weil ich Angst hatte, den zarten Säugling mit meinen Bartstoppeln zu verletzen. Was natürlich Quatsch gewesen war. Dieses glatte Gesicht mit der Glatze im Spiegel zeigt mir nachdrücklich, dass ich noch mitten in der Chemotherapie steckte. Zugegeben, ein ziemlich mulmiges Gefühl. Meine Kinder brachten mich zum Glück auf andere Gedanken. Sie fanden, dass der kahlköpfige Papa doch ganz lustig aussah.

Vier Wochen nach der ersten Dröhnung checkte ich also wieder im Krankenhaus ein. Wieder aufs Zimmer, wieder an den Apparat. Mit dem entscheidenden Unterschied, dass ich diesmal mit Beginn der ersten Infusion komplett ausgeknockt wurde. Mir war speiübel und ich fühlte mich, als hätte mir jemand die komplette Restenergie aus dem Körper gesaugt. Ich verließ mein Bett nur für den mühsamen Gang zur Toilette. Mit buchstäblich letzter Kraft schaffte ich es auf die Keramik, nur um mich dann wieder ins Bett zu hieven. Noch nie in meinem Leben hatte ich mich so elend gefühlt. In meinem Körper versuchte das Gift die letzten von Krebs befallenen Zellen abzutöten, ein Abnutzungskampf wie 90 Minuten plus Verlängerung und ein nicht enden wollendes Elfmeterschießen bei 40 Grad im Schatten. Nur viel schlimmer. Ich konnte nichts essen, ich konnte nichts trinken. Bis auf ein paar Schlucke Tee bekam ich nichts runter. Ohne die zusätzlichen Infusionen wäre ich vermutlich einfach irgendwann zusammengefallen. Und während ich mich bei der ersten Chemo über Nachrichten meines Trainers, meiner Kollegen oder meiner Kumpels gefreut, während ich gerne Besuch von meinen Familienangehörigen empfangen hatte, wollte ich jetzt einfach nur alleine vor mich hinvegetieren und die Scheiße hinter mich bringen. Ich will und kann es mir gar nicht ausmalen, wie es wohl sein muss, wenn solch eine Therapie über Monate hinweg andauert und nicht wie bei mir bloß sieben Tage. Rund um die Uhr lief die Glotze, aber ich nahm gar nicht wahr, wer da wen vor den TV-Richter zerrte oder bei Olympia eine Medaille gewann. Ich zählte die Minuten und Stunden zwischen den Infusionen, die Tage zogen sich quälend lange hin. Diese zweite Woche war wirklich eine Extremerfahrung. Ich wünsche allen, die so etwas durchmachen müssen, von Herzen viel Kraft, Geduld und Durchhaltevermögen. Weil ich nichts essen konnte, nahm ich in Rekordzeit wieder ab. Mit 105 Kilo war ich ins Krankenhaus gekommen. Mit 83 Kilo verließ ich es wieder, als die sieben Tage endlich vorüber waren. Was für eine brutale Achterbahnfahrt.

Endlich wieder zu Hause bei meiner Familie. Doch ein vollwertiger Vater oder Partner konnte ich noch nicht sein. Alles, was ich jetzt brauchte, waren Ruhe und Erholung. Die erste Woche nach der Chemo lag ich eigentlich nur auf dem Bett oder der Couch, wobei ich meistens schlief. Langsam erholte sich mein geschundener Körper von den Strapazen. Als das Hungergefühl wieder einsetzte, wurde ich Stammgast bei den Junkfood-Tempeln in der Umgebung. Pommes, Burger, Fanta oder Cola waren das Einzige, was ich wirklich schmecken konnte. Absurd – und natürlich mega ungesund. Es dauerte nicht lange und ich hatte wieder 100 Kilo auf den Rippen. Die Achterbahnfahrt war noch nicht vorbei.

Als es mir so langsam wieder besser ging und ich darauf wartete, was die nächste Untersuchung der Tumormarker ergeben würde, begann ich zum ersten Mal gründlich nachzudenken. Darüber, was hier eigentlich gerade mit mir passierte.

Darüber, mit welcher Einstellung ich vor der Diagnose durchs Leben gegangen war. Und darüber, was eigentlich wirklich wichtig war in meinem Leben. Schon komisch, wenn es uns gut geht und die Tage scheinbar ungetrübt so dahinplätschern, stellen wir uns solche Fragen nicht. Sondern erst dann, wenn die Kacke am Dampfen ist. Ich hatte bis zu diesem Zeitpunkt sehr viel dem Fußball untergeordnet. Und wenn ich ehrlich war, war es der Sport, dem ich den höchsten Stellenwert zumaß. Doch wie schnell war der Fußball, waren Spieltage und Ergebnisse, Auf- und Abstiege auf einmal egal gewesen, als man mir mitgeteilt hatte, dass ich an Hodenkrebs erkrankt war? Familie, Freunde und Gesundheit, nur das war von da an wichtig gewesen. Unvorstellbar, wie ich diese Zeit ohne meine Leute hätte überstehen können.

Und noch ein Gedanke beschäftigte mich zunehmend. Letztlich hatte ich wahnsinniges Glück im Unglück gehabt. Nur wegen der Dopingkontrollen war die Krankheit ja überhaupt erst entdeckt worden. Und nur weil der Krebs bei mir so früh erkannt worden war, waren meine Heilungschancen so hoch gewesen. Und das, obwohl die Hodenkrebsvorsorge in Deutschland so einfach und weit fortgeschritten ist. Seitdem werde ich nicht müde, männliche Freunde und Bekannte für dieses Thema zu sensibilisieren. Ein kurzer Check beim Urologen kann Leben retten. Ich habe das ja selbst am eigenen Leib erfahren. Es ist so einfach und doch gibt es offenbar noch so viele Männer, die diese Untersuchung scheuen. Euch allen da draußen kann ich nur sagen: Geht verdammt noch mal zum Arzt!

Vieles, was mir im Kopf herumging, machte ich in den Wochen nach der zweiten Chemo mit mir selber aus. Der Regenerationsprozess dauerte an und ich fühlte mich einfach noch nicht danach, mich mit Freunden zu treffen oder durch die Stadt zu bummeln. Die Saisonvorbereitungen der Eintracht verfolgte ich interessiert, aber aus der Ferne. Wenn ich mal das Haus verließ, dann meistens mit meinen Kindern und unserem Hund,

und von Tag zu Tag fühlte ich mich wieder lebendiger. Vier Wochen nach der zweiten Chemotherapie wurde ich noch einmal von Kopf bis Fuß untersucht. Gespannt und ziemlich nervös sah ich dem Termin entgegen. Zwar hatten mir die Ärzte die ganze Zeit über sehr viel Hoffnung gemacht, aber wer wusste schon, ob die Chemo jetzt auch wirklich angeschlagen hatte? Wenige Tage vor meinem 31. Geburtstag saß ich erneut bei dem Onkologen, in dessen erfahrene Hände ich mein Schicksal gelegt hatte. War der Krebs vorerst besiegt? Oder würde ich noch ein drittes Mal eine Chemo über mich ergehen lassen müssen? Mit feuchten Händen hörte ich mir an, was der Doc zu sagen hatte: „Alles ist so gelaufen, wie wir uns das vorgestellt haben. Eine dritte Chemotherapie ist nicht nötig. Ich gratuliere dir: Du hast den Krebs erfolgreich bekämpft und gewonnen. Aber: Du wirst ein Krebspatient bleiben und wirst dich regelmäßig untersuchen lassen müssen." Das war das geringste Problem für mich, entscheidend war, dass ich den wichtigsten Kampf meines Lebens überstanden hatte! Kicker-Note Eins. Mit Sternchen! Zu Hause stießen wir erst mal auf die wunderbare Nachricht an. Bei aller Freude war mir absolut bewusst, dass ich wirklich wahnsinnig viel Glück gehabt hatte. Andere Krebspatienten sind sehr viel schlimmer dran und benötigen zum Teil Jahre, um ihren Kampf zu gewinnen. Und wie viele Menschen waren schon an Krebs gestorben, weil es für sie einfach keine Rettung gab? Oder weil sie zu spät zum Arzt gegangen waren. Dagegen war meine Leidensgeschichte ja gar nichts. Erst nach dem dritten Glas hatte ich meine Gedanken wieder einigermaßen sortiert. Ich war am Leben. Ich war geheilt. Kein Titelgewinn dieser Welt hätte sich großartiger anfühlen können.

Gesund war ich allerdings noch lange nicht. Die Therapien hatten meinen Organismus schwer in Mitleidenschaft gezogen. Die nächsten ein bis zwei Monate sollte ich meinem Körper unbedingt noch Ruhe gönnen, warnten mich die Ärzte. Denn natürlich wussten sie, dass ich mich wieder danach sehnte, auf dem Rasen zu stehen und gegen einen Ball zu treten. Doch selbst an leichtes Mannschaftstraining war zu diesem Zeitpunkt noch nicht zu denken. Natürlich informierte ich trotzdem umgehend die Verantwortlichen bei der Eintracht. In knapp acht Wochen, vereinbarten wir, sollte ich mich mal wieder auf dem Trainingsplatz sehen lassen, um die weiteren Schritte in Richtung Comeback zu besprechen. Wahnsinn. Vor wenigen Wochen noch hatte ich nicht mal ein Butterbrot zu mir nehmen können, jetzt sprachen wir schon von meiner Rückkehr in den Profifußball. Das Leben kann manchmal ganz schön verrückt sein.

Die ersten Gehversuche in meinem neuen Leben als Amateursportler machte ich auf dem Tennisplatz. Schon früher hatte ich mich während der Sommerpausen gerne auf Ascheplätzen verausgabt, jetzt allerdings startete ich als reiner Standspieler. Mein Plan war, Schritt für Schritt die Belastung zu erhöhen, um dann am Ende wirklich wieder fit genug für Bundesligafußball zu sein. Unvergessen, wie ich die ersten Male wieder auf dem Tennisplatz stand. Schon nach wenigen Minuten schwitzte ich wie nach einem kompletten Europapokalspiel, selbst eine Minimalbelastung bedeutete für meinen einst so austrainierten Körper eine extreme Erfahrung. Ein schönes Erlebnis hatte ich bei der offiziellen Saisoneröffnung der Eintracht. Der Klub hatte mich gefragt, ob ich mir nicht vorstellen könnte, mich bei dieser Veranstaltung wieder in der Öffentlichkeit zu zeigen. Kurz hatte ich darüber nachdenken müssen, schließlich war ich den Fans als Abwehrspieler Marco Russ bekannt und nicht als angeschlagener Patient. Doch diesen Gedanken schob ich schnell beiseite. Die Leute sollten mit eigenen Augen sehen, dass ich den Scheiß überstanden hatte – auch wenn ich vielleicht noch nicht so aussah. Also fuhr ich an jenem Tag zum Stadion und begrüßte zum ersten Mal seit vielen Wochen wieder Mitspieler und Betreuer in der Kabine. Wie sehr ich mich optisch verändert hatte, sah ich an der Reaktion unseres Athletiktrainers. Zur Begrüßung lief er erst mal an mir vorbei. Erst beim zweiten

Hinsehen erkannte er mich. Der Glatze und den 20 Kilo Übergewicht sei Dank. Das war es dann aber auch in Sachen Irritation, für mich fühlte es sich an, als sei ich nie weg gewesen. Die Jungs rissen ein paar Gags über meine Platte und sorgten mit ihren typischen Kabinenalbereien dafür, dass die Atmosphäre total locker und entspannt war. Gut zu wissen, dass sich unsere Beziehung und mein Standing nicht verändert hatten. Ein weiterer Schritt zurück in die Normalität. Und auch die Reaktion der Fans fiel dankenswerterweise total cool aus. Von allen Seiten erhielt ich Glückwünsche, Schulterklopfer und Fragen nach meinem Comeback. Und das war durchaus im Sinne der Klubbosse. Gemeinsam vereinbarten wir, dass ich mir alle Zeit lassen durfte, um wieder genügend Grundfitness aufzubauen, bevor es wieder ans Teamtraining gehen konnte. Die Comeback-Idee war großartig, aber mir konnte natürlich niemand garantieren, dass ich jemals wieder fit genug sein würde, um über 90 Minuten in der Bundesliga zu bestehen. Vorsichtig optimistisch und voller guter Wünsche für die Zukunft im Gepäck fuhr ich wieder nach Hause.

Am 27. August 2016, gut drei Monate nach meiner Diagnose so kurz vor der Relegation, starten wir gegen Schalke in die neue Saison. Niko Kovač hatte den Kader einmal auf links gezogen. Etliche Spieler hatten den Verein verlassen, viele neue Jungs mussten jetzt erst mal integriert werden. Darunter übrigens auch ein gewisser Ante Rebić, der für eine Million Euro vom AC Florenz ausgeliehen worden war. Drei Jahre später war er das Vierzigfache dieser Summe wert … Zum Auftakt gegen die Knappen kam auch ich ins Waldstadion. Eine Entscheidung, die ich schon nach wenigen Minuten bereuen sollte. Durch einen Spalt im Dach prallte die Sonne genau auf jenen schwarz bestuhlten Bereich auf der Haupttribüne, der für die Spieler und ihre Angehörigen reserviert war. Die Hitze war unerträglich und dass ich noch immer mit ordentlich Übergewicht durch die Gegend lief, machte die Situation nicht gerade angenehmer.

Ich schwitzte wie ein Irrer, und um dem Ganzen die Krone aufzusetzen, hatte ich Sky versprochen, in der Halbzeitpause ein Interview vor der Kamera zu geben. Mein Glück, dass an diesem Tag eh alle ölten wie bekloppt und die Schweißflecken auf meinem Shirt daher nicht weiter auffielen. Immerhin gewannen wir die Partie durch ein Tor von A-Punkt Meier mit 1:0, der Start in die für mich so besondere Saison war also schon mal gelungen.

Trotz der Schweißattacken sollte die Partie gegen Schalke 04 nicht das einzige Spiel in dieser Hinrunde sein, dass ich als Zuschauer verfolgte. Häufig begleitete ich die Mannschaft sogar bei Auswärtsspielen, einfach, um wieder in den Spieltagsrhythmus zu kommen, und natürlich, um den Kollegen die Daumen zu drücken. Mein Job als gut bezahltes Maskottchen sollte allerdings nur von kurzer Dauer sein, mein primäres Ziel war natürlich die möglichst baldige Rückkehr ins Mannschaftstraining. Inzwischen hatte ich mich wieder vom Tennissport verabschiedet und absolvierte regelmäßig Übungen, die mir unser Athletikcoach zusammenstellte. Noch war der Weg zurück auf den Platz sehr weit – aber immerhin war ich jetzt überhaupt wieder auf ihm unterwegs. Zwischen den Einheiten genoss ich die Zeit mit meinen Kindern. Unser kleines Familienglück wurde von Tag zu Tag größer, auch weil ich die Bedeutung dieses Geschenks noch mehr zu schätzen gelernt hatte. Ich bin inzwischen fest davon überzeugt, dass es für jeden von uns einen groben Plan gibt, eine Art Schicksal, auf dessen Ausgang man zwar einen gewissen Einfluss hat, auf das wir aber in der Hauptsache nur reagieren können. Bis dahin hatte ich gedacht, dass die einzigen Herausforderungen in meinem Leben darin bestehen würden, Woche für Woche gegen die besten Stürmer der Bundesliga zu bestehen. Doch dann hatte das Schicksal eine ganz andere Herausforderung für mich bereitgehalten und diese Herausforderung galt es nun anzunehmen. Früher hatte ich mir bei Schmerzen ein paar Tabletten reingeworfen oder mir

Spritzen geben lassen. Eine Erkältung war für mich kein Grund, am Samstag nicht auf dem Platz zu stehen. Doch wer einmal eine so krasse gesundheitliche Erfahrung macht, der lernt, dass es besser ist, noch bewusster auf die Signale des eigenen Körpers zu hören. Was nutzten mir all das Geld, der Ruhm oder die gewonnenen Zweikämpfe, wenn ich nicht gesund war? Was spricht dagegen, lieber mal eine Trainingseinheit sausen zu lassen oder schweren Herzens auf der Bank Platz zu nehmen, wenn es einem nicht gut geht? Zumal dann, wenn man Kinder hat und nicht mehr nur für sich alleine verantwortlich ist. Ich finde: Wenn man gesund ist, dann ist das ein Geschenk, und zum Dank für dieses Geschenk ist es auch wichtig, sich von Beginn an 90 Minuten lang zu zerreißen. Aber nicht um jeden Preis. Und schon gar nicht, wenn der Körper einem sagt, dass es irgendwo ein Problem gibt. Nicht falsch verstehen: Fußball war auch nach der Erkrankung meine große Liebe. An meiner Einstellung auf dem Platz änderte das alles nichts. Doch ich hatte gelernt, dass Fußball dir nicht viel helfen kann, wenn du plötzlich schwer krank bist.

Und doch setzte ich jetzt natürlich alles daran, so schnell wie möglich wieder auf dem Platz zu stehen. Auch ohne mich spielte die Mannschaft eine richtig starke Hinrunde und überwinterte auf einem hervorragenden vierten Platz. Diese Spieler in Kombination mit diesem Trainer bei diesem Verein mit diesen besonderen Fans – die Mischung stimmte einfach und motivierte mich nur noch mehr, bald auch wieder dazuzugehören. In der Zwischenzeit hatte ich mir ein klares Ziel gesteckt: Wenn wir im Januar 2017 ins Trainingslager nach Abu Dhabi fliegen würden, wollte ich mit dabei sein. Und zwar nicht als Maskottchen.

Und so kam es dann auch. Als unser Flugzeug das winterliche Frankfurt verließ, war ich mit dabei, und sah unter mir langsam die Stadt entschwinden. In den kommenden Tagen spulte ich zwar ein speziell auf mich zugeschnittenes Programm ab, war aber wieder Teil der Mannschaft, hörte die Gags beim

Frühstück oder in der Kabine, stand nach getaner Arbeit mit unter der Dusche und hockte abends mit den Jungs auf den Zimmern und genoss das wunderbare Gefühl, zu dieser tollen Truppe junger Fußballer zu gehören. Wie viel leichter sich plötzlich das knallharte Training anfühlte, jetzt, wo ich mich nicht mehr für mich alleine quälen musste, sondern zusammen mit den anderen. Wie sehr hatte ich das vermisst. Und wieder einmal wurde mir klar, wie viel Glück ich doch hatte, ein solches Leben führen zu dürfen. Apropos Glücksgefühl: Die Reise nach Abu Dhabi hatte ich auch deshalb angetreten, weil bei meinen aktuellen Blutuntersuchungen hervorragende Werte herausgekommen waren. Ich würde immer mit dem Risiko leben müssen, dass der Krebs zurückkehrte, aber dieses Risiko war jetzt so gering, dass es keine unmittelbare Gefahr mehr darstellte. Eine Tatsache, die ich ganz besonders meiner Familie zu verdanken hatte. Via Instagram bedankte ich mich bei meinen Leuten mit einem emotionalen Post. Das Motto der vergangenen Monate kam von meiner Exfrau Janina: „Tumor ist, wenn man trotzdem lacht." So ernst wir die Krankheit genommen hatten, so hilfreich war es für mich, dass wir auch in dieser extrem belastenden Zeit nie unseren etwas schwarzen Humor verloren hatten. Nicht nur einmal hatte mir das sehr geholfen.

Ziel Nummer eins war mit dem Trainingslager also schon mal erreicht. Das nächste Etappenziel konnte nur lauten, wieder bei einem Pflichtspiel auf dem Platz zu stehen. Doch bis dahin würde es noch einige Wochen und Monate dauern – dachte ich jedenfalls. Bis zu jenem unvergessenen 28. Februar 2017 beim Pokalspiel gegen Arminia Bielefeld, von dem ich zu Beginn dieses Buches ausführlich berichtet habe. Zwar wurde die Begegnung 30 Sekunden nach meiner Einwechslung abgepfiffen, zwar hatte ich nur eine Ballberührung (mit dem Kopf), doch das Gefühl, endlich wieder dabei zu sein, war unbeschreiblich. Was für ein Emotionsfeuerwerk! Erst das lange Warten an der Seitenlinie, dann der Gänsehautmoment meiner Einwechslung und schließlich die Szenen nach dem Schlusspfiff, als Janina gemeinsam mit Vida weinend zu mir auf den Platz kam, und mich in den Arm nahm, während sich unsere Tochter an mein Bein klammerte. „Danke" war alles, was ich in diesem Moment denken konnte. Danke, denn ohne eure Liebe wäre es so unendlich viel schwerer gewesen. Moses hatte leider die Grippe und war bei seinen Großeltern, aber natürlich war auch er in Gedanken ganz nah bei mir. Und auch der Gegner aus Bielefeld bewies Größe, als er trotz der schmerzhaften Niederlage nach dem Spiel via Twitter eine lieben Gruß an mich schickte: „So viel Zeit muss sein: Schön, dass du es wieder auf den Platz geschafft hast, Marco Russ!"

Es sollte nicht die letzte erfreuliche Nachricht sein, die ich in den Tagen und Wochen danach erhielt. Aus allen Ecken des Landes kamen Gratulationen und Grußbotschaften, zig Medien fragten für ein Interview an und natürlich wollten sie alle das Gleiche wissen: Wie ist es möglich, nach einer Krebserkrankung wieder Fußball zu spielen? Ich beantwortete es ihnen gerne. Bei vielen Journalisten hatte ich das Gefühl, dass es ihnen unangenehm war, mich wieder und wieder mit meiner Krankheit zu konfrontieren, aber ihre Sorgen waren unbegründet. Für mich war das vollkommen okay, denn der Krebs gehört jetzt nun mal zu meinem Leben dazu, und ich war stolz darauf, wie ich diese Herausforderung gemeistert hatte. Ich schämte mich auch nicht, über den Hodenkrebs zu sprechen. Warum auch? Für mich gab es dazu keinen Grund. Gleichzeitig wusste ich natürlich, dass die Hemmschwelle, über solche oder andere Männerkrankheiten zu sprechen, noch immer ziemlich groß ist. Mich motivierte das zusätzlich, weil ich hoffte, damit auch andere Menschen für ein wichtiges Thema zu sensibilisieren. Auch mit meiner vermeintlichen Rolle als Vorbild hatte ich kein Problem. Im Gegenteil. Vielleicht, dachte ich mir, gibt es Menschen mit einem ähnlichen Schicksal Kraft und Hoffnung, wenn sie sehen, dass man nach so einem Schicksalsschlag sogar wieder

Profifußball spielen kann. Die vielen Nachrichten zu diesem Thema bestätigen das. Damals kam auch die Idee auf, irgendwann mal eine eigene Stiftung ins Leben zu rufen. Doch dafür brauchte und brauche ich noch etwas Abstand zu meiner Erkrankung und zu meiner Zeit als Fußballer. Gut möglich, dass dieses Buch dazu beiträgt, auch diese Idee anzugehen.

Den besonderen Eindrücken und Umständen meiner Einwechslung zum Trotz: Mein Comeback hatte ich mir allerdings doch etwas anders vorgestellt. Es war fantastisch, wieder mit dem Adler auf der Brust über den Platz zu laufen, doch ich wollte nicht einfach nur wieder einsatzbereit sein, ich wollte gebraucht werden und das Team unterstützen, und zwar als vollwertiges Mitglied. Entsprechend wichtig war es für mich, dass mir Niko schließlich im Topspiel gegen die Bayern vertraute, auch wenn es zum Zeitpunkt meiner Einwechslung eine knappe halbe Stunde vor dem Abpfiff schon 3:0 für die Münchener stand. „Gras schnuppern" nannte es Niko und das trifft es ganz gut. Als ich schließlich auf den Rasen lief, brandete Beifall im Münchener Stadion auf. Verwundert blickte ich mich um. War doch noch ein Bayern-Spieler eingewechselt worden? Bis ich begriff, dass die Menschen mir applaudierten. Wow, damit hatte ich wirklich nicht gerechnet. Ein Schauer lief mir über den Rücken. Ganz offensichtlich hatte meine Geschichte nicht nur die Fans von Eintracht Frankfurt bewegt.

Als mich die Bayern-Profis, allen voran Mats Hummels und Rafinha, zu meiner Rückkehr beglückwünschten, fühlte ich mich langsam, aber sicher wieder als Bundesligaspieler. Und es wurde noch besser: Im nächsten Spiel gegen den HSV brachte mich der Trainer von Beginn an – und gab mir die Kapitänsbinde. Dass wir in der Partie gegen die abstiegsbedrohten Hamburger nur ein Unentschieden schafften, war mir zur Abwechslung mal fast schon egal. Zehn Monate nach meiner Diagnose hatte ich meine Mannschaft das erste Mal wieder auf den Platz geführt. Ich war wieder da. Und der Krebs schien plötzlich wie eine kleine Wunde, die längst zu einer fast unsichtbaren Narbe geworden war.

Dass meine Einsätze während der restlichen Saison doch recht überschaubar blieben, war dabei überhaupt kein Problem. Natürlich arbeitete ich daran, irgendwann auch mal wieder zum Stammelf zu gehören, doch bis dahin verbuchte ich jede überstandene Trainingseinheit, jede Kadernominierung und jede Einsatzminute als Erfolg. Um wirklich wieder meine alte Form zu erlangen, brauchte es noch Zeit. Dabei ging es weniger um die körperliche Fitness, sondern um das, was ich in einem Interview damals als „inneres Navi" bezeichnete. Spielübersicht, Antizipation, Gedankenschnelligkeit – alles Eigenschaften, die mich als Abwehrspieler immer ausgezeichnet hatten. Sie konnte ich nur unter Wettkampfbedingungen zurückerlangen und deshalb war ich froh über jede Gelegenheit, die mir Niko dazu gab. Ein besonderes Highlight war dabei das Halbfinale im DFB-Pokal gegen Borussia Mönchengladbach. Nach Ablauf der regulären Spielzeit hatte es 1:1 gestanden, 17 Minuten vor dem Ende der Verlängerung schickte mich der Coach aufs Feld. Sollte es zum Elfmeterschießen kommen, das hatte ich mir fest vorgenommen, würde ich mich voller Überzeugung als einer der möglichen Schützen melden. Und genauso kam es. Als fünfter Schütze machte ich mir natürlich Hoffnung, mit meinem Elfer das Spiel zu entscheiden und die Eintracht ins Finale zu schießen, doch vielleicht wäre das auch etwas zu viel Kitsch gewesen. Stattdessen war es unserem Ex-Borussen Branimir Hrgota vorbehalten, den achten und entscheidenden Versuch zu verwandeln und das Endspielticket für Berlin zu lösen. Elf Jahre nach meinem ersten DFB-Pokalfinale sollte ich am 27. Mai 2017 wieder um den Cup kämpfen.

Dass ich am Ende nur als Ersatzspieler in die Hauptstadt reiste, war kein Weltuntergang. Mir war schon vorher klar gewesen, dass meine Chancen auf einen Einsatz in so einem Spiel ziemlich gering waren. Dafür war ich einfach noch zu weit entfernt von meinen Kollegen. Auch wenn denen nach dieser kräftezehrenden Saison auf der Zielgerade ganz schön die Puste ausgegangen war und wir von Platz 3 am 21. Spieltag noch abgerutscht sind auf Rang 11. Beim Finale gegen Borussia Dortmund begnügte ich mich mit der Rolle als passiver Zuschauer und versuchte, die verkrampfte Atmosphäre aufzulockern. Ein Sieg und wir hätten nicht nur endlich wieder einen Pokal an den Main geholt, sondern auch noch das Ticket für Europa gelöst. Doch es kam anders. Ein Tor von Aubameyang reichte dem BVB und am Ende standen wir wirklich mit komplett leeren Händen da. Der Abschluss eines insgesamt enttäuschenden letzten Saisonviertels. Für mich persönlich gab es hingegen keinen Grund, Trübsal zu blasen. Vor genau einem Jahr hatte ich erfahren müssen, an Hodenkrebs erkrankt zu sein und mich einer Chemotherapie unterziehen müssen, jetzt war ich zweiter Sieger beim Pokalfinale von Berlin, hatte einen neuen Vertrag bis 2019 in der Tasche und war der erste Fußballer der Bundesligageschichte, der nach einer Krebserkrankung wieder aufs Spielfeld zurückgekehrt war. Worüber hätte ich mich beklagen sollen? In den verdienten Sommerurlaub fuhr ich als müder, aber glücklicher Mann. Und als Fußballer, der es trotz der Strapazen kaum erwarten konnte, dass die neue Saison losging.

Kapitel 15

BRUDA, SCHLAG DEN BALL LANG!

Interessante Vorstellung: das Gesicht von Heribert Bruchhagen zu beobachten, wenn ihm jemand im Sommer 2007 erzählt hätte, dass die Eintracht soeben für 25 Millionen Euro neue Spieler eingekauft hat. Darunter einen bis dahin in Deutschland weitestgehend unbekannten französischen U-Nationalspieler für zwölf Millionen aus Utrecht sowie einen linken Verteidiger für 4,5 Millionen. Ach, und außerdem ablösefrei einen Mann mit Vornamen Prince, der bereits für den AC Mailand, den FC Barcelona und die Tottenham Hotspur gespielt hat.

Gut möglich, dass dem armen Heribert die Kinnlade auf den Rasen des Waldstadions geklappt wäre. Doch inzwischen waren mit Fredi Bobic und Bruno Hübner nicht nur neue Lenker und Denker bei der Eintracht am Werk, es gab auch mehr Möglichkeiten in Sachen Kaderplanung. Auch dank der soliden und umsichtigen Arbeit von Bruchhagen & Co. stand die Eintracht auf einem festen Fundament und war nun in der Lage, auch mal Spieler nach Frankfurt zu holen, die man sich ein paar Jahre zuvor noch nicht hätte leisten können. Dazu gab es mit Niko Kovač einen jungen und ehrgeizigen Trainer, der sich einen exzellenten Ruf erarbeitet hatte. Dass die Stadt und der Verein ganz unabhängig davon eh für jeden Fußballer auf der Welt besonders reizvoll waren, muss ich nicht extra erwähnen, oder? Will sagen: Das Gesamtpaket vor der Saison 2017/18 stimmte einfach und deshalb gingen wir auch mit einem so hochklassigen Kader in die Vorbereitung, wie ich es in all meiner Zeit bei der SGE noch nicht erlebt hatte.

Im Tor hatten wir mit Lukáš Hrádecký einen der besten Keeper der Liga, dazu mit Jan „Zimbo" Zimmermann als Backup einen alten Bekannten, den ich schon seit der D-Jugend kannte und schätzte. Auch Zimbo hatte Erfahrungen mit Krebs machen müssen. Übrigens – zumindest bezüglich der Diagnose – auf ähnlich kuriose Art und Weise wie bei mir: Nach einem Foul des St.-Pauli-Profis Ante Budimir musste er im Krankenhaus behandelt werden, und bei der Untersuchung entdeckten die Ärzte durch Zufall einen Tumor an der Schnittstelle zwischen Kleinhirn und Hirnstamm. Zum Glück hatte es sich um einen gutartigen Tumor gehandelt, nach einer erfolgreichen OP stand er zwei Wochen später schon wieder auf dem Platz. Zur neuen Spielzeit war er von 1860 München zurück in seine hessische Heimat gewechselt.

In der Defensive standen Niko Kovač neben meiner Wenigkeit solche tollen Kicker wie David Abraham, Simon Falette, Timothy Chandler, Jetro Willems, Danny da Costa oder Carlos Salcedo zur Verfügung, das Mittelfeld war mit Neuzugang Kevin-Prince Boateng, Mijat Gaćinović, Makoto Hasebe oder Gelson Fernandes ebenfalls großartig besetzt. Und im Angriff sollten Luka Jović, Sébastien Haller und Ante Rebić zum besten Offensivtrio der jüngeren Vereinsgeschichte zusammenwachsen. Was für eine Riege! Besonders der Prince stand dabei natürlich besonders im Fokus. Mit Milan und Barça hatte er jeweils die Meisterschaft in Italien und Spanien gewonnen, hatte für die Nationalmannschaft von Ghana gespielt und bei jedem seiner Vereine einen bleibenden Eindruck hinterlassen. Seine Fähigkeiten als Fußballer waren unbestritten, er war ein echter Alleskönner: technisch hervorragend, guter Abschluss, kopfballstark, aggressiv im Zweikampf und nach all den Jahren bei den Topklubs in Europa fußballerisch sicherlich der intelligenteste Spieler unseres Teams. Natürlich hatte man ihm auch ein gewisses

Image verpasst. Sein bisweilen exzentrischer Look mit einer Menge Bling-Bling, die berühmte Modelfrau, die legendären Tanzmoves im San Siro während der Meisterfeier mit Milan – Prince war eben kein gewöhnlicher Fußballspieler. Wie immer wollte ich mir völlig unvoreingenommen selbst ein Bild machen und lernte einen großartigen Mitspieler kennen, der das Siegergen einfach in sich trug und uns mit seiner Mentalität und seinen Fähigkeiten ganz sicher weiterhelfen würde.

Als alter Hase bei der Eintracht war es mir natürlich wichtig, dass die unterschiedlichen Typen auch alle gut miteinander harmonierten. Doch diesbezüglich brauchte ich mir überhaupt keine Sorgen zu machen. Unsere Führungsriege legte sehr viel Wert darauf, nicht nur sportlich, sondern auch charakterlich starke Spieler zu verpflichten. Dazu brauchte es natürlich auch das nötige Quäntchen Glück, vor allem aber ein kluges Scouting, man musste sehr viel Aufwand betreiben und viel Arbeitszeit investieren, und am Ende war natürlich auch eine besondere Menschenkenntnis gefragt, über die Fredi, Bruno und die beiden Kovač-Brüder ganz offensichtlich verfügten. Wie gut selbst sehr unterschiedliche Typen zu einer Einheit verschmelzen können, zeigte ja schon unser Trainerduo. Niko, der ältere der beiden, war ganz klar der Chef im Ring und ein extrem ehrgeiziger Typ, der seine Mentalität jeden Tag vorlebte. Wenn er beim 5 gegen 2 mitmischte, dann flogen die Fetzen. Sein Bruder Robert war da eher der entspanntere Charakter. Er machte gerne seine Gags und holte beim 5 gegen 2 lieber den Tunnel raus, als die Fluggrätsche. Diese Kombination passte einfach und sorgte bei uns für die richtige Mischung aus Konzentration und Lockerheit.

Blieb jetzt nur die Frage, welche Rolle ich in dieser Mannschaft spielen würde. Meine Funktion als Führungsspieler war weiterhin unumstritten, doch wie standen die Chancen, auch dauerhaft zu einer echten Stammplatzoption für den Trainer zu werden? Passend zum recht rumpeligen Start in diese Saison hatte auch ich zunächst mit Startschwierigkeiten zu kämpfen und kam deshalb nur auf wenige Einsatzminuten. Was weniger mit den Folgen der Krebs-Zwangspause zu tun hatte als mit meinen generellen Problemen in der Vorbereitung. Schon als Jungprofi hatte ich mich dabei schwergetan. Die ganze Konditionsbolzerei war einfach nichts für mich und entsprechend länger brauchte ich, um die nötige Frische zu haben, die es im Bundesligaalltag nun mal braucht. Dazu kamen gesundheitliche Beschwerden, die im weiteren Verlauf meiner Karriere noch eine entscheidende Rolle spielen sollten. Schon seit längerer Zeit plagten mich immer wieder Schmerzen in der rechten Ferse, offenbar war meine Achillessehne bereits ziemlich mitgenommen. Tatsächlich stand zum damaligen Zeitpunkt sogar schon eine Operation zur Diskussion, doch ich entschied mich dagegen. Gerade erst hatte ich mich nach langer Leidenszeit wieder zurück an die Mannschaft gekämpft, ein erneuter Ausfall würde mich für Monate zurückwerfen. Also biss ich auf die Zähne und akzeptierte einfach, dass mein rechter Fuß von Zeit zu Zeit geschont werden musste. Was jedoch dazu führte, dass ich in der Hinserie nicht über die Rolle des Ergänzungsspielers hinauskam. Nur zweimal stand ich in den ersten 17 Ligaspielen von Beginn an auf dem Rasen. Immerhin: Im DFB-Pokal setzte Niko voll auf meine Erfahrung als Pokal-Veteran. Nach dem verlorenen Finale gegen Dortmund war die Sehnsucht groß, noch einmal die Chance auf den Titel zu bekommen. Über Erndtebrück, Schweinfurt und Heidenheim schafften wir es bis zur Winterpause ins Viertelfinale. Pflichtaufgabe erfüllt.

Auch zum Start der Rückrunde blieb mein direkter Anteil an unserem stetig wachsenden Erfolg zunächst überschaubar. Das hatte weiterhin mit meinen Fersenproblemen zu tun, aber auch ganz schlicht damit, dass meine Konkurrenten richtig gut spielten. Nach anfänglichen Eingewöhnungsschwierigkeiten griff das „System Kovač" jetzt immer besser, vor allem waren wir vor dem Tor viel abgeklärter und münzten unsere spielerische Überlegenheit endlich auch in Punkte um. Was mich zusätzlich motivierte, war die Tatsache, dass ich trotz meiner nunmehr 32 Jahre und den Verletzungssorgen weiterhin Fortschritte machte und mich immer näher an die Startelf herankämpfte. Beim 4:2-Sieg gegen den 1. FC Köln am 22. Spieltag stand ich nicht nur 90 Minuten auf dem Platz, sondern köpfte auch noch die zwischenzeitliche 2:1-Führung – das erste Tor seit meiner Krebserkrankung. Das interessierte aber nur noch Statistikfreunde, ich für meinen Teil hatte die Krankheit zwar als Teil meiner Vita akzeptiert, die schweren Zeiten aber auch endgültig abgehakt. Jetzt zählte – rein beruflich betrachtet – nur noch die Eintracht. Mit dieser Mannschaft schien eine ganz Menge machbar zu sein. Nach dem besagten Spiel gegen den FC standen wir Mitte Februar 2018 erstmals auf einem Champions-League-Platz. Und das vollkommen zu Recht. Auch ich träumte natürlich von der Teilnahme an der Königsklasse. Diese Stadt, dieser Verein, die Fans und diese Mannschaft hatten es ohne Zweifel verdient und wären ganz sicher eine Bereicherung für diesen größten aller Wettbewerbe.

Kurz bevor die heiße Phase der Saison eingeläutet wurde, platzte eine Bombe. Per Mertesacker hatte dem *Spiegel* ein ausführliches Interview gegeben und darin unter anderem darüber gesprochen, wie sehr ihn all die Jahre als Profi der alltägliche Druck belastet hatte – mental und körperlich. Mertes Aussagen lösten eine Diskussion darüber aus, wie viel man uns Profifußballern eigentlich zumutete und zumuten konnte. Ich fand das Interview super, weil sich mein früherer Kollege die Mühe gemacht hatte, dieses heikle Thema anzusprechen. Die Fans und die Öffentlichkeit sehen in der Regel nur den Leistungssportler, sie lesen in der Zeitung, wie viel er verdient, welche Autos er fährt und mit welchen Frauen er zusammen ist. Und genau danach wird er dann auch bewertet. Was es wirklich bedeutet, Woche für Woche auf absolutem Topniveau Sport zu machen und sich dabei dem wahnsinnigen Druck auszusetzen, wissen nur die, die es erlebt haben. Nicht jeder kommt damit so gut klar, wie es mir all die Jahre gelang. Wobei ich hinzufügen muss, dass ein langjähriger Nationalspieler wie Mertesacker natürlich noch einmal ganz anders im Fokus steht als Marco Russ von Eintracht Frankfurt. Ich bin auch deshalb so gut mit den Belastungen klargekommen, weil ich immer in der Lage war, meine eigene Leistungsfähigkeit gut einzuschätzen. Denn wer sich – neben der öffentlichen Erwartungshaltung und den Anforderungen seines Trainers oder seiner Mitspieler – noch selbst unnötig unter Druck setzt, hat es enorm schwer. Wie viele meiner Kollegen eventuell ganz anders unter Stress standen, kann ich gar nicht sagen, weil Fußball zwar ein Mannschaftssport ist, aber solche Sachen dann doch immer noch jeder mit sich selbst ausmacht. Und um den Bogen zu unserer Truppe im Frühjahr 2018 zu schlagen: Wir hatten so starke Persönlichkeiten in der Mannschaft, dass sie den Druck der Mitspieler zum Teil absorbierten. Beispiel Prince Boateng: Der war so überzeugt von seinen Fähigkeiten und mental so stark, dass er uns alle einfach mitriss und damit sicherlich auch Kollegen unterstützte, die nicht so selbstbewusst waren wie er. Das war einer der Gründe, warum wir am Ende dieser Spielzeit jubeln durften.

Wobei dafür wirklich die allerletzten Kraftreserven aufgebraucht werden mussten. Das hohe Tempo und die Intensität unseres Pressingfußballs forderten trotz des breiten Kaders auf der Zielgerade ihren Tribut. Nur mit sehr viel Aufwand und etwas Glück zogen wir nach unserem Halbfinalsieg gegen Schalke 04 erneut ins Pokalfinale ein, von den letzten sieben Ligaspielen verloren wir fünf und verpassten denkbar knapp die Teilnahme an einem europäischen Wettbewerb. Wahrscheinlich wäre das gar nicht mal so dramatisch gewesen, doch eine ganz andere Sache sorgte dafür, dass die großartige Stimmung der vergangenen Monate krass umgeschlagen war. Niko Kovač würde am Ende der Saison die Eintracht verlassen und zum FC Bayern wechseln. Das war nicht nur für unsere Fans ein Schlag ins Gesicht. Gerade waren wir dabei, gemeinsam mit dem Trainer an einer spannenden Zukunft zu basteln und jetzt sollte diese so wunderbare Beziehung plötzlich schon wieder vorbei sein? Unser Anhang reagierte drastisch und entzog dem bis dahin verehrten Coach jegliche Sympathie, was mir zum wiederholten Mal zeigte, wie wahnsinnig schnell sich im Fußball alles ändern kann. Wir Spieler verhielten uns natürlich anders, doch es wäre gelogen, wenn ich sagen würde, dass sich für uns nichts geändert hätte. Während einer Saison verbringt man mit seinen Kollegen und dem Trainerteam mehr Zeit als mit der eigenen Familie, in so einer Zeit entwickelt sich ein besonderes Vertrauensverhältnis. Gerade dann, wenn es so erfolgreich läuft wie damals bei uns. Und wenn dann der Häuptling dieser eingeschworenen Gemeinschaft die Gruppe verlässt und zu einem Konkurrenten wechselt, dann ist das generell erst mal schwer zu verkraften. Vertrauensverlust wäre das falsche Wort, schließlich sind wir alle Profis und kennen die Mechanismen des Geschäfts. Aber das zarte Konstrukt Fußballmannschaft wird durch solche Dinge dennoch nachhaltig erschüttert und das wirkt sich dann auch auf die Ergebnisse aus. Ein Prozess, den man ja zuletzt auch beobachten konnte, als Adi Hütter seinen Wechsel zu Borussia Mönchengladbach bekannt gab und die Mannschaft anschließend noch die Qualifikation für die Champions League verspielte.

All das gipfelte bei uns damals in der knappen 0:1-Niederlage gegen Schalke am letzten Spieltag und der verpassten Teilnahme am Europapokal. In diesem Moment fühlte es sich so an, als sei die ganze lange Saison für die Katz gewesen, als hätten wir ganz am Ende doch noch alles verloren: die Chance auf den Europapokal, unseren Trainer, die Gunst der Fans. Richtige Untergangsstimmung. Am Dienstag, drei Tage nach dem Schalke-Spiel, trafen wir uns wieder. Am Samstag würde in Berlin das Pokalfinale stattfinden: Eintracht Frankfurt gegen den FC Bayern. Ausgerechnet. Und als ob man uns diese Neuigkeit soeben erst mitgeteilt hätte, löste sich die miese Laune auf wie Nebel am Morgen und neue Energie strömte durch unsere Körper, als habe uns jemand was in den Kaffee getan. Wenn ich heute darüber nachdenke, dann erinnert die damalige Situation stark an einen kitschigen Sportfilm, in dem aus der Asche der schmerzhaften Niederlage der Phönix der Zuversicht emporsteigt und alle Anwesenden mit sich reißt. Klingt blöd, aber genauso fühlte es sich an. Auf eine ganz spezielle Art und Weise, zu der nur eine gut harmonierende Fußballmannschaft in der Lage ist, bauten wir uns eine eigene Welt auf, in der sich alles, aber auch wirklich alles, um das Endspiel drehte. In diesem Paralleluniversum stand ganz oben am Himmel geschrieben: „19. Mai 2018, 20 Uhr, Olympiastadion Berlin. Bayern München gegen Eintracht Frankfurt." Im Fußball wird bei so wichtigen Spielen gerne von einem Tunnel berichtet, in dem sich die Spieler befinden und in diesem Tunnel, zubetoniert von allen äußeren Einflüssen, befanden wir uns tatsächlich. Normalerweise war ich in der Lage, nach Feierabend abzuschalten und aus dem Fußballer Marco den Vater, Partner, Kumpel Marco werden zu lassen, doch in dieser Woche war das nicht möglich. Stand ich morgens auf, dachte ich ans Finale. Ging ich abends ins Bett, dachte ich ans Finale. Und ich bin mir ziemlich sicher, dass es jedem meiner damaligen Mitspieler ganz genauso ging.

Unsere Taktik gegen die Bayern war klar. Das Starensemble von Jupp Heynckes – mit unglaublichen 21 Punkten Vorsprung auf den Zweitplatzierten mal wieder Meister geworden – würde deutlich mehr Ballbesitz haben und uns tief in die eigene Hälfte drängen. Unsere Chancen lagen ganz eindeutig im Konterspiel und dafür hatten wir genau den richtigen Mann in unseren Reihen. Ante Rebić, unser kroatischer Stürmer, der wenige Wochen später als Vizeweltmeister von der WM in Russland zurückkehren würde, war wahnsinnig schnell und verfügte zusätzlich über einen brutalen Antritt. Unser simpler Plan: Balleroberung und dann über die Ketten der Bayern Ante auf die Reise schicken! Dabei kam uns zugute, dass die Münchener auf Manuel

Neuer verzichten mussten und mit Sven Ulrich einen Keeper im Tor hatten, der deutlich weniger offensiv verteidigte.

Endlich, der Tag des Endspiels war gekommen. Niko entschied sich für folgende Aufstellung: Im Tor Hrádecký vor ihm in der Viererkette Abraham und Salcedo zentral, links Willems, rechts da Costa. Hasebe auf der Sechs, vor ihm de Guzmán und Mascarell. In der Zentrale Boateng und vorne Rebić und Wolf. Gemeinsam mit Jović, Haller, Gaćinović, Fabián, Tawatha und Zimmermann musste ich zunächst auf der Bank Platz nehmen. Für mich eine nachvollziehbare Entscheidung. Die elf Jungs auf dem Rasen hatten es verdient, in diesem Spiel von Beginn an aufzulaufen. Das Warmmachen, die Hymnen, der Start in dieses Finale – all das lief weiterhin wie ein Film vor mir ab. Natürlich waren wir der krasse Außenseiter, und wer weiß, wie die Partie gelaufen wäre, wenn Robert Lewandowski seinen Freistoß nicht gegen die Unterlatte, sondern ins Tor geschossen hätte. Stattdessen die elfte Spielminute: Ballgewinn Boateng, Pass in die Tiefe zu Rebić – 1:0. Wahnsinn, was sich für Szenen abspielten. Und fast noch wahnsinniger, dass wir mit der Führung auch zur Halbzeit in die Kabine gingen. Kein Zweifel, die Münchner würden gleich richtig Vollgas geben. Und tatsächlich erzielte Lewandowski acht Minuten nach Wiederanpfiff das 1:1. Noch knapp 20 Minuten waren zu spielen, als mich Niko Kovač zu sich ranrief. Um unserer Defensive noch mehr Stabilität zu geben, schickte er mich in der 74. Minute für de Guzmán aufs Spielfeld. Das zweite Mal in meinem Leben, dass ich bei einem Pokalfinale auf dem Rasen stehen durfte. Doch für Gedanken solcher Art war keine Zeit, stattdessen musste ich kurz darauf hilflos mitansehen, wie Mats Hummels David Abraham übersprang und sein Kopfball wie in Zeitlupe über unsere Köpfe hinweg aufs Tor zuflog. Wieder Latte! Hektisch versuchte ich den Abpraller aus der Gefahrenzone zu schlagen, verfehlte aber den Ball und konnte froh sein, nicht das Bein von Javi Martínez erwischt zu haben.

Noch zehn Minuten. Noch acht. Die Bayern drückten, doch dieser Film hielt noch ein Happy End für uns bereit. Tief in unserer Hälfte versuchte Bayern-Profi James den Ball zu kontrollieren, doch „Hase" Hasebe bedrängte ihn erfolgreich, Prince eilte ihm zu Hilfe, stocherte das Spielgerät zu Danny da Costa der machte genau das, was Ante dem Prince vor dem Spiel eingetrichtert hatte: Er schlug den Ball lang. Mats Hummels hatte drei Meter Vorsprung und versuchte, den Pass zu entschärfen, doch im letzten Moment spritzte unser kroatischer Blitz dazwischen, schüttelte den großen Hummels ab wie eine lästige Fliege und spitzelte den Ball ins Tor. 2:1 nach 82 Minuten! Unfassbar. Das Olympiastadion explodierte, Ante ließ sich auf der Laufbahn feiern und ich schaute zur Uhr. Noch acht lange Minuten. Plus Nachspielzeit. Würden wir dem jetzt zu erwartenden Sturmlauf der Bayern standhalten? Noch fünf Minuten. Noch zwei. Dann die Nachspielzeit. Und noch eine Ecke für die Bayern. Ulreich kam mit nach vorne, doch es gelang uns, die Flanke abzuwehren. Leider direkt in die Mitte vor die Füße von David Alaba. Schuss mit rechts ins Gewühl, Nachschuss von Wagner, gehalten von Hrádecký – und auf einmal sackte Javi Martínez nach einem Zweikampf mit Boateng im Strafraum zu Boden. Doch der Pfiff blieb aus. Mir blieb trotzdem fast das Herz stehen. Von der Strafraumkante aus hatte ich freie Sicht auf das Geschehen gehabt. Prince hatte Martínez klar am Fuß erwischt. Wenn sich Schiedsrichter Felix Zwayer diese Szene noch einmal am Bildschirm anschauen würde, bliebe ihm vermutlich keine andere Wahl, als Elfmeter für die Bayern zu pfeifen. Völlig aufgelöst bedrängten die Münchener Zwayer. Der verschaffte sich kurz Platz und drückte dann auf den Knopf in seinem Ohr. Verzweifelt wartete ich ab, was jetzt geschehen würde. Dann der berühmt-berüchtigte Fingerzeig, der in die Luft gemalte Bildschirm. Langsam trabte der Unparteiische zur Seitenlinie. Bruder, was ging denn hier ab? Uns blieb nichts anderes übrig, als zu warten. Positiv bleiben, rief ich mir selbst zu, optimistisch bleiben! Dieses Spiel werden wir nicht verlieren! Noch immer starrte Zwayer auf seinen kleinen Bildschirm über der Werbebande. Mein Gott, wie lange wollte er sich die Szene denn noch anschauen? Endlich löste er sich aus seiner Starre und drehte sich zu uns um. Noch wenige Schritte, die mir wie eine halbe Ewigkeit vorkamen, dann endlich hob der Schiri seinen Arm und zeigte – zur Ecke. Kein Foul, kein Elfmeter, nur ein allerletzter Eckball für die Münchener. Ja! Kurz die Faust geballt und dann volle Konzentration auf den Eckstoß. Was nützte uns die Gunst des Schiedsrichters, wenn wir gleich durch eine Unachtsamkeit doch noch den Ausgleich kassierten? Kimmich schlug den Ball in die Mitte, doch schon am ersten Pfosten konnte Jetro Willems das Ding aus der Gefahrenzone köpfen – direkt in den Lauf von Mijat Gaćinović. Noch so einer, gegen den ich nur furchtbar ungern ins Laufduell ging. Warum? Das zeigte er jetzt, in den letzten Sekunden dieses denkwürdigen Endspiels. In vollem Tempo legte er sich den Ball am Gegenspieler vorbei und hatte nun freie Bahn, weil Ulreich immer noch vorne war. Ein Tor, so lang und schön wie nur wenige, die ich in meiner Laufbahn erleben durfte. Das Stadion dröhnte, jubelte und bebte, als Mijat mit dem Ball am Fuß auf das leere Bayern-Tor zuraste, draußen explodierte unsere Bank, ein paar der Jungs machten die letzten Meter an der Seitenlinie einfach mit. Und dann, als krönender Abschluss unseres Blockbusters „Pokalfinale 2018", schob Mijat die Kugel ins Tor. 3:1. Abpfiff. Und ein neuer DFB-Pokalsieger: die SGE, die Eintracht vom Main. Die verrückteste, schönste und aufregendste Viertelstunde meiner Laufbahn hatte das beste Ende gefunden, das man sich nur vorstellen konnte.

So einen Moment wirklich zu greifen und zu begreifen, dazu ist ein Mensch gar nicht in der Lage. Man muss sich das nur mal vorstellen: 75 000 Fans in diesem riesigen Stadion, überall Blitzlichtgewitter, eine alles übertönende Lautstärke und Euphorie, der Platz voller lachender, schreiender, weinender, jubelnder

Mitspieler, Trainer, Klubmitarbeiter. Irgendwo dazwischen die bedröppelten Gegner, die langsam vom Rasen schleichen, während um sie herum der Ausnahmezustand herrscht. Aus den Stadionboxen bollert Musik, in den Kurven wird gesungen, geklatscht und gejohlt. Fotografen und Reporter fluten auf den Platz, sind plötzlich überall. Und mittendrin man selbst, verschwitzt und auf einmal unglaublich geschafft, weil innerhalb von Sekunden all die Anspannung, die Konzentration und der Druck abfallen. Die Beine sind schwer, der Kopf ist ganz leicht, die Gedanken fliegen und lassen sich erst mal nicht einfangen. Meine Augen füllten sich mit Tränen, keine Ahnung, was da in mir vorging. Und wer dieses Buch aufmerksam gelesen hat, der weiß, wie weit entfernt ich vom Wasser gebaut bin. Eine nie da gewesene, eine surreale Situation. Die ersten Minuten nach dem Schlusspfiff verbrachte ich eigentlich nur damit, Menschen zu umarmen, zu beglückwünschen und Glückwünsche entgegenzunehmen. Anschließend wieder mit der Mannschaft zu unseren Fans – oder lief ich doch erst zur Tribüne, wo mein Sohn das Spiel verfolgt hatte? Gemeinsam mit Prince wurde ich noch von Sky interviewt, dann stellten wir uns auf zur Pokalübergabe, eine glückliche und ausgelassene Gruppe von jungen Männern, die gemeinsam etwas wirklich Großes vollbracht hatten.

Und auf einmal stehst du da auf diesem kleinen Podest, bekommst die Medaillen umgehängt, sagst artig Danke und wartest darauf, dass dein Kapitän den goldenen Pokal überreicht bekommt, auf den du scheinbar schon dein ganzes Leben lang gewartet hast. Dieser Moment, wo David Abraham den Cup nach oben stemmte und wir alle gemeinsam die Arme in die Luft warfen und die Fäuste ballten, dieser kollektive Freuden- und Glückstaumel war der größte Augenblick meiner Fußballerkarriere. Als kleiner Bub auf dem Marina-Bolzplatz hatte ich davon geträumt, Titel und Pokale zu gewinnen. Und zwar nicht für irgendeinen Verein. Sondern meinen Klub, Eintracht Frankfurt! Ein Vierteljahrhundert später hier zu stehen und tatsächlich den Pott in den Händen zu halten und all mein Glück in das weite Rund des Olympiastadions rauszubrüllen, war einfach nur fantastisch. Aus den Tagträumen eines kleinen fußballverrückten Jungen war Realität geworden.

Natürlich ging die Party jetzt erst richtig los. Als wir schließlich in den Katakomben waren und Champagner und Bier in Strömen flossen, sorgten wir zunächst mal dafür, dass uns auch der Trainer in guter Erinnerung behielt. Niko Kovač hatte in seinem letzten Spiel für die Eintracht seinen neuen Arbeitgeber besiegt und mit dem Titel nicht nur sämtliche Kritiker zum Schweigen gebracht, sondern sich seinen Platz in der Geschichte dieses Klubs gesichert. Dass auch ihm noch auf dem Spielfeld die Tränen kamen, zeigt, unter welcher Anspannung er in den Wochen zuvor gestanden haben musste und wie viel ihm dieser Triumph bedeutete. Angeführt von Prince stürmten wir die offizielle Pressekonferenz und bespritzten den Coach mit Schampus und Pils. So können sich erwachsene Männer wirklich nur aufführen, wenn sie gerade den DFB-Pokal gewonnen haben.

Es dauerte bis circa halb eins, ehe wir das Stadion verlassen hatten. Bevor wir uns in die lange Berliner Nacht stürzen durften, musste zunächst das Siegerbankett überstanden werden. Gerade für die Spieler eine doch sehr leidige Pflichtaufgabe. Eben noch hat man sich vor Tausenden von Durchgeknallten Champagner in den Mund gespritzt und einen Goldpokal abgebusselt, jetzt steht man bereits leicht angeschickert in Anzughose und -jackett auf einer Bühne und muss Reden über sich ergehen lassen. Ich war froh, als der offizielle Teil vorbei war. Gemeinsam mit Marius Wolf, Kevin-Prince Boateng und unseren Frauen landeten wir in irgendeinem Berliner Club, wo wir einfach nur geschafft und glücklich in einer Ecke saßen, auf den Sieg anstießen und uns von der Musik beschallen ließen. Zweimal hatte ich bereits die Chance gehabt, den Pokal zu gewinnen, zweimal war ich bereits gescheitert. Doch jetzt war alles gut, war alles im Gleichgewicht. War die Welt in Ordnung.

Schon um zehn Uhr ging am nächsten Morgen der Flieger nach Frankfurt. Ziemlich verkatert und übermüdet schleppten wir uns zum Flughafen, orderten ein paar Konterbiere und landeten eine gute Stunde später in der Heimat, wo uns die Flughafenfeuerwehr standesgemäß mit einer Wasserfontäne begrüßte. Und das war nur der Auftakt für einen Tag, den wir alle so schnell nicht vergessen würden – und unsere Beckenbodenmuskulatur auf eine harte Probe stellen sollte. In einer Cabrio-Kolonne verließen wir das Flughafengelände mit Ziel Römer, dem historischen Rathaus von Frankfurt, auf dessen Balkon schon Welt- und Europameister gefeiert worden waren und auf dem ich bereits selbst mal gestanden hatte, als wir 2005 den Wiederaufstieg in die Erste Bundesliga feiern durften. In Dreiergruppen hockten wir uns auf die Hinterbänke der Cabrios, freundlicherweise hatte uns ein Sponsor in jedes Auto zwei Kästen Bier gestellt. Ein Angebot, von dem wir natürlich dankbar Gebrauch machten – was wir schon bald bereuen sollten. Denn bereits auf den Autobahnbrücken wurden wir von jubelnden Fans begrüßt, einige Autofahrer bremsten uns sogar vorsichtig aus, als sie mitbekamen, wer da hinter ihnen auf der Straße fuhr. Und spätestens, als wir die Bundesstraße am Stadion vorbei erreicht hatten, kamen wir nur noch im Schneckentempo voran. Ganz Hessen schien sich auf den Weg nach Frankfurt gemacht haben, überall standen Menschen, winkten, jubelten und schrien uns zu. Was einerseits wunderschön war, andererseits aber auch ein echtes Problem darstellte. Denn so langsam, aber sicher mussten wir alle pinkeln, und der Wunsch nach Erleichterung nahm von Minute zu Minute zu. Ein sehr menschliches Bedürfnis, das sicherlich jeder jubelnde Fan am Straßenrand nachvollziehen konnte, doch was sollten wir machen? Einfach die Wagen anhalten und an die nächste Hauswand pinkeln? Wie hätte das denn ausgesehen? Am besten noch verewigt auf dem nächsten Selfie. So mussten wir alle wohl oder übel tapfer durchhalten, ehe unsere Wagenkolonne nach langen, sehr langen zweieinhalb

Stunden endlich den Innenhof vom Römer erreichte. Hektisch und mit sichtbar verkrampften Mienen sprangen nun Fußballer, Trainer und Funktionäre aus den Autos und eilten zur Toilette, doch dort wartete das nächste Problem: Für 40 Männer mit einem inzwischen sehr dringenden Bedürfnis standen exakt vier Toiletten zur Verfügung. Lange hielt ich das nicht mehr aus. Entsprechend dankbar werde ich Oberbürgermeister Peter Feldmann für den Rest meiner Tage sein, dass er in diesem Moment souverän reagierte und Prince Boateng und mich in sein privates Badezimmer führte. Die anschließende Erleichterung war fast so groß wie am Abend vorher im Olympiastadion.

Entsprechend befreit fluteten wir nach einer kurzen Rede des OB schließlich den Rathausbalkon und machten uns bereit für die nächsten Gänsehautmomente. Ich hatte schon einmal hier oben gestanden, aber was ich jetzt sah, überstieg selbst meine kühnsten Erwartungen. So weit das Auge reichte, sah ich überall nur Menschen in Schwarz und Weiß und Rot, nicht nur auf dem Rathausvorplatz, sondern auch in den hintersten Gassen und Winkeln. Dieser erste Moment, in dem man von hoch oben auf dieses Meer von Menschen schaut, ist gigantisch. Eine krasse Erfahrung, und wer es noch nicht begriffen hatte, der wusste spätestens jetzt, was dieser Pokalgewinn den Leuten bedeutete. 30 Jahre lang hatte diese Stadt, hatte dieser Verein auf einen Titel warten müssen und wir hatten es tatsächlich geschafft. Magisch. Auf dieser einzigartigen Bühne erwies sich Prince mal wieder als geborene Rampensau. Ganz cool mit kreisrunder Sonnenbrille plauderte er aus dem Nähkästchen und gab jenen Dialog mit Ante Rebić wieder, der seitdem in keiner Geschichte über unseren Pokalsieg fehlen darf:

„Der hat vor dem Spiel gesagt mit seinem super Deutsch: ‚Bruda! Schlag den Ball lang!' Und ich zu ihm: ‚Bruda! Ich schlag den Ball lang!'"

Auch für unseren scheidenden Trainer hatte Prince ein paar schöne Worte übrig („Er hat uns den Pokal geschenkt, jetzt darf er auch zu Bayern gehen"), und weil sich dann auch noch unser Fußballgott Alex Meier verabschieden durfte und sich Niko am Mikrofon endgültig mit den Frankfurtern versöhnte, war die Harmonie perfekt. Nach ein paar letzten Fotos mit Sponsoren und dem Eintrag ins Goldene Buch der Stadt schnappte ich mir, inzwischen fix und fertig, meine Tasche und ließ mich nach Hause fahren. Wieder in meinen eigenen vier Wänden und bei meinen Kids zu sein, darauf hatte ich mich schon die ganze Zeit gefreut. Was sich in den vergangenen 24 Stunden abgespielt hatte, war einzigartig, unbeschreiblich, sensationell gewesen, aber eben auch so surreal, dass ich mich in die Vertrautheit und Geborgenheit meines Zuhauses sinken ließ wie in ein großes weiches Kissen.

Erst einige Zeit später, irgendwann im verdienten Sommerurlaub, realisierte ich wirklich, was in den vergangenen Jahren alles passiert war. Die Diagnose vor dem Relegationsspiel. Die Rettung der Eintracht. Mein Kampf gegen den Krebs. Die Rückkehr und mein Comeback. Und schließlich als Höhepunkt der Sieg in Berlin. Mit einem Lächeln auf dem Gesicht schloss ich die Augen und fühlte die Wärme auf meiner Haut. Was war das nur für eine unglaubliche Geschichte. Und noch war sie ja nicht vorbei.

Kapitel 16

UNITED COLORS OF FRANKFURT

Eine gute Saison weckt immer Begehrlichkeiten. Vor allem, wenn die gute Saison von einer Mannschaft gespielt wurde, die nicht Bayern München heißt. Das war die Kehrseite der Medaille als frischgebackener DFB-Pokalsieger: zu wissen, dass diese Mannschaft so, wie sie an jenem glorreichen 19. Mai 2019 in Berlin zusammengekommen war, vermutlich nie wieder auflaufen würde. Unser Fels in der Brandung, der Super-Finne Lukáš Hrádecký, wechselte zu Bayer Leverkusen, Alex Meier hatte seine Karriere beendet, Niko Kovač trainierte jetzt die Bayern und schließlich verließ auch noch der Mann die Eintracht, der uns in der vorherigen Saison so vorbildlich angeführt hatte. Kevin-Prince Boateng hatte gute Gründe für seinen Transfer zu US Sassuolo. Seine Frau und sein Sohn lebten in Mailand, wo seine Frau auch arbeitete, und das knapp zwei Autostunden weiter südlich gelegene Sassuolo war von dort einfach bequemer zu erreichen als das 700 Kilometer weiter nördlich gelegene Frankfurt. Wie ein römischer Imperator war der Prince bei der Eintracht aufgetreten, war gekommen, hatte gesehen und am Ende gesiegt. Starker Auftritt, starker Typ.

Die durch seinen Weggang entstandene Lücke mussten nun andere Spieler füllen, und einer der potentiellen Kandidaten dafür hatte gerade auf der ganz großen Bühne für Furore gesorgt. Als Stammspieler war Ante Rebić bei der WM in Russland mit seinen Kroaten bis in Finale vorgestürmt, in dem sie den Franzosen, die dann doch eine Nummer zu groß waren, unterlagen. Zwar war Ante mit seinen 24 Jahren immer noch ein junger Kerl, doch so eine besondere Erfahrung wie eine Weltmeisterschaft lässt dich als Fußballer natürlich im Zeitraffer reifen. Glücklicherweise schaffte es unsere sportliche Führung, den Helden von Berlin mit einem neuen Vertrag bis 2022 an Frankfurt zu binden. Gemeinsam mit Sébastien Haller und Luka Jović würde er zu einem der besten Offensivtrios der Ligageschichte heranwachsen.

Verantwortlich dafür war ein Mann, von dem ich bis dato noch nie etwas gehört hatte. Adi Hütter war zu seiner aktiven Zeit immerhin 14-facher österreichischer Nationalspieler gewesen und hatte mit Austria Salzburg 1994 das UEFA-Cup-Finale erreicht, als Trainer war er über RB Salzburg bei den Young Boys Bern gelandet, die er in der gerade beendeten Saison zum ersten Schweizer Meistertitel seit sage und schreibe 32 Jahren geführt hatte. Alles Infos, von denen ich erst erfuhr, als ich mich im Internet über ihn schlaugemacht hatte. Ich war gespannt, ob es dem Neuen gelingen würde, die gute Arbeit seines Vorgängers fortzusetzen. Denn unter Niko Kovač waren wir nicht nur Pokalsieger geworden, er hatte aus einem Abstiegskandidaten eine der aufregendsten Mannschaften der Liga geformt, die längst auch international für Furore sorgte. Die Stadt, der Verein, das Stadion, der Fußball, den wir spielten – das war zu einer Marke geworden, wie ich es mir 15 Jahre zuvor nicht mal in meinen kühnsten Träumen ausgemalt hatte.

Das Trainingslager verbrachten wir diesmal in den USA, hier würde ich den neuen Coach auch richtig kennenlernen können. Ich erlebte einen Trainer mit sehr guten Ideen und vor allem einer kommunikativen Art, wie ich sie so vorher noch bei keinem anderen Übungsleiter gesehen hatte. Adi hat ein sehr feines Gespür dafür, wie eine Fußballmannschaft funktioniert, und deshalb war es ihm auch wichtig, mich schon in den ersten Tagen zur Seite zu nehmen. Als mit Abstand dienstältester

Frankfurter hatte meine Stimme Gewicht und vor allem kannte ich Verein und Mannschaft vermutlich besser als jeder andere im Kader. Ein cleverer Trainer macht sich so was zunutze und so suchte Adi auch so schnell den Kontakt zu mir. Was mich allerdings überraschte, war, dass es ihm scheinbar nur am Rande um meine sportliche Einschätzung ging. Er wollte wissen, was für ein Typ ich war, und interessierte sich mehr für den Menschen als für den Fußballer Russ. Das fand ich spannend und richtig, gerade weil ich – siehe Magath – auch schon ganz andere Erfahrungen hatte machen müssen. Gleichzeitig wollte ich mir ganz am Anfang nicht gleich in die Karten schauen lassen und hielt mich deshalb auch etwas bedeckt gegenüber dem neuen starken Mann an der Außenlinie. Wir würden schon noch genügend Gelegenheiten bekommen, uns besser kennenzulernen.

Hütters Idealvorstellung von Fußball empfand ich als Fluch und Segen zugleich. Segen, weil ich von den Erfolgsaussichten seines Stils – schnelles und aggressives Umschaltspiel, hohes Pressing, Offensivreihe als erste Verteidigungslinie – überzeugt war; Fluch, weil ich ahnte, wie schwer es für mich werden würde, bei diesen hohen läuferischen Anforderungen zu Einsätzen zu kommen. Sicher, ich ging mit dem Selbstbewusstsein in die Saisonvorbereitung, unter dem neuen Trainer Stammspieler zu sein, doch letztlich musste ich realistisch sein. Für seinen Fußball benötigte Hütter gesunde und laufstarke Spieler mit einer hohen Endgeschwindigkeit, alles Eigenschaften, die ich nur noch zum Teil bieten konnte. Meine Achillessehne machte weiterhin Probleme und gegen zehn Jahre jüngere Spieler war ich in puncto Athletik naturgemäß im Nachteil. Das machte sich besonders im Vergleich mit einem Neuzugang bemerkbar, für den die Eintracht die stolze Summe von 5,5 Millionen Euro Richtung Auxerre überwiesen hatten. Evan N'Dicka hatte nicht nur einen großartigen Namen, er war mit seinen erst 18 Jahren auch schon unglaublich weit. Ein Baum von einem Kerl, der so abgebrüht und cool spielte, als wenn er schon zehn Jahre Bundesliga auf dem Buckel hätte. Ich war fasziniert davon, dass der Franzose scheinbar überhaupt keine Eingewöhnungsphase benötigte, und stellte mich innerlich schon darauf ein, dem jungen Neuling des Öfteren von der Ersatzbank zuschauen zu müssen. Das mag für den ein oder anderen vielleicht etwas zu gönnerhaft rüberkommen, aber bereits als junger Kicker hatte ich mir fest vorgenommen, immer das richtige Maß an Selbsteinschätzung zu finden, um nicht so zu enden wie viele der in die Jahre gekommenen Routiniers, die am Ende ihrer Karriere die junge Konkurrenz wegbeißen, weil sie nicht wahrhaben wollen, dass ihre Zeit abgelaufen ist. Zwar ging ich fest davon aus, noch für so einige Spiele gut zu sein, aber vermutlich eben nicht mehr als Stammkraft mit 30+ Einsätzen. Also justierte ich meine Ziele neu und definierte meine Rolle innerhalb der Mannschaft dem aktuellen Leistungsstand entsprechend. Ob ich am Wochenende nun spielte oder nicht, an meinem Status als Führungsspieler änderte das nichts. Abseits der Spieltage wollte ich den Trainer als sein verlängerter Arm unterstützen, unseren jungen Neulingen als Ansprechpartner zur Seite stehen und dafür sorgen, dass die Stimmung gut und der Ehrgeiz groß blieb. Wie hatte ich es gehasst, wenn erfahrene Spieler eine Fresse zogen, nur, weil sie nicht auf ihre Einsatzminuten gekommen waren. So ein Fußballer hatte ich nie werden wollen. Und jetzt war es offenbar an der Zeit, die Theorie auch in die Praxis umzusetzen. Zumal ich ja oft genug miterlebt hatte, wie sich wichtige Stammspieler verletzt hatten, um dann von der zweiten oder dritten Reihe ersetzt werden zu müssen. Wenn Adi Hütter in dieser Saison auf andere Jungs setzen würde – okay. Aber wenn er mich brauchen würde, in welcher Form auch immer, dann wollte ich da sein.

In einer Profimannschaft gibt es genügend Aufgaben zu erledigen, selbst wenn man kein Stammspieler ist. Eine dieser selbst ernannten Aufgaben war für mich, den Austausch zwischen Trainer und Mannschaft zu fördern und gleichzeitig die Intensität und Motivation im Training hochzuhalten. Ein ehrenwertes

Ziel, doch bei dieser Truppe waren etwaige Sorgen um genügend Teamspirit oder passende Atmosphäre völlig unbegründet. Wieder mal zeigte sich, was für ein feines Händchen Bruno Hübner und Fredi Bobic bei der Zusammenstellung ihres Kaders hatten. Jungs wie Sébastien Haller, Ante Rebić oder Evan N'Dicka verfügten neben ihren sportlichen Fähigkeiten über eine sensationelle mentale Qualität und sorgten dafür, dass selbst so ein herber Verlust wie Prince Boateng zu verschmerzen war. Ein toller Trainer, eine beeindruckende Mannschaft, eine sportliche Führung auf Champions-League-Niveau, dazu die beste Fanszene des Landes – alles Komponenten, die dafür sorgten, dass diese Saison eine der besten in der Geschichte von Eintracht Frankfurt wurde – unser Erstrunden-Aus gegen Ulm mal ausgeklammert. Schön, dass ich dabei auch auf dem Platz meinen bescheidenen Anteil daran hatte, dass der Adi-Hütter-Fußball nach anfänglichen Eingewöhnungsschwierigkeiten so richtig in Fahrt kam. Nach nur vier Punkten aus den ersten fünf Saisonspielen schickte mich Hütter am sechsten Spieltag gegen Hannover als Kapitän aufs Feld. Der 4:1-Erfolg sollte der Auftakt für einen denkwürdigen Herbst 2018 sein, in dem wir nicht nur in der Bundesliga das Feld von hinten aufrollten, sondern auch noch in einer Art und Weise durch Europa fegten, wie man es in Frankfurt seit Jahrzehnten nicht mehr erlebt hatte. Marseille, Rom, Limassol – in der Gruppenphase der Europa League waren sie alle chancenlos gegen unseren begeisternden Stil und vor allem die drei Jungs in der ersten Reihe, die als neues magisches Dreieck oder wahlweise „Büffelherde" den ganzen Kontinent aufmischten. Wahnsinn, dass ich das auf meine alten Tage noch erleben durfte. Mit dem „Fußball 2000" der Okochas, Yeboahs und Gaudinos war ich groß geworden, jetzt gehörte ich selbst zu einer Mannschaft, die Fußball nicht nur spielte, sondern zelebrierte.

Die absoluten Highlights dieser an Highlights nicht gerade armen Saison waren natürlich unsere Spiele im Europapokal. Schwer zu sagen, wer damals eigentlich mehr Spektakel bot: die

Mannschaft unten auf dem Rasen oder die Fans in den Kurven, in der Kombination jedenfalls war es einfach nur atemberaubend. Als langjähriger Spieler der SGE war ich von unseren Fans ja schon krassen Support gewohnt, aber was die in den Heimspielen an Choreos ins Waldstadion zauberten oder mit wie viel Leidenschaft sie uns bei den Auswärtsspielen unterstützten, war der blanke Wahnsinn. Schwierig, bei der Beschreibung im Nachgang noch weitere Superlative zu finden, aber genauso fühlte sich diese Spielzeit an: wie ein einziger Superlativ. Auch wenn ich aufgrund von Verletzungsproblemen und irre guter Konkurrenz in der Rückrunde nur noch magere 23 Minuten zum Einsatz kam – ich genoss jedes Spiel und jeden Auftritt dieser Mannschaft und dieses Vereins.

Wenn ich eine Partie rauspicken müsste, die mich in dieser Spielzeit am meisten begeisterte, dann das Rückspiel im Europa-League-Viertelfinale gegen Benfica Lissabon. Das Hinspiel im Stadion des Lichts hatten wir mit 2:4 verloren, niemand glaubte ernsthaft mehr an ein Weiterkommen. Doch auf dem breiten Rücken von fast 50 000 Eintracht-Fans schwebte die Mannschaft los zum nächsten Höhenflug und landete nach 90 Minuten zielsicher auf Wolke Sieben. 2:0 gewonnen, den nächsten europäischen Giganten aus dem Wettbewerb gekegelt und dabei mit so viel Mut und Hingabe und Euphorie gespielt, dass es niemand, der an diesem Tag dabei war, je vergessen wird. „Im Herzen von Europa", so stand es bei der Choreo vor dem Spiel quer über die Kurve geschrieben und dieses Herz schlug so laut, dass ich mich in diesen Wochen manchmal zwicken musste, um sicherzugehen, nicht einen wunderschönen schwarz-weiß-roten Traum zu träumen. Einziger Wermutstropfen: Die Energieleistung gegen Benfica hatte scheinbar auch die letzten Kraftreserven aufgebraucht. Nach dem 2:0 konnten wir bis Saisonende kein Spiel mehr gewinnen, was uns letztlich nicht nur die Teilnahme an der Champions League kostete, sondern auch den Einzug ins Europa-League-Finale. Hier zeigte sich der Unterschied zu

Topteams wie Bayern München oder Borussia Dortmund, die in der Regel über einen so breiten Kader und so viel Erfahrung in Sachen Mehrfachbelastung verfügten, dass sie sich die Kräfte einfach besser einteilen konnten. Wir aber mussten uns eingestehen, dass wir zwar großartigen Fußball gespielt hatten, uns auf der Zielgeraden jedoch die Puste ausging. Das mag man naiv oder unerfahren finden, ich für meinen Teil war trotzdem unendlich stolz darauf, wie weit es diese Mannschaft und dieser Verein gebracht hatten. Nach dem 1:1 im Halbfinal-Hinspiel gegen Chelsea reiste ich trotz der anhaltenden Achillessehnenprobleme mit nach London, und als ich dort an der Stamford Bridge saß und die Atmosphäre auf mich wirken ließ, musste ich daran denken, wie ich knapp 15 Jahre zuvor als junger Rookie mein erstes Profispiel von Beginn an absolviert hatte. Gegen Unterhaching. In der Zweiten Bundesliga. Und dann auch noch 0:2 verloren. Jetzt, eineinhalb Jahrzehnte später, sprach ganz Europa von dieser krassen Mannschaft aus Frankfurt, drückten uns Fußballfans von Flensburg bis Freiburg die Daumen. Gegen den FC Chelsea. Im Halbfinale der Europa League. Wer dieses Buch aufmerksam verfolgt hat, dürfte inzwischen wissen, dass ich von klein auf mit der SGE aufgewachsen bin und diesen Verein in meinem Herzen trage; umso schöner war diese kleine Zeitreise für mich. Sie zeigte mir nicht nur, was für ein unglaubliches Glück ich hatte, an dieser Entwicklung beteiligt gewesen zu sein, sondern auch, was alles möglich ist, wenn in einem Traditionsverein Entscheider tätig sind, die gewissenhafte Arbeit leisten und dabei zwar auch risikofreudig sind, aber kein unkalkulierbares Risiko eingehen. Fredi Bobic und Bruno Hübner waren vielleicht die Architekten des aktuellen Erfolges, aber ohne den jahrelangen Einsatz von Heribert Bruchhagen, der den Klub gegen alle Widerstände in ruhiges Fahrwasser gelenkt hatte, wäre das alles niemals möglich, wären wir jetzt niemals an der Stamford Bridge gewesen, um gegen Chelsea die Chance aufs Endspiel zu wahren.

Dass es dazu zum Schluss nicht reichte und wir denkbar knapp im Elfmeterschießen rausflogen, war für den Moment zwar sehr schmerzhaft, doch schon am Tag nach dem Spiel sah ich in ganz Frankfurt niemanden, der den Kopf deshalb hängen ließ. Im Gegenteil: Jeder, der es mit der Eintracht hielt, war stolz auf diese Saison, diese Spieler, diesen Verein, diese Mannschaft, in der Fußballer aus 17 verschiedenen Nationen miteinander eine wunderbare Einheit gebildet hatten. Die United Colors of Frankfurt hatten ein fantastisches Bild abgegeben. Und bei der Fortsetzung wollte ich unbedingt mit dabei sein. Wer konnte denn schon ahnen, dass ich nie wieder ein Bundesligaspiel für meine Eintracht würde bestreiten können?

Kapitel 17

EINMAL EINTRACHT, IMMER EINTRACHT

Diese Zahlen. Diese unglaublich krassen Zahlen. Wer einmal vergleichen möchte, wie sehr sich der Fußball während meiner gut eineinhalb Jahrzehnte langen Karriere verändert hat, dem empfehle ich einen Blick auf die Transferausgaben der Saison 2003/04 und von 2019/20. 2003 brachte ein Mann namens Vivian der Eintracht 300 000 Euro ein, der Rest verließ den Klub ablösefrei. Gleichzeitig kosteten Geri Çipi, Giannis Amanatidis und Nascimento zusammen 325 000 Euro. Und jetzt der Sprung in den Sommer 2019. 65 Millionen Euro für Luka Jović (Real Madrid), 50 Millionen von West Ham für Sèbastien Haller. Dem gegenüber stehen Ausgaben in Höhe von 63 Millionen Euro für Djibril Sow, Martin Hinteregger, Dominik Kohr, Kevin Trapp, Bas Dost und andere. Unfassbare Summen, die mal wieder deutlich machten, welche absurden Dimensionen das ganze Finanzgebaren im Spitzenfußball angenommen hatte.

Und mittendrin meine Wenigkeit. Offizieller Marktwert: 750 000 Euro und trotzdem irgendwie nicht wegzudenken aus dieser Mannschaft und diesem Verein. Mein Vertrag lief zu diesem Zeitpunkt noch genau für ein Jahr und diese Zeit wollte ich nutzen, um noch einmal alles in die Waagschale zu werfen. Die bescheidene Vorsaison war längst abgehakt, als ich mich voller Tatendrang in die letzte Vorbereitung meiner Laufbahn stürzte – was ich damals natürlich noch nicht wissen konnte. Klar, zum Stammspieler würde ich es nicht mehr bringen, selbst 25

Einsätze waren utopisch, aber ich wollte mich so gut in Form bringen, dass ich für Adi Hütter eine echte Option darstellte, wenn Not am Mann war. Ich wollte auch kein Maskottchen sein, kein Gute-Laune-Onkel, der nur aus alter Verbundenheit mit durch die Saison geschleppt wurde. Ich wollte ein vollwertiges Kadermitglied sein. Und deshalb nahm ich erneut die Strapazen auf mich, die mit den Jahren natürlich nur noch mehr zugenommen hatten.

Gleichzeitig waren die gesundheitlichen Probleme inzwischen unübersehbar. Meine rechte Ferse machte mir weiterhin schwer zu schaffen. Wenn ich morgens aufstand und die Achillessehne noch ganz kalt war, fühlte sich mein Fußgelenk ganz steif an. Vor jeder Trainingseinheit mussten unsere Physios das Gelenk frei machen, erst dann war ich in der Lage, die Übungen voll mitzumachen. Und trotzdem ignorierte ich diese Warnsignale weitestgehend – obwohl ich mir doch eigentlich vorgenommen hatte, besser auf meinen Körper zu hören. Es sollte nicht lange dauern, bis ich dafür die Quittung bekam.

In der Europa-League-Quali trafen wir in der dritten Runde auf den FC Vaduz aus Liechtenstein und weil wir das Hinspiel klar und deutlich mit 5:0 gewonnen hatten, schickte mich Hütter im Rückspiel am 15. August von Beginn an auf den Rasen. Es war ein herrliches Gefühl, mal wieder in einem Pflichtspiel auf dem Platz zu stehen und dann auch noch als Kapitän. Nach einer knappen halben Stunde erzielte Jonathan de Guzmán das Tor des Tages, nun konnte also wirklich nichts mehr schiefgehen.

Nur fünf Minuten später flog ein hoher Ball in meine Richtung. Wie schon viele tausend Mal in meiner Karriere zuvor stieg ich hoch, um das Ding aus der Gefahrenzone zu köpfen. Business as usual. Doch diesmal war alles anders. Denn statt den Ball mit dem Kopf sauber zu treffen, spürte ich einen heftigen Tritt in meiner rechten Hacke und sofort danach ein Brennen, das immer heftiger wurde.

Mit schmerzverzerrtem Gesicht am Boden liegend blickte ich mich um. Doch mein Gegenspieler stand zwei Meter entfernt und schaute mich mit ratloser Miene an. Offenbar war er beim Kopfball nicht mal in meiner Nähe gewesen. Was also war geschehen? Nach kurzem Zwischensprint bei mir angekommen, besah sich unser Mannschaftsarzt meinen Fuß und schaute mir nach kurzer Behandlung mit ernster Miene ins Gesicht: „Die Sehne ist nicht mehr da. Ich kann deine Achillessehne nicht mehr fühlen." Shit, das hörte sich natürlich überhaupt nicht gut an! Dabei hatte ich immer gedacht, dass der Riss einer Achillessehne einen lauten Knall zur Folge hatte. In der Jugend war einem Mitspieler dieses Unglück mal passiert, das laute Geräusch der gerissenen Sehne war unüberhörbar gewesen. Doch jetzt schien alles anders zu sein.

Wie oft war ich in meiner Laufbahn schon in richtig heftige Zweikämpfe gerauscht, wie oft hatte es von außen so ausgesehen, als hätte ich mir dabei sämtliche Knochen gebrochen. Doch jetzt, bei der schwersten Verletzung meines Lebens, war ich einfach zusammengebrochen – ohne Einwirkung des Gegners. Kaum hatten mich die Helfer in die Kabine geschleppt, legte mir der Doc einen Druckverband an, um einer möglichen Schwellung entgegenzuwirken. Dabei sah er mich an und sagte: „Marco, ich gehe stark davon aus, dass deine Achillessehne gerissen ist." Gleich danach wählte er die Nummer eines Spezialisten aus München, schon für den nächsten Vormittag wurde ein MRT-Termin vor Ort ausgemacht. Alles ging so schnell, dass ich gar nicht richtig Zeit hatte, das gerade Erlebte einzuordnen. Was ich in diesem Moment wusste: Meine Karriere war mal wieder arg ausgebremst worden – aber vorbei war sie noch nicht.

Um meinen angeschlagenen Körper nicht weiter zu belasten, wurde ich anschließend von einem Mitarbeiter der Eintracht mit dem Auto nach München gefahren. Die MRT-Untersuchung bestätigte die Befürchtungen unseres Mannschaftsarztes: Die

Sehne war definitiv durch. Ein Achillessehnenriss ist eine der schlimmsten Sportlerverletzungen überhaupt. Und ich hatte sie im für Fußballer fast schon biblischen Alter von 34 Jahren zum ersten Mal erlitten. Niemand konnte mir zu diesem Zeitpunkt sagen, ob ich es jemals wieder auf den Platz schaffen würde. Diese Kröte musste ich erst mal schlucken. Und doch keimte da direkt wieder Hoffnung auf, auch diese Hürde zu überwinden. Denn hatte ich nicht erst vor Kurzem bewiesen, dass mich selbst der Krebs nicht davon abhalten konnte, an meinem Comeback zu arbeiten? Da würde ich doch sicherlich auch mit einem Achillessehnenriss fertig werden.

Ich habe mir später oft die Frage gefallen lassen müssen, warum ich mich damals nicht einfach vom Fußball verabschiedet habe. 34 Jahre, seit mehr als 15 Jahren Profi, Pokalsieger, über 300 Profispiele – warum jetzt noch durch die Reha quälen, warum jetzt noch mit der Ungewissheit kämpfen? Nur um am Ende vielleicht noch ein paar Spiele zu machen? Die Antwort ist denkbar einfach: Ich hatte nach all der Zeit einfach noch wahnsinnig viel Lust auf Fußball. Die Liebe zu diesem Sport brannte weiterhin in mir, und genau diese Leidenschaft war es auch, die mich dazu motivierte, erneut auf mein Ziel Comeback hinzuarbeiten. Jetzt aufgeben und aufzuhören war im Sommer 2019 einfach keine Option für mich. Und deshalb war ich froh darüber, die Privilegien eines verletzten Profifußballers zu genießen. Denn nur einen Tag nach der Untersuchung wurde ich bereits von einem international anerkannten Spezialisten operiert, der meine kaputte Sehne wieder zusammenflickte. Zwei, drei Tage blieb ich noch in München, dann reiste ich zurück nach Frankfurt, an meinem Fuß eine spezielle Luftkissenschiene, die mir die Bewegung erleichterte. Acht Wochen lang war ich zum Nichtstun verdammt, abgesehen von ein paar Übungen für den Oberkörper. Geduldig wartete ich, ehe ich im Kraftraum unseres Stadions an der Seite unseres Reha-Coaches mit vorsichtigen Einheiten begann, um die Sehne langsam wieder zu belasten und die geschrumpften Muskeln und eingerosteten Gelenke wieder in Form zu bringen. Bald darauf führte mich mein Weg jeden Tag in ein nahes Rehazentrum, wo ich stundenlang daran arbeitete, meinen Körper im Schneckentempo wiederaufzubauen. Eine langwierige und mühselige Arbeit, die viel Geduld und Behutsamkeit erfordert. Das war in dieser Form auch für mich neu und entsprechend anstrengend, doch ich hatte Körper und Geist längst auf mein Comeback eingestellt und natürlich halfen mir dabei die Grenzerfahrungen aus den vergangenen Jahren.

Währenddessen tat sich meine Mannschaft in der Liga doch recht schwer. Die Highlights fanden mal wieder in den Pokalwettbewerben statt. In der Euro League war nach spektakulären Siegen gegen den FC Arsenal und RB Salzburg erst im Achtelfinale gegen Basel Schluss, im DFB-Pokal sollte erst der FC Bayern im Halbfinale die erneute Endspielteilnahme verhindern. Nicht wenige hatten der Eintracht prognostiziert, nach den Abgängen von Jović und Haller auseinanderzufallen, doch der von Adi Hütter gesteuerte Kader erwies sich dafür Gott sei Dank als viel zu stark. In der Offensive war das Tandem Kostić und Kamada eine echte Waffe, und in der Defensive sorgte einer der Neuzugänge dafür, dass ich nicht allzu sehr vermisst wurde. Am Ende dieser Spielzeit würde nur Filip Kostić mehr Einsatzminuten vorzuweisen haben als Martin Hinteregger, unser kantiger Österreicher, der sich mit seiner Spielweise sofort einen Platz in den Herzen unserer Fans eroberte. Wo Hinti hinlangte, da wuchs in der Regel kein Gras mehr, und auch wenn er vielleicht nicht so aussah, steckte in seinen Füßen eine ganze Menge Gefühl. Trotz meiner Abwesenheit auf dem Rasen blieb ich – soweit es ging – weiterhin präsent, sah die Spiele im Stadion, begleitete die Mannschaft und hockte mit den Jungs in der Kabine. Schon seit Jahren wusste jeder im Kader, dass ich immer ein offenes Ohr für egal was für Fragen oder Gespräche hatte, und so suchte auch Hinti oft den Kontakt zu mir und ich versuchte, ihn an meiner Erfahrung teilhaben zu lassen. Allerdings darf man solche Sachen nicht überbewerten, am Ende des Tages machte Hinti auf dem Platz sein Spiel, aber vielleicht habe ich ihm ja in der ein oder anderen Situation helfen können. So konnte ich zumindest einen kleinen Teil dazu beitragen, dass auch diese Saison letztlich eine erfolgreiche wurde.

Als sich das Jahr 2019 dem Ende näherte, ging ich immer noch fest davon aus, im neuen Jahr mein Comeback zu geben. Endlich wieder auflaufen vor 50 000 Frankfurtern, endlich wieder Fußball spielen vor vollem Haus. Dass es dann doch alles ganz anders kam – wer hätte das schon ahnen können in diesen letzten scheinbar unbeschwerten Monaten, bevor sich die Welt für immer veränderte?

Inzwischen war es Februar geworden. Stück für Stück verbesserte sich mein Gesundheitszustand, wurde die Sehne belastbarer, erhöhte sich mein Fitnesslevel. Und doch war ich immer noch weit davon entfernt, wieder volle 90 Minuten lang ein Bundesligaspiel bestreiten zu können. Wer einmal die unglaublich muskulösen Beine eines Roberto Carlos oder Cristiano Ronaldo gesehen hat, weiß, wie wichtig vor allem eine gute Wadenmuskulatur für Fußballprofis ist. Doch durch den Achillessehnenriss und seine Folgen sah meine rechte Wade lange Zeit aus wie die eines Kindes – und nicht wie die eines beinharten Abwehrrecken. Diesen Muskel wieder irgendwie in Form zu bringen, kostete wahnsinnig viel Energie und Geduld. Schon kurz nach Beginn meiner Reha hatte mich mein Arzt gewarnt: „Du solltest lieber nicht davon ausgehen, dass in einem halben Jahr schon wieder alles in Ordnung ist." Für einen Anfang-20-Jährigen wären sechs Monate vielleicht ausreichend gewesen, aber nicht für einen 34-Jährigen, der bereits eineinhalb Jahrzehnte Profifußball in den Beinen hatte. Meine rechte Wade zu stärken und Masse aufzubauen, entpuppte sich als größtes Problem auf dem Weg meiner Rekonvaleszenz. Doch weiterhin absolvierte ich jeden Tag meine Übungen und zwang mich dazu, optimistisch zu bleiben. Schließlich hatte ich mit dieser Einstellung schon ganz andere Krisen überwunden.

Währenddessen rollte eine ganz andere Krise auf Deutschland zu, deren Ausmaße Mitte Februar wohl selbst die klügsten Köpfe nicht vorausahnten. Im Dezember war in China ein bis dahin unbekanntes Virus ausgebrochen, das sich nun immer weiter verbreitete und spätestens im Januar auch Europa erreicht hatte. Doch wie vermutlich die meisten anderen interessierte ich mich für dieses Thema zunächst wenig. Ich konzentrierte mich auf mein Rehatraining, genoss den Moment, als ich Ende Februar das erste Mal wieder meine Fußballschuhe anziehen durfte, und hoffte, dass sich meine Mannschaft aus der Negativspirale befreien würde, in die sie nach Niederlagen gegen den BVB und Union Berlin geraten war. Inzwischen hatte ich mir ein neues Ziel gesetzt: Im letzten Saisonviertel wollte ich wieder so weit hergestellt sein, dass ich am Teamtraining teilnehmen konnte. Nicht nur, um endlich wieder mit den Jungs zusammen auf dem Rasen zu stehen, sondern auch mit Blick auf meine noch ungewisse Zukunft. Vielleicht gelang es mir ja, Adi Hütter davon zu überzeugen, dass ich trotz der schweren Verletzung weiterhin eine Option für ihn sein konnte. Oder – wenn das nicht der Fall sein sollte – mich für einen anderen Klub zu empfehlen. Daran, dass schon in wenigen Monaten meine Karriere als Fußballer vorbei sein könnte, dachte ich nicht einen Moment.

Anfang März wurde das Thema Virus immer präsenter. Längst hatte es einen griffigen Namen verpasst bekommen, den ich sonst nur von langen Sommerabenden auf Ibiza kannte: Corona. In vielen Teilen Deutschlands gab es bereits Infizierte, doch noch immer hatte ich keinen blassen Schimmer, welche Folgen Corona für uns alle haben würde. Am 6. März flog ich mit Janina und unseren Kindern für einen Kurzurlaub nach Barcelona. Das Wetter war toll, am Strand machte ich meine Übungen, tobte zusammen mit meinen Kindern und genoss die kurze Auszeit inmitten der pulsierenden und so lebendigen

Stadt. Wenige Tage nach unserer Rückkehr wurden Janina, ihr neuer Partner und unsere Kinder krank. Nur ich blieb vom Durchfall verschont. Eine Magen-Darm-Geschichte, vermutlich in Barcelona eingefangen – das dachten wir zumindest. Doch als sich das Virus in den Tagen danach immer weiter ausbreitete, in Deutschland der erste Lockdown für Schockstarre sorgte und wir alle in den folgenden Wochen immer mehr über Corona lernten, war ich überzeugt, dass sich meine Leute bei unserem Kurztrip das Virus eingefangen hatten. Zu beweisen ist das nicht, denn wir haben damals keinen Test gemacht, zumal alle Erkrankten nach wenigen Tagen wieder auf den Beinen waren. Aber der Verdacht liegt ziemlich nahe.

Den ersten Lockdown erlebte ich mit einer Mischung aus Erstaunen, Unsicherheit und Sorge um meine Kinder. Für uns Erwachsene war diese neue Extremsituation ja schon schwer, aber spätestens als dann die Schulen und Kitas geschlossen wurden und selbst auf den Spielplätzen das Leben zum Stillstand kam, waren auch unsere Kinder mit einer Erfahrung konfrontiert, auf die wir sie nicht hatten vorbereiten können. Dabei ging es meiner Familie ja noch vergleichsweise sehr gut. Wie schwer musste das wohl für die vielen anderen sein, die nicht so gut dastanden wie wir?

Klar, dass auch der Fußball bald zum Stillstand kam. Die krachende 0:4-Pleite gegen Leverkusen am 7. März sollte für mehr als zwei Monate das letzte Spiel gewesen sein. Wir Spieler wurden Mitte März erst mal nach Hause geschickt und verbrachten die nächsten Wochen nur in unseren eigenen vier Wänden. Der Verein schickte uns ein Ergometer, ein paar Trainingsutensilien und einen dazugehörigen Trainingsplan, dann schlossen sich die Haustüren und auf einmal waren wir, die doch eigentlich mitten im Leben standen, von der Außenwelt ein Stück weit abgeschnitten. Ich sage das so drastisch, weil wir – anders als vielleicht der Otto-Normal-Deutsche – nicht einfach zum Joggen auf die Straße gehen konnten. Man stelle sich das vor: Ein prominenter Fußballprofi, der irgendwo im Wald beim Sport fotografiert wird, während aus allen möglichen Ecken der Welt jeden Tag noch mehr Horrormeldungen die Runde machen. Für mich persönlich bedeutete die Zwangsunterbrechung auch deshalb einen herben Rückschlag, weil ich mich doch gerade erst wieder in die Nähe zum Mannschaftstraining gekämpft hatte und jetzt wie jeder andere auch meine Übungen alleine zu Hause absolvieren musste.

Und während die Welt scheinbar aus den Fugen zu geraten schien, während wir uns alle daran gewöhnen mussten, mit dem Virus und seinen krassen Folgen zu leben, rückte mein Comeback in immer weitere Ferne. Seit jenem verhängnisvollen Spiel gegen Vaduz hatte ich mir nicht erlaubt, mal auf den Pausenknopf zu drücken, um in Ruhe meine Lage zu überdenken. Ich wollte wieder Fußball spielen und diesem Ziel wurde alles untergeordnet, fertig. Doch jetzt, wo wirklich alles zum Stillstand gekommen war, begann ich dann doch, mir Gedanken über meine Zukunft zu machen. Ergab es wirklich Sinn, sich jetzt noch einmal so zu überwinden, um am Ende der Karriere noch ein paar Mal auf dem Platz zu stehen? War es den ganzen Aufwand wert? Und vor allem, weil ja das Entscheidende im Moment überhaupt nicht absehbar war, nämlich wann und wie es überhaupt weitergehen würde. Wenn es denn jemals weitergehen sollte. Die ersten Zweifel waren jedenfalls gesät, ehe sich Anfang Mai abzeichnete, dass die unterbrochene Saison wohl bald zu Ende gespielt würde. Eine Entscheidung, die auch ich mit gemischten Gefühlen aufnahm. Da war zum einen die Gewissheit, auf unbestimmte Zeit vor leeren Rängen spielen zu müssen. Kurz vor dem Lockdown, am 12. März, hatten wir beim Achtelfinal-Hinspiel in der Europa League gegen Basel schon einmal die Erfahrungen machen müssen. Ohne Zuschauer hatten wir die Partie mit 0:3 verloren. Ich hatte das Spiel von der leeren Tribüne aus verfolgt und war mir dabei vorgekommen, als wäre ich gerade im Trainingslager zur Saisonvorbereitung. Schreie vom Rasen, die durchs ganze Stadion hallten, völlige Leere um mich herum und 22 Fußballspieler, denen die Beklommenheit über diese absurde Situation deutlich anzumerken war. Und das im Europapokal, einem Wettbewerb, der gerade hier in Frankfurt in den vergangenen Jahren für Ekstase und Euphorie gesorgt hatte. Ein sehr gewöhnungsbedürftiges Gefühl, mit dem wir Fußballer aber jetzt erst mal klarzukommen hatten. Denn an Spiele vor Zuschauern war natürlich noch lange nicht zu denken.

Gleichzeitig konnte ich alle verstehen, die sich verwundert fragten, warum ausgerechnet der Fußball wieder weitermachen durfte, während sämtliche andere kulturellen Veranstaltungen weiterhin verboten blieben. Was begründete diese enorme Sonderstellung des Fußballs, um von diesem Verbot ausgenommen zu werden? In der Haut der Verantwortlichen wollte ich jedenfalls nicht stecken. Was sollten sie denn tun? Die Spielzeit einfach abbrechen? Was wäre dann mit den Mannschaften geschehen, die auf einem Abstiegsplatz standen? Wie sollten solche und andere erforderliche Entscheidungen gerechtfertigt werden? Jetzt also ging es weiter, während der Lockdown und seine Folgen den Rest des Landes noch fest im Griff hatten. Ich konnte jeden verstehen, der deswegen sauer war.

Immerhin durfte und konnte ich jetzt endlich wieder mit meiner Mannschaft zusammen Fußball spielen. Zehn Monate waren seit der Verletzung vergangen. Und so kam ich bald zu der bitteren Erkenntnis, dass meine Bedenken bezüglich der Fortsetzung meiner sportlichen Karriere durchaus berechtigt waren. Während wir in Kleingruppen trainierten, merkte ich, wie groß der Abstand zwischen mir und den gesunden Kollegen tatsächlich war. Jeden Morgen wachte ich mit einem unguten Gefühl auf, die Ferse schmerzte, die Miniwade wollte einfach nicht wachsen, mein ganzes inneres Gleichgewicht als Fußballer war gestört. Je näher ich wieder an die Mannschaft zu rücken glaubte, desto quälender wurden die Einheiten für mich.

Und mit jedem Tag mehr reifte in mir die Erkenntnis, dass es so nicht weitergehen konnte. Dass ich mir den Wunsch, erneut zurückzukommen, nicht erfüllen könnte. Den Kampf gegen den Krebs hatte ich gewonnen, doch diesmal gab es für mich nichts zu gewinnen. Vielmehr war es offenbar an der Zeit, eine Entscheidung zu treffen. Schon als 20-Jähriger Rookie hatte ich mir geschworen, einen Schlussstrich unter die Karriere zu ziehen, falls mir das Leben als Fußballprofi keinen Spaß mehr machen sollte – und nichts anderes war es doch, wenn ich das alles nur noch als Quälerei empfand. Der Punkt, den Schlussstrich zu ziehen, war nun also erreicht. Und daher war es die richtige Entscheidung, meinem geliebten Fußball nach 17 wunderbaren Jahren jetzt Lebewohl zu sagen.

Im Juni 2020 bat ich Fredi Bobic schließlich um ein Treffen. Es wurde ein sehr offenes Gespräch unter vier Augen. Als ich Fredi mitgeteilt hatte, dass es für mich keinen Sinn mehr hatte, weiter auf dem Platz zu stehen, verstand er meine Lage sofort und erinnerte mich dann an ein Versprechen, das mir der Klub schon vor längerer Zeit gegeben hatte: „Wenn du der Eintracht erhalten bleiben möchtest, dann finden wir auf jeden Fall einen Platz für dich. In welcher Funktion auch immer. Mach dir in Ruhe Gedanken darüber, was für dich in Frage kommen könnte, und dann sehen wir weiter."

Das klang nach einem guten Plan. Nur: welcher Bereich kam denn für mich in Frage? Trainer, so viel stand schon mal fest, wollte ich nicht werden, dafür fehlte mir die Motivation. Was mir allerdings schon immer gefallen hatte, war die Arbeit unserer Analysten, die vor und nach dem Spiel unsere Auftritte unter die Lupe nahmen oder die kommenden Gegner durchleuchteten. Seit ich Profi geworden war, hatte sich in diesem Bereich enorm viel entwickelt. Während wir früher nach den Spielen die Aufzeichnung von den 90 Minuten am Stück sahen und der Trainer dann und wann mal auf die Pausetaste drückte, war die Spielanalyse heute eine Wissenschaft für sich. Der

Verein hatte eine eigene App, in der wir Spieler vom Analyseteam sämtliche wichtige Daten und Infos erhielten, dazu kurze Videos und Einschätzungen der kommenden Gegenspieler. Ziemlich bald nach unserem ersten Gespräch sprach ich Fredi darauf an. Er fand die Idee super – auch weil nach der Saison im Analyseteam ein Platz frei werden sollte. Und so vereinbarten wir, dass ich zur Spielzeit 2020/21 nicht mehr Spieler, sondern als Analyse-Azubi bei der Eintracht angestellt sein würde. Klar, aus rein finanzieller Sicht war das natürlich ein Unterschied wie Tag und Nacht, aber das stand ja von vornherein fest und ich konnte mich darauf einstellen.

Blieb jetzt nur noch die Frage, wie ich meinen Abschied von der großen Fußball-Bühne gestalten sollte. Zumal von dieser Bühne auch Ende Juni 2020 nur leere Bundesligastadien übrig waren. Rein sportlich hatte ich mich zwar wieder zurück ins Mannschaftstraining gekämpft, aber an Einsätze im knallharten Spieltagsbetrieb war weiterhin nicht zu denken. Umso schöner empfand ich die Geste von Adi Hütter, der mich für das letzte Spiel der Saison gegen den SC Paderborn noch einmal in den Kader berief. Eine Ehre, die auch Gelson Fernandes und Jonathan de Guzmán zuteilwurde, für beide war es ebenfalls der letzte Auftritt als Profi von Eintracht Frankfurt. Gegen die bereits als Absteiger feststehenden Paderborner ging es zwar nicht mehr um die Quali für Europa, wohl aber noch um entscheidende Punkte in der aus finanzieller Sicht so wichtigen Fernsehwertung. Dementsprechend wenig Hoffnung machte ich mir, noch einmal zum Einsatz zu kommen. Deshalb genoss ich einfach das Gefühl, noch einmal mit der Mannschaft im Hotel zu übernachten, gemeinsam zum Stadion zu fahren, mich in der Kabine umzuziehen, warm zu machen, noch ein letztes Mal dazuzugehören. 328-mal hatte ich als Profi für diesen Klub ein Pflichtspiel bestreiten dürfen, 26 072 Minuten war ich für die Eintracht über die Fußballplätze von Deutschland und Europa gegrätscht. Dass es nun zu Ende gehen würde, war noch gar nicht richtig zu begreifen. Zumal das Ambiente eines für mich so historischen Augenblicks nicht gerade würdig war. Keine 50 000, die noch einmal meinen Namen riefen, keine Ehrenrunde, kein letzter Gruß in die Kurve. Stattdessen ein leeres Stadion. Dieser Umstand machte es mir wenigstens leichter, damit klarzukommen, am Ende doch nur 90 Minuten auf der Bank gesessen zu haben. Vielleicht hätte mich Adi Hütter ja doch noch auf den Platz geschickt, doch nach unserer bequemen 3:0-Führung kamen die Gäste bis zur 75. Minute noch einmal mit zwei Toren ran, also blieb ich draußen und war damit auch völlig einverstanden. Ich hatte so viele rauschende, emotionale Momente in diesem Stadion erlebt, da ließ sich dieser stille Abschied gut verkraften.

Nach dem Schlusspfiff versammelten wir uns alle noch einmal im Mittelkreis und ich bekam die Gelegenheit, mich vor versammelter Mannschaft bei allen zu bedanken und uns gleichzeitig eine gute Zusammenarbeit zu wünschen. Viele Emotionen waren dabei allerdings nicht im Spiel, ohne Fans ist Fußball eben auch nur ein Spiel. Am Abend trafen wir uns alle zum Saisonabschluss, die Kohlen auf dem Grill waren heiß, das Bier war kalt, die Stimmung gut und am Ende fuhr ich mit dem wohlig-warmen Gefühl nach Hause, dass an diesem Tag zwar etwas geendet, aber auch etwas Neues begonnen hatte. Der Fußballspieler Marco Russ war Geschichte. Und diese Geschichte war bis dahin eine ziemlich gute gewesen.

EPILOG

Juli 2021. Seit einem Jahr arbeite ich nun schon als Analyst bei Eintracht Frankfurt. Es ist ein spannender, ein guter Job. Und eine Aufgabe, für die ich zwar deutlich schlechter bezahlt werde, dafür aber deutlich mehr Zeit investieren muss. Willkommen im normalen Leben! Mir gefällt, was ich mache. Dank der Unterstützung meiner ebenso geduldigen wie kompetenten Kollegen konnte ich der Lehrlingszeit langsam entwachsen und bin jetzt hoffentlich in der Lage, die Mannschaft mit meiner Arbeit auf dem Weg zum Erfolg zu unterstützen. In der Analyse sind wir aktuell zu viert, zwei Mitarbeiter kümmern sich um die eigene Mannschaft, zwei – einer davon ich – um den kommenden Gegner. Sobald die Vorbereitung auf den nächsten Spieltag begonnen hat, sichte ich Videos, Zahlen und Daten und konstruiere daraus ein Gerüst, an dem sich Spieler und Trainer bei der praktischen Arbeit orientieren können. Damit sind wir wie alle anderen ein wichtiges Rädchen im Getriebe. Zahlen lügen nicht – sie gewinnen aber auch keine Spiele. Dafür sind am Ende immer noch die Spieler verantwortlich.

Der Fußball hat sich einerseits sehr verändert, doch andererseits ist er im Kern immer noch gleich geblieben. Das zeigt auch unsere Arbeit. Früher wie heute gilt: Wer im Fußball weniger läuft, steht am Ende als Verlierer da. So wie der FC Schalke in der Saison 2020/21: Dass die Königsblauen abgestiegen sind, hatte auch damit zu tun, dass sie weniger Kilometer abgerissen haben als jede andere Mannschaft in der Bundesliga.

Als Spieler habe ich den wundersamen Wandel von Eintracht Frankfurt hautnah miterleben können. Aus einem regelmäßig von Krisen geschüttelten Fahrstuhlverein ist einer der größten und besten Klubs der Bundesliga geworden, der in ganz Europa hohes Ansehen genießt. Ich bin stolz darauf, noch immer für diesen Verein tätig zu sein und an der Zukunft der SGE mitzuarbeiten. Wenn auch nicht mehr auf dem Platz, sondern vor dem Bildschirm.

Die Erinnerungen werden bleiben. An die Jahre als Jugendspieler, der am Wochenende im Waldstadion Balljunge sein durfte und sich da schon ziemlich sicher war, dass es wohl kaum noch besser werden würde. An den ersten Vertrag als Profispieler und den festen Händedruck von Heribert Bruchhagen zur Begrüßung. An Friedhelm Funkel und sein Vertrauen, dass selbst aus mir mal ein ganz passabler Bundesligakicker werden würde. An drei Pokalendspiele und jenen magischen Abend, an dem aus Mitspielern Brüder wurden. An diese unvergesslichen Nächte im Europapokal. An die vielleicht besten Fans des Planeten, deren Jubelschreie für immer in meinen Ohren klingeln werden. Und daran, wie es war, den wichtigsten Kampf überhaupt gewonnen zu haben, der mein Leben für immer verändert hat.

Deshalb gibt es dieses Buch. Um zu erzählen, wie es war, als Fußballspieler sämtliche Höhen und Tiefen erlebt zu haben. Und auch, um vielleicht ein klein bisschen Hoffnung mitzugeben: dass es immer einen Ausweg aus der Krise gibt. Meistens jedenfalls. Und dass man dafür – so abgedroschen es vielleicht klingen mag – nie den Glauben an sich selbst verlieren darf. Und auch nicht den Willen, weiterzumachen. Das Leben ist schön. Und es lohnt sich, dafür zu kämpfen.

Edel Sports
Ein Verlag der Edel Verlagsgruppe

Copyright © 2021 Edel Verlagsgruppe GmbH,
Neumühlen 17, 22763 Hamburg
www.edelsports.com

Dieses Buchprojekt vermittelte Sascha Fabian, Agentur Sportsfreude |
www.sportsfreude.com
Projektkoordination: Dr. Marten Brandt
Coverfoto: Sebastian Fuchs
Layout und Satz: Datagrafix GSP GmbH, Berlin | www.datagrafix.com
Gestaltung von Umschlag und Bildstrecke: Groothuis. Gesellschaft der Ideen
und Passionen mbH | www.groothuis.de
Lithografie: Frische Grafik
Druck und Bindung: GGP Media GmbH, Pößneck

Alle Rechte vorbehalten. All rights reserved. Das Werk darf – auch teilweise –
nur mit Genehmigung des Verlages wiedergegeben werden.

Printed in Germany

ISBN 978-3-8419-0779-0